世界500强企业精细化管理工具系列

餐饮管理
实用流程·制度·表格·文本

匡仲潇 主编

实战精华版

化学工业出版社

《餐饮管理实用流程·制度·表格·文本》一书从规范化管理的基础入手解读，分四个部分28章导入了餐饮企业管理流程、制度、表格、文本的模板和示例。

流程部分具体包括菜品研发管理流程、采购管理流程、财务管理流程、楼面服务部工作流程、酒水部工作流程、迎宾部工作流程、预订部工作流程、传菜部工作流程；

制度部分包括楼面服务管理制度、宴会管理制度、厨房管理制度、财务管理制度、餐饮企业采购管理制度、餐厅餐具管理、安全卫生管理规定；

表格部分包括楼面服务管理表格、宴会管理表格、厨房管理表格、食品卫生安全管理表格、财务管理表格、食材采购与储存管理、餐厅酒水管理、餐具管理表格；

文本部分包括餐厅开业管理文本、目标管理文本、营销文本、采购管理文本、安全卫生管理文本。

本书进行模块化设置，内容实用性强，着重突出可操作性，为读者提供了实用的流程设置、制度范本、表单模板、文本参考。本书可以作为餐饮服务行业的管理人员、工作人员、餐饮企业培训人员进行管理的参照范本和工具书，也可供企业咨询师、高校教师和专家学者参考使用。

图书在版编目（CIP）数据

餐饮管理实用流程·制度·表格·文本/匡仲潇主编．—北京：化学工业出版社，2019.9（2024.8重印）
（世界500强企业精细化管理工具系列）
ISBN 978-7-122-34745-9

Ⅰ.①餐⋯ Ⅱ.①匡⋯ Ⅲ.①饮食业-商业管理 Ⅳ.①F719.3

中国版本图书馆CIP数据核字（2019）第127965号

责任编辑：陈　蕾　　　　　　　　　　　　　装帧设计：尹琳琳
责任校对：宋　玮

出版发行：化学工业出版社（北京市东城区青年湖南街13号　邮政编码100011）
印　　装：北京盛通数码印刷有限公司
787mm×1092mm　1/16　印张19¹⁄₂　字数407千字　2024年8月北京第1版第4次印刷

购书咨询：010-64518888　　　　　　　　售后服务：010-64518899
网　　址：http://www.cip.com.cn

凡购买本书，如有缺损质量问题，本社销售中心负责调换。

定　价：88.00元　　　　　　　　　　　　　　　　　　　　　版权所有　违者必究

前言 PREFACE

竞争是企业的生命，是促进企业发展的动力，在现代市场经济中，竞争正在全范围地跃动着。特别是在经济飞速发展的今天，不管哪一个行业，企业之间的竞争都是日趋激烈并更加残酷，企业将面临更加严峻的考验和挑战。为此，企业除了以全新的意识创造全新的竞争条件来适应全新的竞争环境外，还必须从企业内部进行梳理、挖潜，实施精益化管理，且辅以过程控制，才能在竞争中立于不败之地，并获得持续发展。

一个长期发展的企业，就要实施管理流程化、制度化，付诸表格、文本等支持性文件，进行规范化运作管理。制定流程的目的在于使企业的内部管理通过流程的梳理，不断加以改进，以使企业的效率不断得以提升；制度是所有管理模式的基础，没有制度的约束，任何管理都难以向前推进，进行制度化建设和管理可以促进企业向规范化方向发展。

"依据流程工作，依据制度办事"，便于企业员工掌握本岗位的工作技能，利于部门与部门之间、员工与员工之间及上下级之间的沟通，使员工最大限度地减少工作失误。同时，实施流程化、制度化管理更加便于企业对员工的工作进行监控和考核，从而促进员工不断改善和提高工作效率。

企业一旦形成流程化、制度化的管理运作，对于规范企业和员工的行为，树立企业的形象，实现企业的正常运营，促进企业的长远发展具有重大的意义。这样使企业的决策从根本上排斥"一言堂"，企业决策必定程序化和规范化，排斥没有科学论证依据的决策，企业的决策过程一定会程序化、透明化，从而大大减少了决策风险。

作为餐饮企业也是如此，要突破目前的竞争困局，做大做强，必须调整好整个企业内部的人力、物力、财力，加强内部的管理，尽可能地降低成本；同时，要掌握好市场的动向，做好市场营销推广，为客户提供更优质的服务来吸引广大消费者，从而促使企业健康的成长与发展。

《餐饮管理实用流程·制度·表格·文本》一书从规范化管理的基础入手解读，分四个部分28章导入了餐饮企业管理流程、制度、表格、文本的模板和示例。流程部分具体包括菜品研发管理流程、采购管理流程、财务管理流程、楼面服务部工作流程、酒水部工作流程、迎宾部工作流程、预订部工作流程、传菜部工作流程；制度部分包括楼面服务管理制度、宴会管理制度、厨房管理制度、财务管理制度、采购管理制度、餐厅餐具管理、安全卫生管理规定；表格部分包括楼面服务管理表格、宴会管理表格、厨房管理表格、食品卫生安全管理表格、财务管理表格、食材采购与储存管理、餐厅酒水管理、餐具管理表格；文本部分包括餐厅开业管理文本、目标管理文本、营销文本、采购管理文本、安全卫生管理文本。

本书进行模块化设置，内容实用性强，着重突出可操作性，为读者提供了实用的流程设置、制度范本、表单模版、文本参考。本书可以作为餐饮服务行业的管理人员、工作人员、餐饮企业培训人员进行管理的参照范本和工具书，也可供企业咨询师、高校教师和专家学者参考使用。

由于编者水平有限，加之时间仓促、参考资料有限，书中难免出现疏漏与缺陷，敬请读者批评指正。

编者

目录 CONTENTS

导读 规范化管理的基础——流程·制度·表格·文本

一、依据流程提升企业效率 ………………………………………2

二、通过制度约束企业行为 ………………………………………5

三、运用表格规范企业管理 ………………………………………8

四、借鉴文本树立企业形象 ………………………………………13

Part 1 餐饮企业管理流程

第1章 菜品研发管理流程 ……………………………………16

1-01 菜品研发流程 …………………………………………16

1-02 特色菜认定流程 ………………………………………17

1-03 自营菜认定流程 ………………………………………18

1-04 菜品质量管理流程 ……………………………………18

1-05 菜单设计流程 …………………………………………19

第2章 采购管理流程 …………………………………………20

2-01 订购管理流程 …………………………………………20

2-02 采购管理流程 …………………………………………21

2-03 采购计划制定流程 ……………………………………22

2-04 采购物品入库检验流程 ………………………………23

2-05 领料管理流程 …………………………………………24

2-06 采购价格平台制定流程 ………………………………25

2-07　采购付款结算流程··26
　　2-08　新供应商选择流程··27
　　2-09　供应商管理流程··28
　　2-10　采购招标流程··29

第3章　财务管理流程··30
　　3-01　单店营业收入结算流程··30
　　3-02　单店营业现金结算流程··31
　　3-03　单店物料成本结算流程··32
　　3-04　单店费用结算流程··33
　　3-05　预算编制流程··34
　　3-06　预算执行监督流程··35
　　3-07　预算调整流程··36
　　3-08　预算内资金一般审批流程··37
　　3-09　预算外资金一般审批流程··37
　　3-10　财务报销管理流程··38

第4章　楼面服务部工作流程······································39
　　4-01　楼面服务部例会流程··39
　　4-02　备餐工作流程··40
　　4-03　迎接客人的作业流程··40
　　4-04　餐前服务作业流程··41
　　4-05　点菜、点酒服务的作业流程··41
　　4-06　席间服务的作业流程··42
　　4-07　结账作业流程··43
　　4-08　餐后服务流程··43
　　4-09　送客作业流程··44
　　4-10　收餐复台作业流程··44
　　4-11　闭餐的作业流程··45

第5章　酒水部工作流程··46
　　5-01　酒水部例会流程··46

5-02　酒水部备餐工作流程 …………………………………… 47
　　5-03　出品、传递作业流程 …………………………………… 47
　　5-04　餐后整理作业流程 ……………………………………… 48
　　5-05　闭餐的作业流程 ………………………………………… 48

第6章　迎宾部工作流程 ……………………………………………… 49
　　6-01　迎宾部例会流程 ………………………………………… 49
　　6-02　餐前准备工作流程 ……………………………………… 50
　　6-03　领位的作业流程 ………………………………………… 50
　　6-04　送客的作业流程 ………………………………………… 51
　　6-05　闭餐的作业流程 ………………………………………… 51

第7章　预订部工作流程 ……………………………………………… 52
　　7-01　预订部例会流程 ………………………………………… 52
　　7-02　餐前准备及电话预订作业流程 ………………………… 53
　　7-03　接待到店预订顾客作业流程 …………………………… 54
　　7-04　预订更改作业流程 ……………………………………… 54
　　7-05　预订取消的作业流程 …………………………………… 55
　　7-06　闭餐的作业流程 ………………………………………… 55

第8章　传菜部工作流程 ……………………………………………… 56
　　8-01　传菜部例会流程 ………………………………………… 56
　　8-02　餐前准备作业流程 ……………………………………… 57
　　8-03　菜品传递作业流程 ……………………………………… 58
　　8-04　协助服务员撤台作业流程 ……………………………… 59
　　8-05　收市作业流程 …………………………………………… 59
　　8-06　闭餐作业流程 …………………………………………… 60

Part 2　餐饮企业管理制度

第9章　楼面服务管理制度 …………………………………………… 62

9-01 餐厅每日工作检查规范 ……………………………… 62
9-02 散餐服务流程规范 …………………………………… 67
9-03 团体包餐服务流程规范 ……………………………… 69
9-04 备餐工作流程规范 …………………………………… 72
9-05 服务中常见问题处理规范 …………………………… 74

第10章 宴会管理制度

10-01 宴会运转质量管理办法 ……………………………… 79
10-02 宴会预订工作程序规范 ……………………………… 82
10-03 宴会前准备工作规范 ………………………………… 84
10-04 宴会服务程序规范 …………………………………… 88
10-05 宴会业务督导工作规范 ……………………………… 92
10-06 宴会结束工作办法 …………………………………… 94
10-07 宴会过程中突发事件处理规定 ……………………… 95

第11章 厨房管理制度

11-01 厨部管理办法 ………………………………………… 97
11-02 出品部六常管理办法 ………………………………… 101
11-03 出品部设备安全使用制度 …………………………… 105
11-04 厨房退菜程序作业规范 ……………………………… 108

第12章 财务管理制度

12-01 餐厅财务管理制度 …………………………………… 113
12-02 酒楼现金管理制度 …………………………………… 115
12-03 酒楼每日财务人员工作流程和内容规范 …………… 117
12-04 酒楼结账服务流程规范 ……………………………… 118

第13章 采购管理制度

13-01 供应商选择管理制度 ………………………………… 121
13-02 采购管理办法 ………………………………………… 123
13-03 各类食品原料选购标准 ……………………………… 125
13-04 食材验收管理办法 …………………………………… 129

13-05　仓库管理制度…………………………………………132
　　13-06　各类食材储存标准…………………………………134
　　13-07　物资仓储、收发管理程序…………………………137

第14章　餐厅餐具管理……………………………………………140
　　14-01　餐具管理制度………………………………………140
　　14-02　餐具摆放、清洗、消毒管理规定…………………141
　　14-03　餐具擦拭工作规范…………………………………145
　　14-04　玻璃器皿擦拭工作规范……………………………146

第15章　安全卫生管理规定………………………………………147
　　15-01　安全管理规定………………………………………147
　　15-02　餐厅卫生管理规定…………………………………151
　　15-03　员工着装及个人卫生管理规定……………………153
　　15-04　食品接触面卫生控制规程…………………………156
　　15-05　人员卫生控制规程…………………………………157
　　15-06　器具设施、卫生清洁规程…………………………158
　　15-07　厨房卫生操作规范…………………………………159
　　15-08　加工间卫生操作规范………………………………164
　　15-09　面点间卫生操作规范………………………………166

Part 3　餐饮企业管理表格

第16章　楼面服务管理表格………………………………………171
　　16-01　点菜单………………………………………………171
　　16-02　加菜单………………………………………………172
　　16-03　酒水单………………………………………………172
　　16-04　茶点单………………………………………………172
　　16-05　订餐单………………………………………………173
　　16-06　餐饮工作通知单……………………………………173

16-07	餐饮部订席记录表	174
16-08	退菜换菜单	174
16-09	需用餐具物品清单	174
16-10	宾客意见表	175
16-11	餐厅内部餐具借用单	175
16-12	楼面工作周报表	176
16-13	团体餐临时通知单	176
16-14	楼面服务质量检查表	177

第17章 宴会管理表格 179

17-01	宴会洽谈表	179
17-02	一般性小型宴会预订单	179
17-03	大型、中型宴会预订单	180
17-04	宴会合约书	180
17-05	宴会订单（工作人员用）	181
17-06	宴会预订周汇总表	181
17-07	宴会订单记录表	182
17-08	宴会变更通知单	182
17-09	宾客意见调查表	183
17-10	宴会服务工作安排表	183
17-11	宴会服务人员清洁卫生安排表	184

第18章 厨房管理表格 185

18-01	菜品档案表	185
18-02	定人定菜定岗表	185
18-03	厨房经理每日检查表	186
18-04	厨房成本计算表	187
18-05	厨房菜品验收记录表	187
18-06	厨房仓库设备安全例检项目表	188
18-07	物资申购单	189
18-08	菜品分量表	189

	18-09	锅底分量表（克）	189
	18-10	菜品出堂分量抽查表	190
	18-11	管理人员值班记录表	190
	18-12	厨房设施、设备清洁检查项目	190
	18-13	退菜登记、分析表	193

第19章 食品卫生安全管理表格 …… 194

	19-01	食品检验、入库登记表	194
	19-02	热菜烹调中心温度测试记录表	194
	19-03	冷荤间消毒、温度检测记录表	195
	19-04	外卖窗口消毒记录表	195
	19-05	化学消毒液浓度测试记录表	195
	19-06	热力消毒温度、时间记录表	196
	19-07	餐饮具消毒效果感官检查表	196
	19-08	食品留样记录表	196
	19-09	餐前卫生工作检查表	197
	19-10	厨房卫生检查表	197
	19-11	原料加工区域卫生检查表	198
	19-12	厨房收尾卫生工作检查明细表	199
	19-13	上班清洁自查表	201
	19-14	清洁工作安排表	201
	19-15	餐厅卫生工作考核表	202
	19-16	清洁卫生评分表	203

第20章 财务管理表格 …… 204

	20-01	酒楼饭馆签账单	204
	20-02	顾客签账单	204
	20-03	酒楼饭馆日报表	205
	20-04	每日食物成本计算表	205
	20-05	饮料库存表	205
	20-06	菜单成本控制表	206

20-07	厨房菜点定额成本表	206
20-08	服务员劳效统计表	206
20-09	厨师劳效统计表	207
20-10	烟、酒、饮料日销售统计表	207
20-11	餐具、酒具、清洁用品费用统计表	208
20-12	营业状态记录表	208
20-13	营业收支日报表	209
20-14	现金记录袋样式	210

第21章 食材采购与储存管理 …… 211

21-01	食品原料采购规格书	211
21-02	供应商评估表	211
21-03	合格供应商名录	212
21-04	供应商考核表	212
21-05	供应商异常情况登记表	212
21-06	食品原料进货申购单	213
21-07	市场订货单	213
21-08	采购定量卡	214
21-09	收货单	214
21-10	鲜货类食品原料双联标签	214
21-11	食品原料验收单	215
21-12	验收报告表	215
21-13	食品原料验收进货日报表	215
21-14	进货日报表	216
21-15	退货通知单	216
21-16	原料领用单	217
21-17	货品盘存明细表	217
21-18	永续盘存卡	218

第22章 餐厅酒水管理 …… 219

| 22-01 | 酒水单 | 219 |

22-02 酒水提取单 219
22-03 每日酒水清算单 220
22-04 酒吧部销售日报表 220
22-05 宴会酒吧饮料单 221
22-06 酒吧一周消耗单 221
22-07 酒吧盘存日报表 222
22-08 酒吧每日交接表 222
22-09 饮料验收日报表 223
22-10 饮料领料单 223

第23章 餐具管理表格 224
23-01 餐具盘存表 224
23-02 餐具统计表 224
23-03 餐具签领单 225
23-04 餐具存库目录统计表 225

Part 4 餐饮企业管理文本

第24章 餐厅开业管理文本 227
24-01 餐厅开业前期筹备工作计划 227
24-02 餐厅开业前培训计划 233
24-03 餐厅开业前领导团队培训方案 239

第25章 目标管理文本 241
25-01 门店管理目标责任书 241
25-02 餐饮部目标责任书 244
25-03 餐厅员工安全目标责任书 247

第26章 餐饮企业营销文本 249
26-01 ××餐厅开业促销方案 249
26-02 ××餐厅店庆营销活动策划案 250

26-03　××酒店春节营销活动方案·················254
　　26-04　××酒楼三八妇女节促销活动方案············258
　　26-05　××酒楼五一劳动节促销活动方案············259
　　26-06　××酒楼端午节促销活动方案················261
　　26-07　××餐厅端午节促销活动方案················261
　　26-08　××酒楼母亲节促销活动方案················263
　　26-09　××餐厅七夕情人节促销活动方案············264
　　26-10　××酒楼父亲节促销活动方案················266
　　26-11　××餐厅中秋节促销活动方案················269
　　26-12　××餐厅重阳节促销活动方案················271
　　26-13　××餐厅国庆节促销活动方案················272
　　26-14　××酒楼国庆促销活动方案··················273
　　26-15　××酒楼圣诞节促销活动方案················273
　　26-16　××酒楼元旦促销活动方案··················275
　　26-17　××酒楼元旦促销活动总结··················277
　　26-18　××饭店周年店庆促销活动总结··············278

第27章　餐饮采购管理文本·····························280
　　27-01　餐饮采购供货协议··························280
　　27-02　餐厅与蔬菜商战略合作协议··················281
　　27-03　食品供货安全协议··························286

第28章　安全卫生管理文本·····························287
　　28-01　餐厅消防应急预案··························287
　　28-02　食品卫生突发事件应急预案··················289
　　28-03　餐饮服务环节食品安全事故处理应急预案······291
　　28-04　餐厅其他突发事件应急预案··················293

导读 规范化管理的基础——
流程·制度·表格·文本

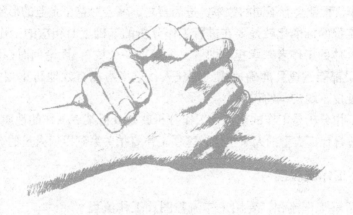

规范化管理就是从企业生产经营系统的整体出发，对各环节输入的各项生产要素、转换过程、产出等制定制度、流程、指标等标准（规范），并严格地实施这些规范，以使企业协调统一地运转。企业要引入现代管理制度，必须建立管理的标准体系。建立这些标准体系的一系列活动就是管理的规范化。

企业要提高管理水平，一定要从基础工作做起，把流程、制度、表格和文本建设好，并且一定要执行到位。

一、依据流程提升企业效率

工作流程是指企业内部发生的某项业务从起始到完成，由多个部门、多个岗位、经多个环节协调及顺序工作共同完成的完整过程。

（一）工作流程的标准化

任何一家企业都有不同的工作、不同的岗位，并且需要相应的人员来完成。然而，不同的工作流程就会有不同的效率，进而言之，就会对整个企业的形象产生不同的影响。

工作流程的标准化就是要在进行工作分析的基础上对相应的工作设立对应的岗位，并且安排具体的工作者来承担。即"一个萝卜一个坑"，无论何时在某个岗位上出现了工作的失误都能迅速且准确地找到责任人，这样可以有效地防止相关工作的不同岗位间的互相扯皮、踢皮球的现象。

其中工作分析是工作的重点，工作分析就是分析某一工作的性质和类型，并且考虑这个工作适合什么类型的人来担任，这项工作直接关系到以后人员的选聘等其他工作。

（二）工作流程图

全面了解工作流程，要用工作流程图。工作流程图可以帮助管理者了解实际工作活动，消除工作过程中多余的工作环节，合并同类活动，使工作流程更为经济、合理和简便，从而提高工作效率。流程图是由一些图框和流程线组成的，其中图框表示各种操作的类型，图框中的文字和符号表示操作的内容，流程线表示操作的先后次序。如图1所示。

工作流程图由一个开始点、一个结束点及若干中间环节组成，中间环节的每个分支也都要求有明确的分支判断条件。所以工作流程图对于工作标准化有着很大的帮助。

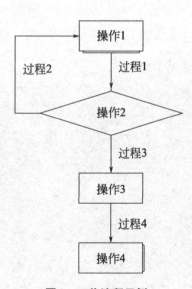

图1　工作流程示例

（三）工作流程图的设计步骤

工作流程图的设计有以下五个操作步骤。

1. 目的分析

这一步是消除工作中不必要的环节,其中应分析以下几方面。

(1)实际做了什么?

(2)为什么要做?

(3)该环节是否真的必要?

(4)应该做什么?

2. 地点分析

这一步是尽可能合并相关的工作活动,其中应分析以下几个方面。

(1)在什么地方做这项活动?

(2)为何在该处做?

(3)可否在别处做?

(4)应当在何处做?

3. 顺序分析

这一步是尽可能使工作活动的顺序更为合理有效,其中应分析以下几个方面。

(1)何时做?

(2)为何在此时做?

(3)可否在其他时间做?

(4)应当何时做?

4. 人员分析

人员分析的目的是分析人员匹配的合理性,其中应分析以下几个方面。

(1)谁做?

(2)为何由此人做?

(3)可否用其他人做?

(4)应当由谁来做?

5. 方法分析

方法分析的目的在于简化操作,需要分析的问题有以下几个方面。

(1)现在如何做?

(2)为何这样做?

(3)可否用其他方法做?

(4)应当用什么方法来做?

通过上述五个方面的分析,可以消除工作过程中多余的工作环节,合并同类活动,使工作流程更为经济、合理和简便,从而提高工作效率。

本书为餐饮行业的企业提供了一些实用的流程范本供参考,具体包括表1中几个方面。

表1 实用的流程范本

序号	管理模块	流程名称
1	菜品研发管理流程	菜品研发流程
		特色菜认定流程
		自营菜认定流程
		菜品质量管理流程
		菜单设计流程
2	采购管理流程	订购管理流程
		采购管理流程
		采购计划制订流程
		采购物品入库检验流程
		领料管理流程
		采购价格平台制定流程
		采购付款结算流程
		新供应商选择流程
		供应商管理流程
		采购招标流程
3	餐饮企业财务管理流程	单店营业收入结算流程
		单店营业现金结算流程
		单店物料成本结算流程
		单店费用结算流程
		预算编制流程
		预算执行监督流程
		预算调整流程
		预算内资金一般审批流程
		预算外资金一般审批流程
		财务报销管理流程
		楼面服务部工作流程
		楼面服务部例会流程
		备餐工作流程
		迎接客人的作业流程
		餐前服务作业流程
		点菜、点酒服务的作业流程
		席间服务的作业流程

续表

序号	管理模块	流程名称
3	餐饮企业财务管理流程	结账作业流程
		餐后服务流程
		送客作业流程
		收餐复台作业流程
		闭餐的作业流程
4	酒水部工作流程	酒水部例会流程
		酒水部备餐工作流程
		出品、传递作业流程
		餐后整理作业流程
		闭餐的作业流程
5	迎宾部工作流程	迎宾部例会流程
		餐前准备工作流程
		领位的作业流程
		送客的作业流程
		闭餐的作业流程
6	预订部工作流程	预订部例会流程
		餐前准备及电话预订作业流程
		接待到店预订顾客作业流程
		预订更改作业流程
		预订取消的作业流程
		闭餐的作业流程
7	传菜部工作流程	传菜部例会流程
		餐前准备作业流程
		菜品传递作业流程
		协助服务员撤台作业流程
		收市作业流程
		闭餐作业流程

二、通过制度约束企业行为

"一切按制度办事"是企业制度化管理的根本宗旨。企业通过制度规范员工的行为，员工依据制度处理各种事务，而不是以往的察言观色和见风使舵，使企业的运行逐步规范化和标准化。

（一）企业的制度规范分类

企业的制度规范分类，如表2所示。

表2　企业的制度规范分类

序号	类型	定义	具体形式
1	基本制度	企业制度规范中具有根本性质的、规定企业的组织方式、决定企业性质的基本制度	财产所有形式、企业章程、董事会组织、高层管理组织规范
2	管理制度	对企业管理各基本方面规定活动框架，调节集体协作行为的制度	各部门、各层次职权、责任和相互间配合、协调关系制度
3	技术规范	涉及某些技术标准、技术规程的规定	技术标准、各种设备的操作规程、服务中所使用的物品的管理要求、设备的使用保养维修规定
4	业务规范	针对业务活动过程中那些大量存在、反复出现的事，所制定的作业处理规定	安全规范、服务规范、业务规程、命令服从关系
5	个人行为规范	所有对个人行为起制约作用的制度规范的统称	个人行为品德规范、劳动纪律、仪态仪表规范、岗位职责

（二）怎样使制度具有执行力

影响企业管理制度能否发挥作用的主要因素和改进措施如下。

1. 制度的适当性

简单复制某些知名企业的管理制度的方式很难发挥作用，制度必须植根于企业的现状，针对企业的具体问题，结合企业实际。因此，制定适当的制度是企业应该首先解决的问题。企业应该从目标出发，规范业务流程，对业务流程的风险进行分析和评估，制定相应的配套控制措施，形成制度，并实行经常性风险分析的机制，结合风险变化对制度的适当性进行评估，及时改进完善制度。

2. 推行制度的配套措施

仅制定书面的制度，并不是管理，让制度真正有效发挥作用最重要。必须采取措施落实制度的执行，需要如下配套措施。

（1）营造执行企业管理制度的企业文化。

（2）从人员素质、人事政策等方面为制度的执行创造环境。

（3）明确规定执行和违反制度的奖惩措施。

（4）建立制度执行效果的评价机制。

（5）严格根据评价结果和奖惩制度落实奖惩。

3.制度执行的监督

制度执行的情况,应尽量留痕,并由专人负责对制度执行结果进行检查,对发现的违反制度规定的情况,及时要求改正。

4.制度执行结果的处理

制度执行的好坏,依据专人检查结果而定。根据检查结果,分别与培训、考核挂钩,严格执行相应的奖惩措施。

本书为餐饮行业的企业提供了一些实用的制度范本供参考,具体包括表3中的几个方面。

表3 实用的制度范本

序号	管理模块	制度名称
1	楼面服务管理制度	餐厅每日工作检查规范
		散餐服务流程规范
		团体包餐服务流程规范
		备餐工作流程规范
		服务中常见问题处理规范
2	宴会管理制度	宴会运转质量管理办法
		宴会预订工作程序规范
		宴会前准备工作规范
		宴会服务程序规范
		宴会业务督导工作规范
		宴会结束工作办法
		宴会过程中突发事件处理规定
3	厨房管理制度	厨部管理办法
		出品部六常管理办法
		出品部设备安全使用制度
		厨房退菜程序作业规范
4	财务管理制度	餐厅财务管理制度
		酒楼现金管理制度
		酒楼每日财务人员工作流程和内容规范
		酒楼结账服务流程规范
5	餐饮企业采购管理制度	供应商选择管理制度
		采购管理办法
		各类食品原料选购标准

续表

序号	管理模块	制度名称
5	餐饮企业采购管理制度	食材验收管理办法
		仓库管理制度
		各类食材储存标准
		物资仓储、收发管理程序
6	餐厅餐具管理	餐具管理制度
		餐具摆放、清洗、消毒管理规定
		餐具擦拭工作规范
		玻璃器皿擦拭工作规范
7	安全卫生管理规定	安全管理规定
		餐厅卫生管理规定
		员工着装及个人卫生管理规定
		食品接触面卫生控制规程
		人员卫生控制规程
		器具设施、卫生清洁规程
		厨房卫生操作规范
		加工间卫生操作规范
		面点间卫生操作规范

三、运用表格规范企业管理

企业管理中的各类表格主要用于记载过程状态和过程结果，是企业质量保证的客观依据，为采取纠正和预防措施提供依据，有利于业务标识和可追溯性。

（一）表格登记过程中常见的问题

表格在登记过程中常见以下问题。

（1）盲。表格的设置、设计目的、功能不明，不是为管理、改进所用，而是为了应付检查，（例如：我们在填写质量报表时，本来该真实记录的，为了应付检查而更改）。

（2）乱。表格的设置、设计随意性强，缺乏体系考虑，表格的填写、保管、收集混乱，责任不清。

（3）散。保存、管理分散，未做统一规定。

（4）松。记录填写、传递、保管不严，日常疏于检查，达不到要求，无人考核，且丢失和涂改现象严重。

(5) 空。该填不填，空格很多，缺乏严肃性、法定性。

(6) 错。写错别字，语言表达不清，填写错误。

（二）表格的设计和编制要求

（1）表格并非越多越好，正确的做法是只选择必要的原始数据作为记录。

（2）在确定表格的格式和内容的同时，应考虑使用者填写方便并保证能够在现有条件下准确地获取所需的信息。

（3）应尽量采用国际、国内或行业标准，对表格应废立多余的，修改不适用的，沿用有价值的，增补必需的，应使用适当的表格或图表格式加以规定，按要求统一编号。

（三）表格的管理和控制

表格的管理和控制要满足表4要求才能更好地被追溯。

表4　表格的管理和控制要求

序号	管理项目	说明
1	标识	应具有唯一性标识，为了便于归档和检索，记录应具有分类号和流水号。标识的内容应包括：表格所属的文件编号、版本号、表号、页号。没有标识或不符合标识要求的记录表格是无效的表格
2	储存和保管	记录应当按照档案要求立卷储存和保管。记录的保管由专人或专门的主管部门负责，应建立必要的保管制度，保管方式应便于检索和存取，保管环境应适宜可靠，干燥、通风，并有必要的架、箱，应做到防潮、防火、防蛀，防止损坏、变质和丢失
3	检索	一项管理活动往往涉及多项表格，为了避免漏项，应当对表格进行编目，编目具有引导和路径作用，便于表格的查阅和使用，通过查阅各项表格可以对该项管理活动有一个整体的了解
4	处置	超过规定保存期限的表格，应统一进行处理，重要的含有保密内容的表格须保留销毁记录

本书为餐饮行业的企业提供了一些实用的表格范本供参考，具体包括表5中的几个方面。

表5　实用的表格范本

序号	管理模块	表格名称
1	楼面服务管理表格	点菜单
		加菜单
		酒水单
		茶点单

续表

序号	管理模块	表格名称
1	楼面服务管理表格	订餐单
		餐饮工作通知单
		餐饮部订席记录表
		退菜换菜单
		需用餐具物品清单
		宾客意见表
		餐厅内部餐具借用单
		楼面工作周报表
		团体餐临时通知单
		楼面服务质量检查表
2	宴会管理表格	宴会洽谈表
		一般性小型宴会预订单
		大型、中型宴会预订单
		宴会合约书
		宴会订单（工作人员用）
		宴会预订周汇总表
		宴会订单记录表
		宴会变更通知单
		宾客意见调查表
		宴会服务工作安排表
		宴会服务人员清洁卫生安排表
3	厨房管理表格	菜品档案表
		定人定菜定岗表
		厨房经理每日检查表
		厨房成本计算表
		厨房菜品验收记录表
		厨房仓库设备安全例检项目表
		物资申购单
		菜品分量表
		锅底分量表（克）
		菜品出堂分量抽查表
		管理人员值班记录表
		厨房设施、设备清洁检查项目
		退菜登记、分析表

续表

序号	管理模块	表格名称
4	食品卫生安全管理表格	食品检验、入库登记表
		热菜烹调中心温度测试记录表
		冷荤间消毒、温度检测记录表
		外卖窗口消毒记录表
		化学消毒液浓度测试记录表
		热力消毒温度、时间记录表
		餐饮具消毒效果感官检查表
		食品留样记录表
		餐前卫生工作检查表
		厨房卫生检查表
		原料加工区域卫生检查表
		厨房收尾卫生工作检查明细表
		上班清洁自查表
		清洁工作安排表
		餐厅卫生工作考核表
		清洁卫生评分表
5	财务管理表格	酒楼饭馆签账单
		顾客签账单
		酒楼饭馆日报表
		每日食物成本计算表
		饮料库存表
		菜单成本控制表
		厨房菜点定额成本表
		服务员劳效统计表
		厨师劳效统计表
		烟、酒、饮料日销售统计表
		餐具、酒具、清洁用品费用统计表
		营业状态记录表
		营业收支日报表
		现金记录袋样式
6	食材采购与储存管理	食品原料采购规格书
		供应商评估表

续表

序号	管理模块	表格名称
6	食材采购与储存管理	合格供应商名录
		供应商考核表
		供应商异常情况登记表
		食品原料进货申购单
		市场订货单
		采购定量卡
		收货单
		鲜货类食品原料双联标签
		食品原料验收单
		验收报告表
		食品原料验收进货日报表
		进货日报表
		退货通知单
		原料领用单
		货品盘存明细表
		永续盘存卡
7	餐厅酒水管理	酒水单
		酒水提取单
		每日酒水清算单
		酒吧部销售日报表
		宴会酒吧饮料单
		酒吧一周消耗单
		酒吧盘存日报表
		酒吧每日交接表
		饮料验收日报表
		饮料领料单
8	餐具管理表格	餐具盘存表
		餐具统计表
		餐具签领单
		餐具存库目录统计表

四、借鉴文本树立企业形象

文本指的是企业在管理过程中用来记录信息、交流信息和发布信息的一种工具，通常包括公文、书信、契约、方案等。它是企业经营运作的信息载体，是贯彻企业执行力的重要保障性因素。规范严谨的商务文书，已经成为现代企业管理的基础而又不可或缺的内容。

企业文本的要求如下。

（1）明确文本的意图。从主观目标看客观目标。

（2）需要结构分明。有效划分层次和段落，巧设过渡和照应。

（3）组织材料要注意多、细、精、严。

（4）语言要确定。文本中不允许含糊不清、模棱两可的现象存在。例如，利润是企业经营的财务成果，但就"利润"一个单词，就有产品销售利润、营业利润、利润总额、净利润四个概念，每个概念都带有一个确定的含义、确定的计算公式，不能望文生义，自行推断解释。再如，在签订某机械产品购销合同时，对产品规格质量标准、数量与金额、交货时间与地点、付款方式都必须写得明确具体，以利于履行。而不能像写电影剧本那样："表面光洁度：像玻璃一样光；硬度：像钢一样硬；交货时间：早春二月；交货地点：长江沿岸"等。

（5）内容要真实。文本的真实性则是所写的内容，包括人物、事件、时间、地点、数据等，都必须是实实在在的，完全是真实的，不容许虚构和捏造，来不得半点差错。

本书为餐饮行业的企业提供了一些实用的文本范本供参考，具体包括表6中的几个方面。

表6　实用的文本范本

序号	管理模块	文本名称
1	餐厅开业管理文本	餐厅开业前期筹备工作计划
		餐厅开业前培训计划
		餐厅开业前领导团队培训方案
2	目标管理文本	门店管理目标责任书
		餐饮部目标责任书
		餐厅员工安全目标责任书
3	餐饮企业营销文本	××餐厅开业促销方案
		××餐厅店庆营销活动策划案
		××酒店春节营销活动方案
		××酒楼三八妇女节促销活动方案
		××酒楼五一劳动节促销活动方案
		××酒楼端午节促销活动方案

续表

序号	管理模块	文本名称
3	餐饮企业营销文本	××餐厅端午节促销活动方案
		××酒楼母亲节促销活动方案
		××餐厅七夕情人节促销活动方案
		××酒楼父亲节促销活动方案
		××餐厅中秋节促销活动方案
		××餐厅重阳节促销活动方案
		××餐厅国庆节促销活动方案
		××酒楼国庆促销活动方案
		××酒楼圣诞节促销活动方案
		××酒楼元旦促销活动方案
		××酒楼元旦促销活动总结
		××饭店周年店庆促销活动总结
4	餐饮采购管理文本	餐饮采购供货协议
		餐厅与蔬菜商战略合作协议
		食品供货安全协议
5	餐饮安全卫生管理文本	餐厅消防应急预案
		食品卫生突发事件应急预案
		餐饮服务环节食品安全事故处理应急预案
		餐厅其他突发事件应急预案

Part 1 餐饮企业管理流程

第1章　菜品研发管理流程

1-01　菜品研发流程

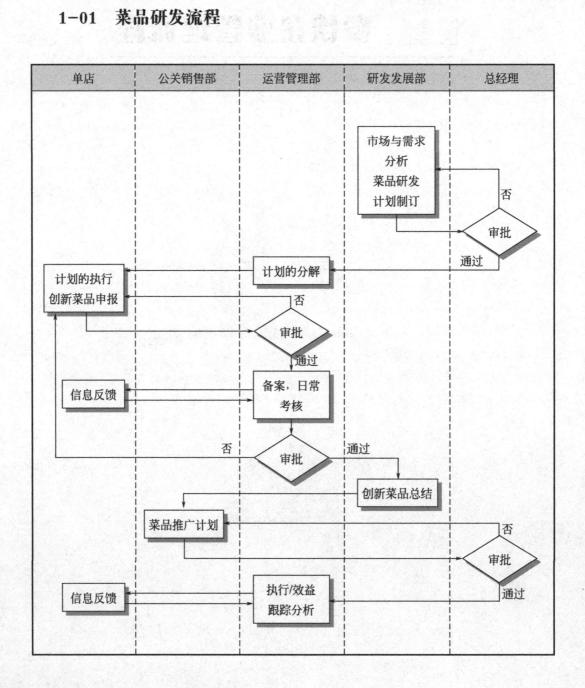

1-02 特色菜认定流程

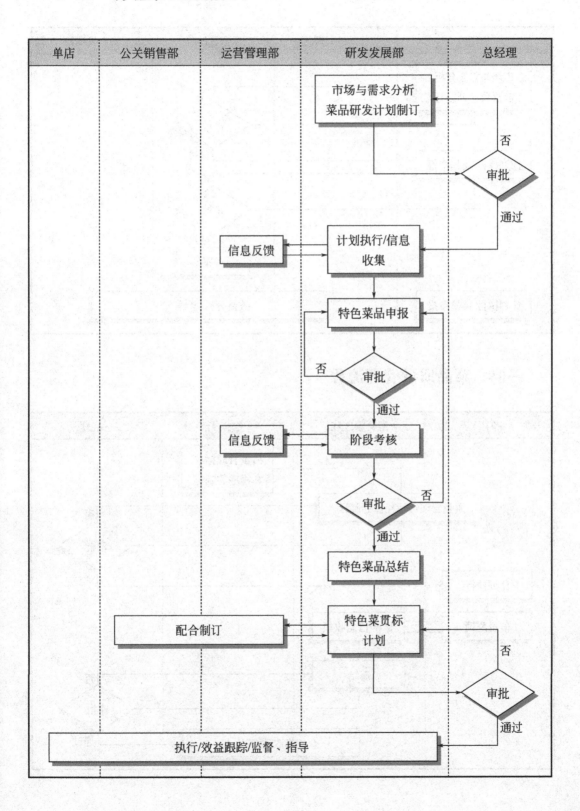

1-03 自营菜认定流程

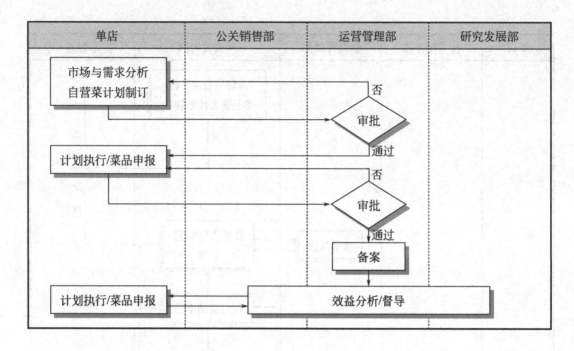

1-04 菜品质量管理流程

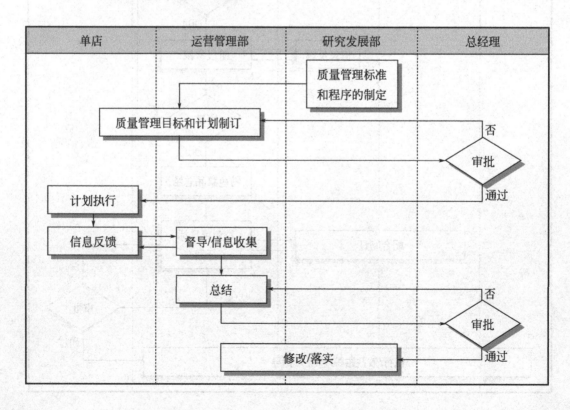

1-05　菜单设计流程

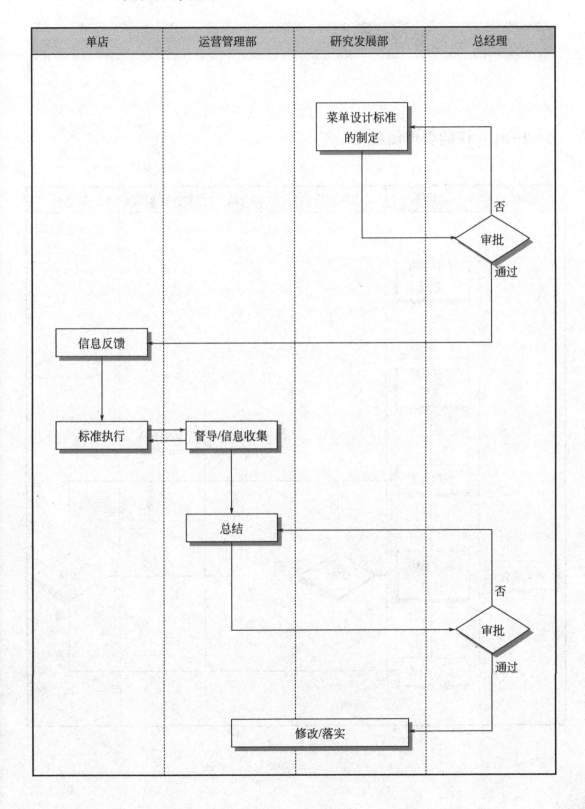

第2章　采购管理流程

2-01　订购管理流程

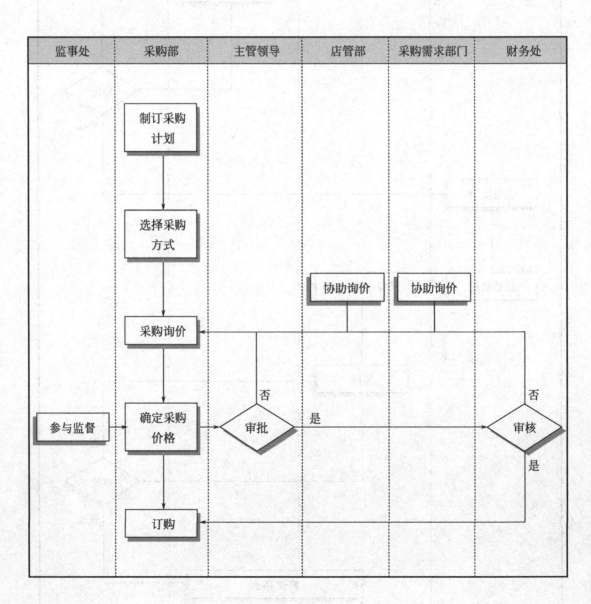

2-02 采购管理流程

财务处	店管部	采购需求部门	采购部	领用部门	监事处

流程节点:

- 采购需求部门：提出采购申请 → 提出采购需求计划 → 领料
- 店管部：审核（采购需求单、采购申请单）→ 是否有库存 → 汇总拟订公司总体需求计划
- 采购部：审核 → 是否有库存 → 制订采购计划 → 是否符合招标条件 → 招标 / 订购 → 组织进货 → 是否直发加工现场 → 验收入库
- 财务处：是否超预算 → 制订资金计划 → 付款结算
- 领用部门：验收入库
- 监事处：参与监督

单据流转：采购申请单、采购需求单、采购计划单、资金计划单、订购单、合同、入库单、验收入库单

2-03 采购计划制定流程

经营办	单店	店营部	其他部门	库房	采购部	主管领导
公司总经营计划 → 分析目标	收集分析信息 → 提供库存情况	收集分析信息 → 采购需求量 → 审核（是/否）→ 是否有库存（是→领料 / 否→提供库存情况）	收集信息 → 提出采购申请	提供库存情况	提出常备料采购申请 → 收集信息 → 制订采购计划 → 上报审批	审核（是/否）

（采购申请单）

2-04 采购物品入库检验流程

使用部门	库房	店管部	采购部	单店	财务处	监事处
参与检验		检验、验证 → 是否合格 → 是否直接配送	采购货物交检单	检验、验证 → 是否合格		参与检验
	办理入库			办理入库 → 信息备案	入库账务处理	
	填不合格单			填不合格单 → 信息备案 → 通知供方 → 退换货物		

入库单 / 入库清单 / 是 / 否 / 合格

2-05 领料管理流程

店管部	供应商配送方	需求部门	采购部	财务处

流程:
- 店管部:审核 → 否/是
- 需求部门:提出领料申请 →（领料申请表）→ 店管部审核
- 审核是 → 是否直接配送
  - 是 → 通知发货 → 供应商配送货物 → 需求部门入库验收 → 入库清单 → 财务处入库账务处理
  - 否 → 有无库存
    - 有 → 办理出库手续 → 登记库存账簿；出库清单、领料单 → 需求部门入库验收 → 领料单 → 财务处出库账务处理
    - 无 → 采购部实施采购 → 返回是否直接配送

2-06 采购价格平台制定流程

公司各部门	店管部	单店	采购员	采购部	营运副总
		提供价格信息		收集价格信息 → 发放并回收价格调查表 → 汇总价格信息 → 建立价格平台	
	协助提出	修改建议			监督
	协助确认			登记上网 → 组织执行	确认价格平台 → 审批 → 备案

2-07 采购付款结算流程

部门	流程
财务处	审核 → 是：报销；否：返回 / 借款
采购部	审核 → 是：申请借款 → 支付货款；否
单店	核对 → 是；否
库房	核对 → 是；否
供应商/配送方	发货清单/销售合同 → 申请付款 → 领取货款

2-08 新供应商选择流程

采购部	店管部质检员	技术中心	中心厨房/单店	营运副总
收集供应商信息			提供供应商信息	
发放并回收供应商调查表				
提出候选名单		协助提出		
采购物资分类				
现场评价（否→返回；是↓）				
组织现场评价				
汇总评价结果提出排序名单		参加评价		
采购（流程）	需小批试用（是↑/否→）		进行小批量试用或试装	审批
确认供应商	汇总采购物资质量信息	协助确认		审批
备案、按名单执行采购	备案			

2-09 供应商管理流程

营运副总	中心厨房/单店	采购员	质量检验员	采购部经理	监事处

流程要素：
- 营运副总：审批
- 中心厨房/单店：发现质量问题
- 采购员：物资采购-价格问题、物资采购、发现质量-价格问题
- 质量检验员：发现质量问题、备案、评价结果备案
- 采购部经理：汇总信息 → 有质量问题（否/是）→ 重大（否/是）→ 提醒供应商，协商解决 → 取消资格（否/是）→ 提出取消供应商资格建议 → 取消该供应商资格，重新选择 → 定期/抽样组织综合评价 → 重新确认供应商 → 评价结果归档
- 监事处：通过法律解决

2-10 采购招标流程

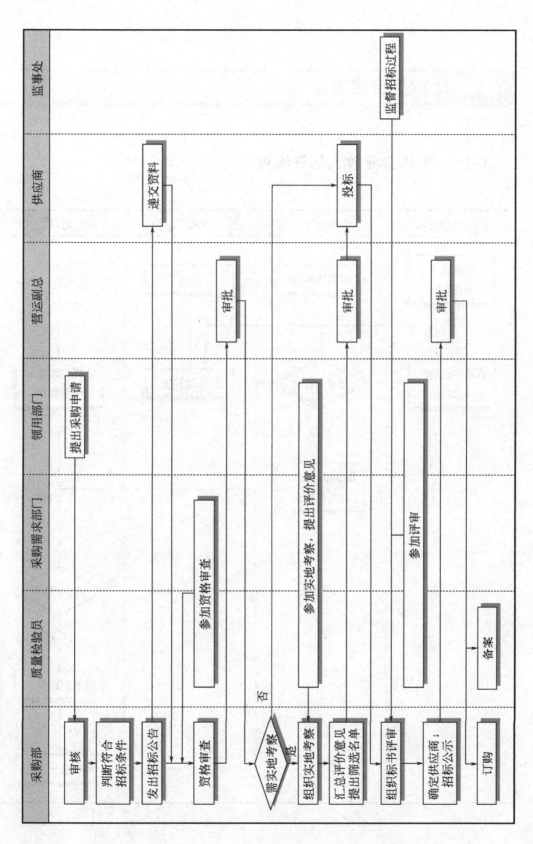

第3章 财务管理流程

3-01 单店营业收入结算流程

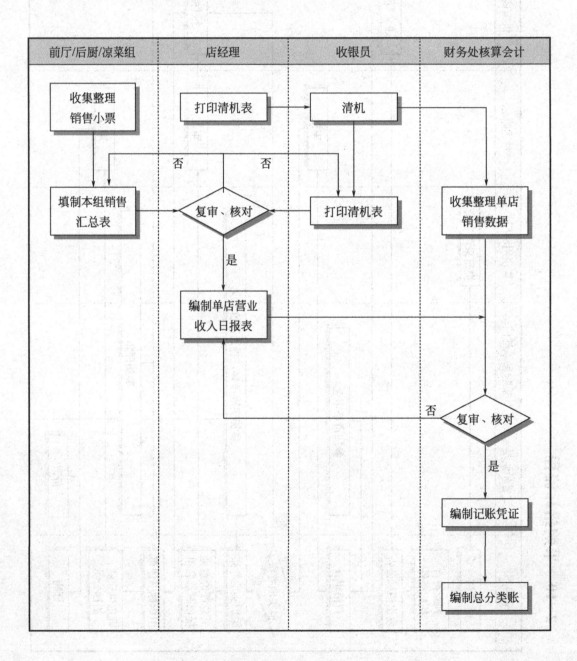

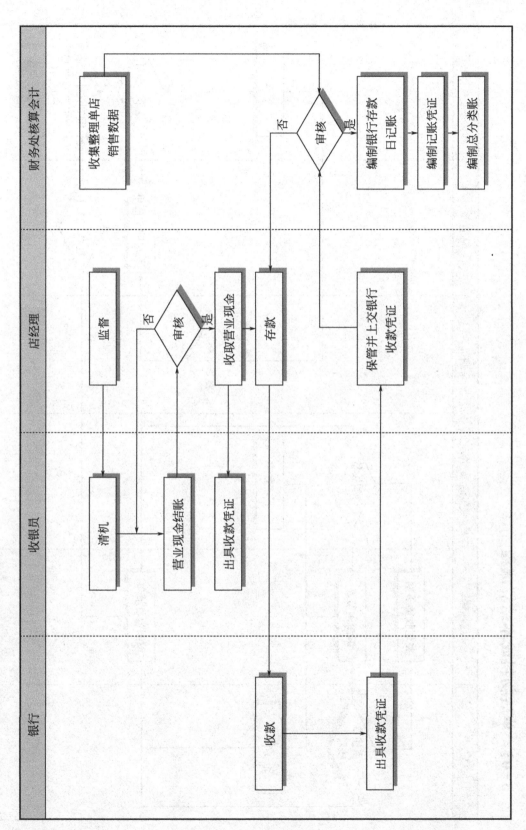

3-02 单店营业现金结算流程

3-03 单店物料成本结算流程

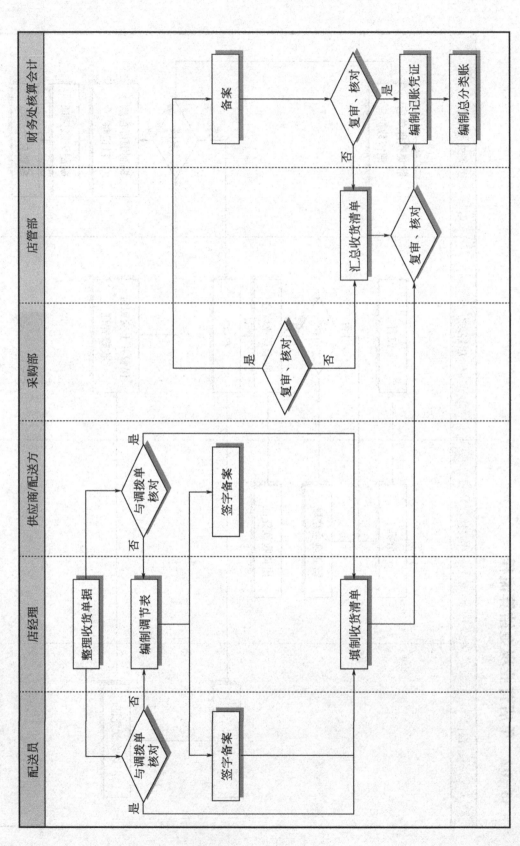

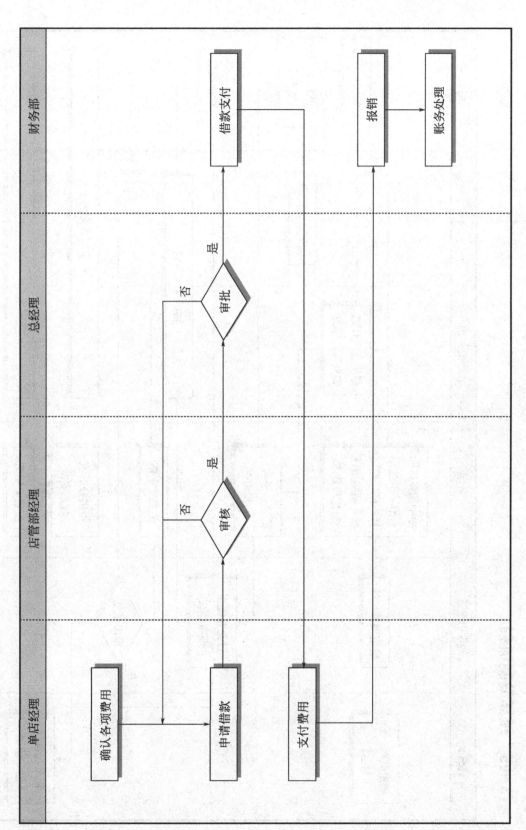

3-04 单店费用结算流程

3-05 预算编制流程

董事会	经理办公室	财务部	各职能部门	单店	店管部
确定战略、经营目标	确定预算目标	根据预算目标分解、下达预算指标、确定预算编制指导思想和要求	根据部门计划编制部门预算	编制单店预算	预算指标分解
	讨论并提出调整建议	汇总、平衡、初步审查			审核汇总、平衡预算
	提出意见（是/否）	汇总、平衡	根据建议调整		组织调整
审批经营计划、预算		提供分析或技术支持	根据需要参加质询		
		汇总、平衡		执行	

3-06 预算执行监督流程

预算执行人	部门领导	财务部	总经理办公会	主管副总/总经理
月度预算分析 →	审核 → 是否正确 （否返回；是→）	汇总分析 →	审阅 → 是否需要解决 （否→备案；是→）	协商解决
← 执行				

第3章 财务管理流程

3-07 预算调整流程

预算调整申请部门	各部门	财务部	经理办公会	董事会
提出调整申请		受理申请	审批	
	根据要求调整部门预算	拟订调整方案、组织各部门调整	是否同意（是/否）→ 是否权限内（是/否）	审批
		汇总、平衡、初审	讨论、提出修改建议	
	根据建议修改	汇总、平衡	审批 → 是否权限内（是/否）	审批
	执行	下发预算调整通知书		

3-08 预算内资金一般审批流程

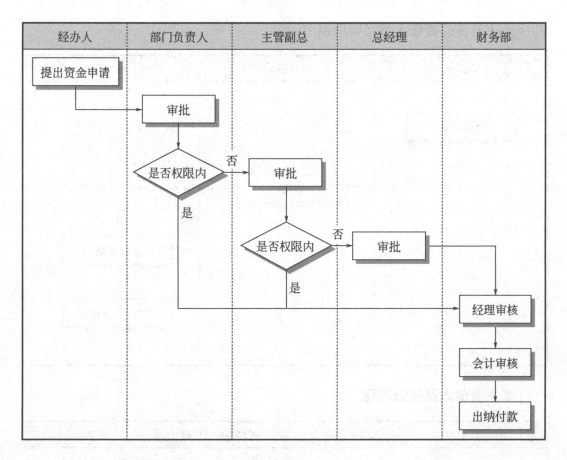

3-09 预算外资金一般审批流程

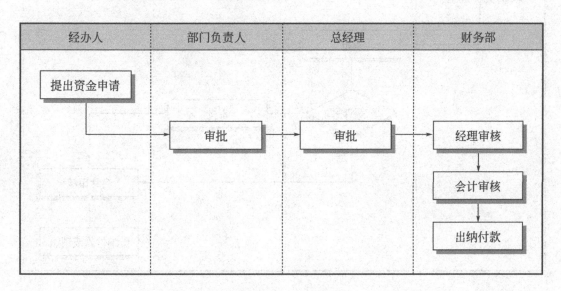

3-10 财务报销管理流程

（一）各部门管理人员报销流程

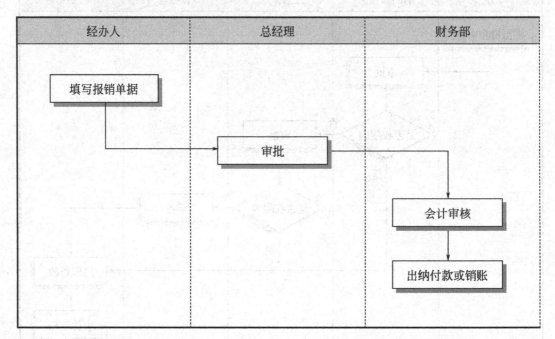

（二）其他人员报销流程

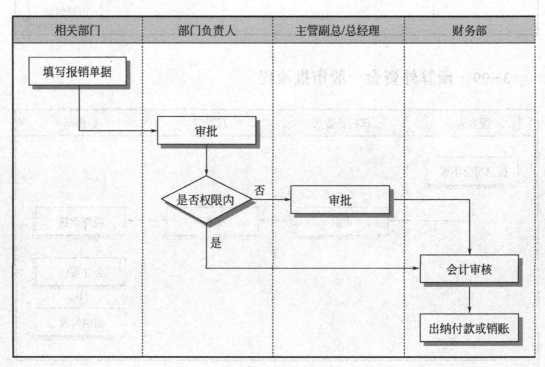

第4章 楼面服务部工作流程

4-01 楼面服务部例会流程

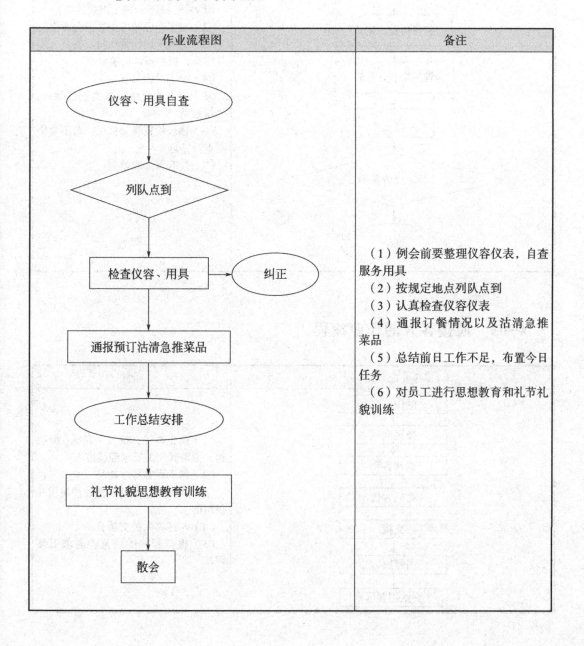

作业流程图	备注
（流程图见上图）	（1）例会前要整理仪容仪表，自查服务用具 （2）按规定地点列队点到 （3）认真检查仪容仪表 （4）通报订餐情况以及沽清急推菜品 （5）总结前日工作不足，布置今日任务 （6）对员工进行思想教育和礼节礼貌训练

4-02 备餐工作流程

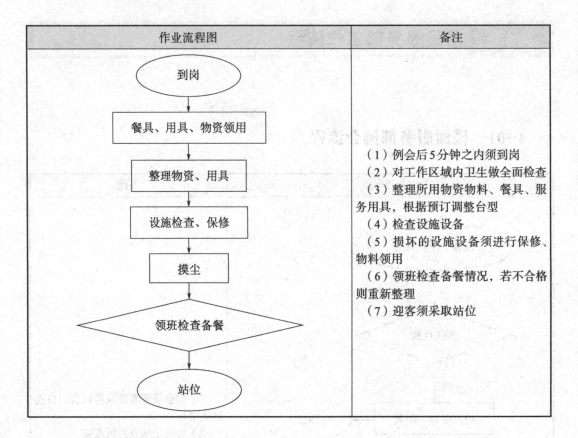

4-03 迎接客人的作业流程

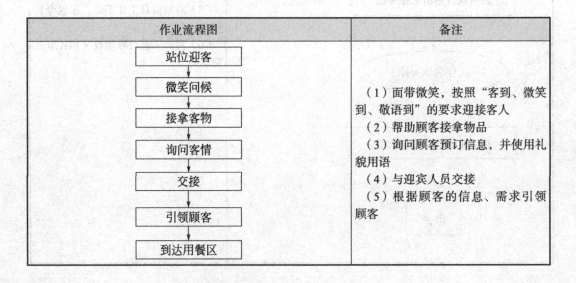

4-04 餐前服务作业流程

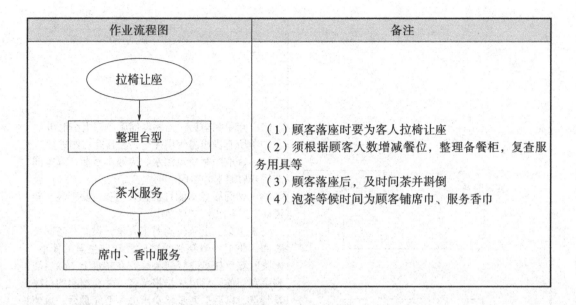

作业流程图	备注
拉椅让座 → 整理台型 → 茶水服务 → 席巾、香巾服务	（1）顾客落座时要为客人拉椅让座 （2）须根据顾客人数增减餐位，整理备餐柜，复查服务用具等 （3）顾客落座后，及时问茶并斟倒 （4）泡茶等候时间为顾客铺席巾、服务香巾

4-05 点菜、点酒服务的作业流程

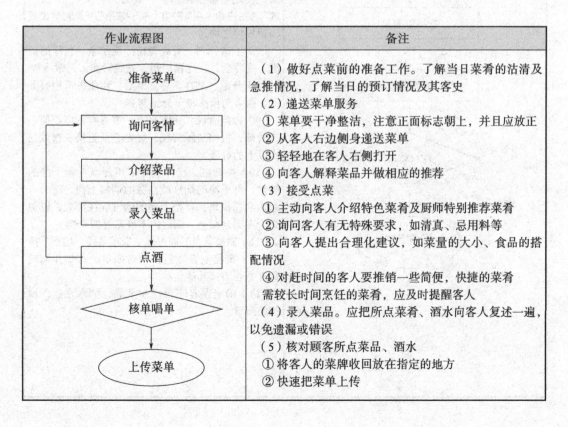

作业流程图	备注
准备菜单 → 询问客情 → 介绍菜品 → 录入菜品 → 点酒 → 核单唱单 → 上传菜单	（1）做好点菜前的准备工作。了解当日菜肴的沽清及急推情况，了解当日的预订情况及其客史 （2）递送菜单服务 ① 菜单要干净整洁，注意正面标志朝上，并且应放正 ② 从客人右边侧身递送菜单 ③ 轻轻地在客人右侧打开 ④ 向客人解释菜品并做相应的推荐 （3）接受点菜 ① 主动向客人介绍特色菜肴及厨师特别推荐菜肴 ② 询问客人有无特殊要求，如清真、忌用料等 ③ 向客人提出合理化建议，如菜量的大小、食品的搭配情况 ④ 对赶时间的客人要推销一些简便、快捷的菜肴；需较长时间烹饪的菜肴，应及时提醒客人 （4）录入菜品。应把所点菜肴、酒水向客人复述一遍，以免遗漏或错误 （5）核对顾客所点菜品、酒水 ① 将客人的菜牌收回放在指定的地方 ② 快速把菜单上传

4-06 席间服务的作业流程

作业流程图	备注
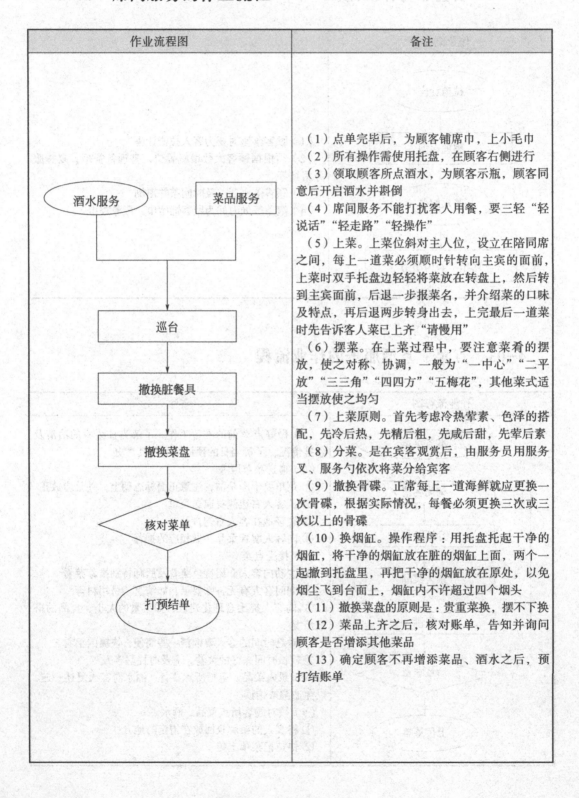	（1）点单完毕后，为顾客铺席巾，上小毛巾 （2）所有操作需使用托盘，在顾客右侧进行 （3）领取顾客所点酒水，为顾客示瓶，顾客同意后开启酒水并斟倒 （4）席间服务不能打扰客人用餐，要三轻"轻说话""轻走路""轻操作" （5）上菜。上菜位斜对主人位，设立在陪同席之间，每上一道菜必须顺时针转向主宾的面前，上菜时双手托盘边轻轻将菜放在转盘上，然后转到主宾面前，后退一步报菜名，并介绍菜的口味及特点，再后退两步转身出去，上完最后一道菜时先告诉客人菜已上齐"请慢用" （6）摆菜。在上菜过程中，要注意菜肴的摆放，使之对称、协调，一般为"一中心""二平放""三三角""四四方""五梅花"，其他菜式适当摆放使之均匀 （7）上菜原则。首先考虑冷热荤素、色泽的搭配，先冷后热，先精后粗，先咸后甜，先荤后素 （8）分菜。是在宾客观赏后，由服务员用服务叉、服务勺依次将菜分给宾客 （9）撤换骨碟。正常每上一道海鲜就应更换一次骨碟，根据实际情况，每餐必须更换三次或三次以上的骨碟 （10）换烟缸。操作程序：用托盘托起干净的烟缸，将干净的烟缸放在脏的烟缸上面，两个一起撤到托盘里，再把干净的烟缸放在原处，以免烟尘飞到台面上，烟缸内不许超过四个烟头 （11）撤换菜盘的原则是：贵重菜换，摆不下换 （12）菜品上齐之后，核对账单，告知并询问顾客是否增添其他菜品 （13）确定顾客不再增添菜品、酒水之后，预打结账单

4-07 结账作业流程

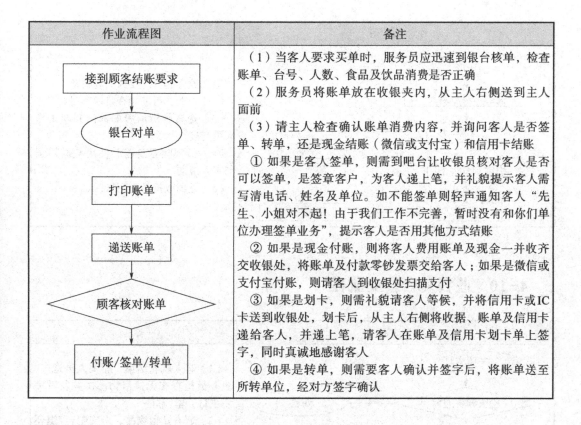

4-08 餐后服务流程

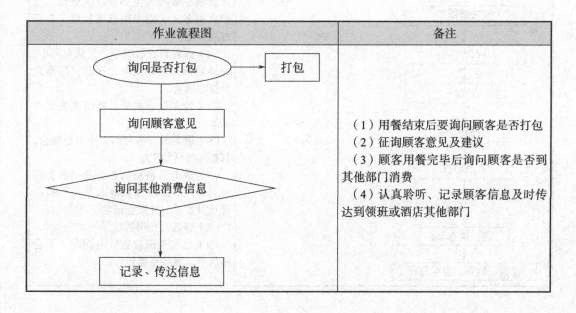

4-09 送客作业流程

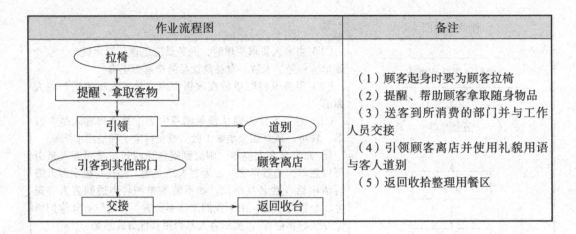

备注：
（1）顾客起身时要为顾客拉椅
（2）提醒、帮助顾客拿取随身物品
（3）送客到所消费的部门并与工作人员交接
（4）引领顾客离店并使用礼貌用语与客人道别
（5）返回收拾整理用餐区

4-10 收餐复台作业流程

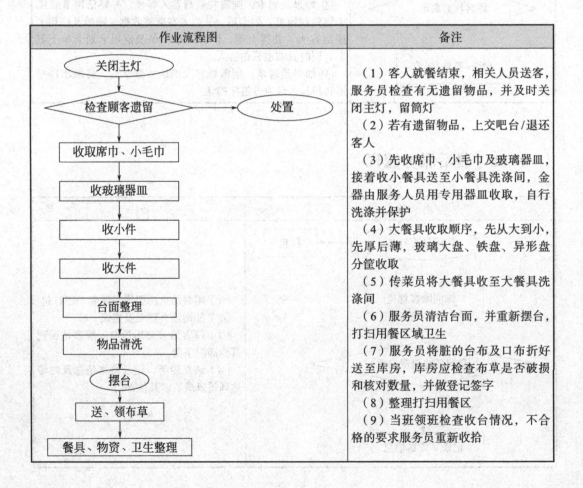

备注：
（1）客人就餐结束，相关人员送客，服务员检查有无遗留物品，并及时关闭主灯，留筒灯
（2）若有遗留物品，上交吧台/退还客人
（3）先收席巾、小毛巾及玻璃器皿，接着收小餐具送至小餐具洗涤间，金器由服务人员用专用器皿收取，自行洗涤并保护
（4）大餐具收取顺序，先从大到小，先厚后薄，玻璃大盘、铁盘、异形盘分筐收取
（5）传菜员将大餐具收至大餐具洗涤间
（6）服务员清洁台面，并重新摆台，打扫用餐区域卫生
（7）服务员将脏的台布及口布折好送至库房，库房应检查布草是否破损和核对数量，并做登记签字
（8）整理打扫用餐区
（9）当班领班检查收台情况，不合格的要求服务员重新收拾

4-11 闭餐的作业流程

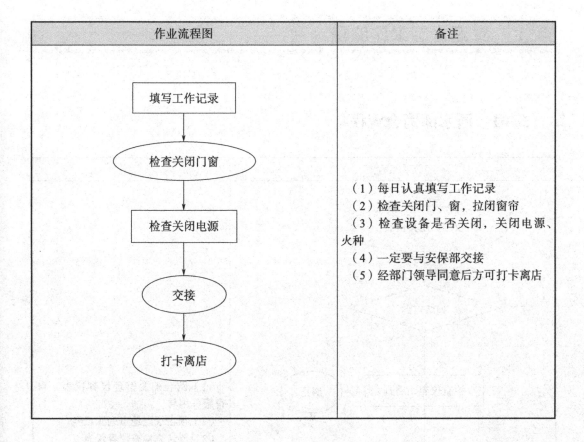

作业流程图	备注
填写工作记录 → 检查关闭门窗 → 检查关闭电源 → 交接 → 打卡离店	（1）每日认真填写工作记录 （2）检查关闭门、窗，拉闭窗帘 （3）检查设备是否关闭，关闭电源、火种 （4）一定要与安保部交接 （5）经部门领导同意后方可打卡离店

第5章　酒水部工作流程

5-01　酒水部例会流程

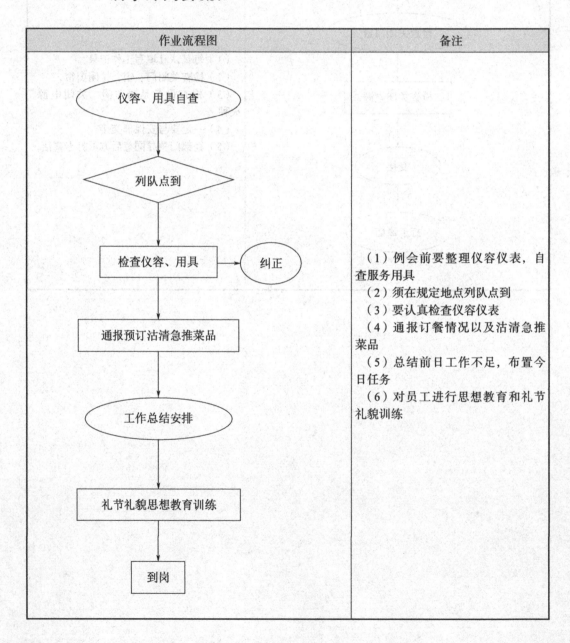

5-02　酒水部备餐工作流程

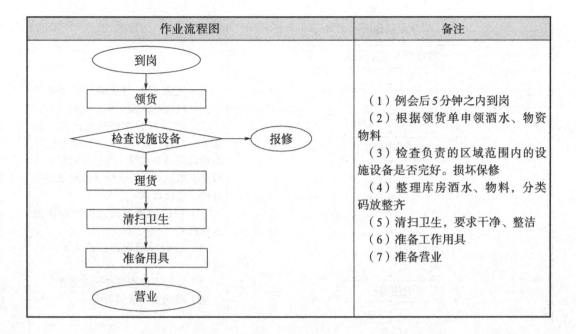

备注：
（1）例会后5分钟之内到岗
（2）根据领货单申领酒水、物资物料
（3）检查负责的区域范围内的设施设备是否完好。损坏保修
（4）整理库房酒水、物料，分类码放整齐
（5）清扫卫生，要求干净、整洁
（6）准备工作用具
（7）准备营业

5-03　出品、传递作业流程

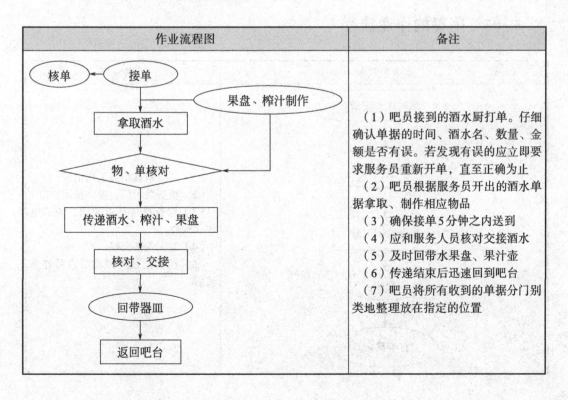

备注：
（1）吧员接到的酒水厨打单。仔细确认单据的时间、酒水名、数量、金额是否有误。若发现有误的应立即要求服务员重新开单，直至正确为止
（2）吧员根据服务员开出的酒水单据拿取、制作相应物品
（3）确保接单5分钟之内送到
（4）应和服务人员核对交接酒水
（5）及时回带水果盘、果汁壶
（6）传递结束后迅速回到吧台
（7）吧员将所有收到的单据分门别类地整理放在指定的位置

5-04 餐后整理作业流程

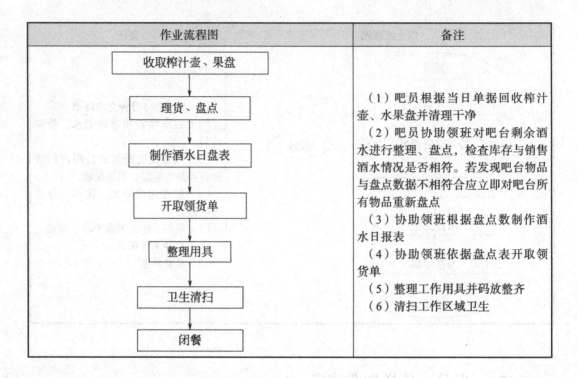

作业流程图	备注
收取榨汁壶、果盘 → 理货、盘点 → 制作酒水日盘表 → 开取领货单 → 整理用具 → 卫生清扫 → 闭餐	（1）吧员根据当日单据回收榨汁壶、水果盘并清理干净 （2）吧员协助领班对吧台剩余酒水进行整理、盘点，检查库存与销售酒水情况是否相符。若发现吧台物品与盘点数据不相符合应立即对吧台所有物品重新盘点 （3）协助领班根据盘点数制作酒水日报表 （4）协助领班依据盘点表开取领货单 （5）整理工作用具并码放整齐 （6）清扫工作区域卫生

5-05 闭餐的作业流程

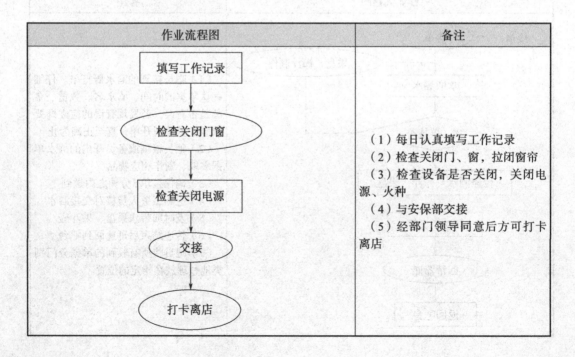

作业流程图	备注
填写工作记录 → 检查关闭门窗 → 检查关闭电源 → 交接 → 打卡离店	（1）每日认真填写工作记录 （2）检查关闭门、窗，拉闭窗帘 （3）检查设备是否关闭，关闭电源、火种 （4）与安保部交接 （5）经部门领导同意后方可打卡离店

第6章　迎宾部工作流程

6-01　迎宾部例会流程

作业流程图	备注
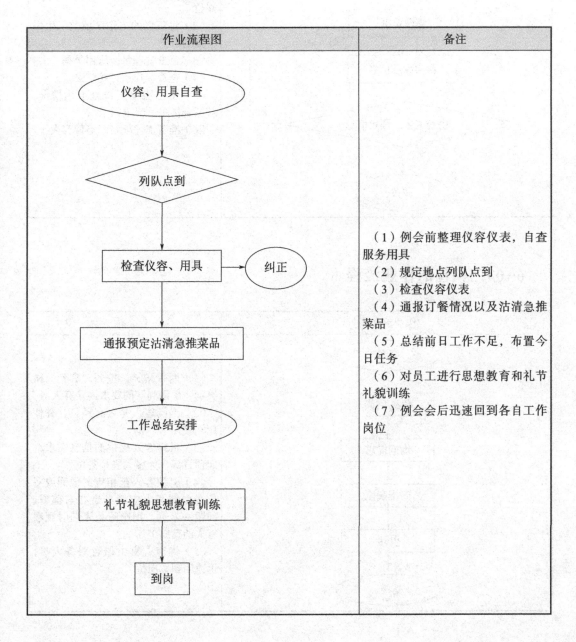	（1）例会前整理仪容仪表，自查服务用具 （2）规定地点列队点到 （3）检查仪容仪表 （4）通报订餐情况以及沽清急推菜品 （5）总结前日工作不足，布置今日任务 （6）对员工进行思想教育和礼节礼貌训练 （7）例会会后迅速回到各自工作岗位

6-02 餐前准备工作流程

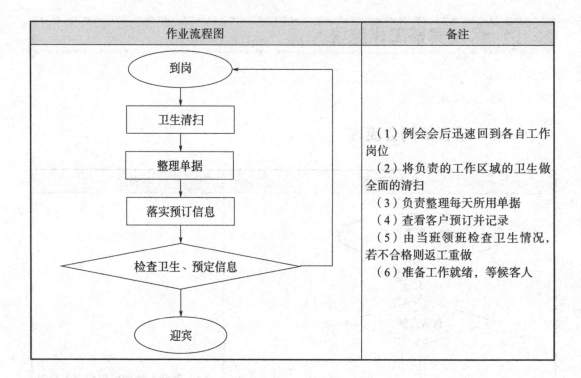

6-03 领位的作业流程

6-04 送客的作业流程

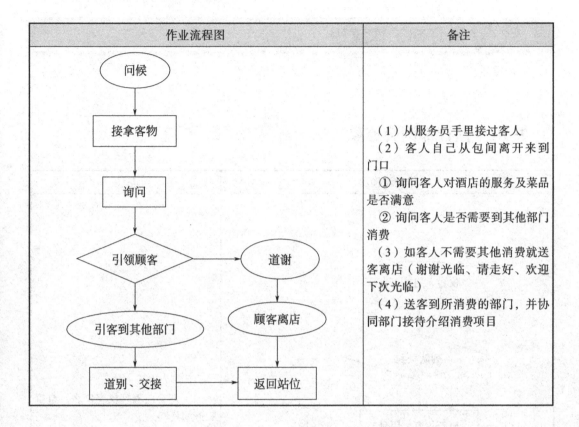

备注：
（1）从服务员手里接过客人
（2）客人自己从包间离开来到门口
① 询问客人对酒店的服务及菜品是否满意
② 询问客人是否需要到其他部门消费
（3）如客人不需要其他消费就送客离店（谢谢光临、请走好、欢迎下次光临）
（4）送客到所消费的部门，并协同部门接待介绍消费项目

6-05 闭餐的作业流程

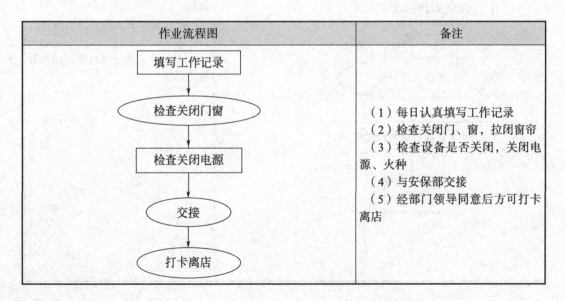

备注：
（1）每日认真填写工作记录
（2）检查关闭门、窗，拉闭窗帘
（3）检查设备是否关闭，关闭电源、火种
（4）与安保部交接
（5）经部门领导同意后方可打卡离店

第7章 预订部工作流程

7-01 预订部例会流程

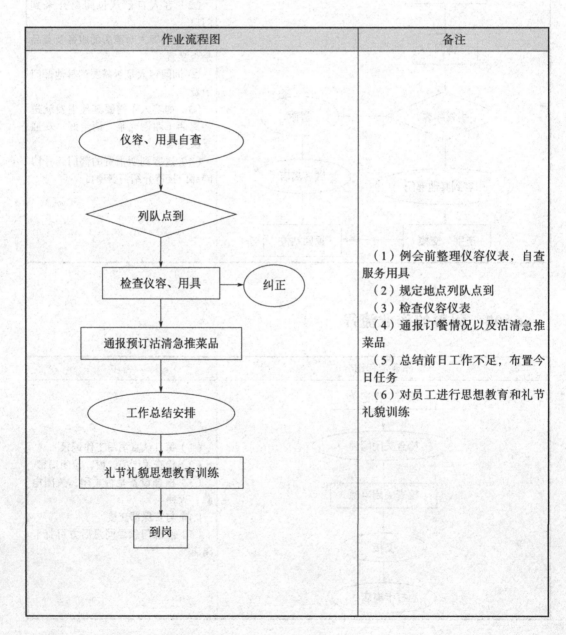

作业流程图	备注
(流程图：仪容、用具自查 → 列队点到 → 检查仪容、用具（纠正）→ 通报预订沽清急推菜品 → 工作总结安排 → 礼节礼貌思想教育训练 → 到岗)	（1）例会前整理仪容仪表，自查服务用具 （2）规定地点列队点到 （3）检查仪容仪表 （4）通报订餐情况以及沽清急推菜品 （5）总结前日工作不足，布置今日任务 （6）对员工进行思想教育和礼节礼貌训练

7-02 餐前准备及电话预订作业流程

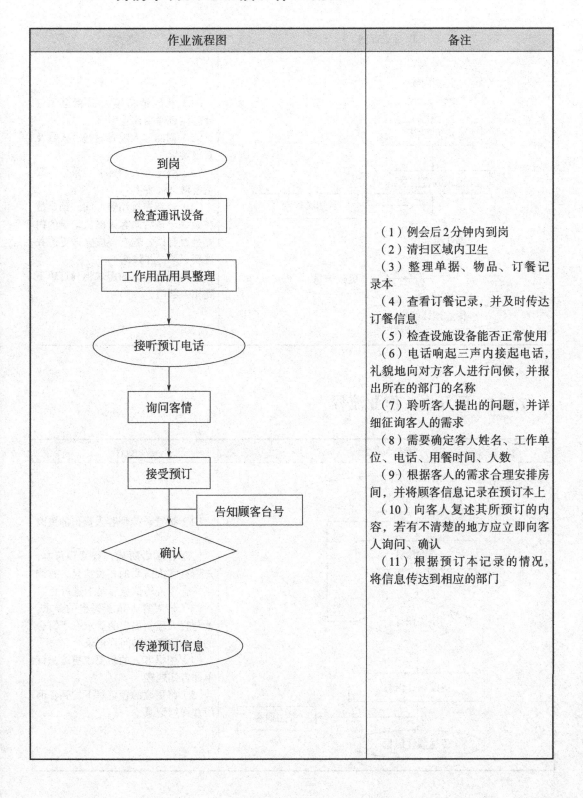

作业流程图	备注
到岗 → 检查通讯设备 → 工作用品用具整理 → 接听预订电话 → 询问客情 → 接受预订 → 告知顾客台号 → 确认 → 传递预订信息	（1）例会后2分钟内到岗 （2）清扫区域内卫生 （3）整理单据、物品、订餐记录本 （4）查看订餐记录，并及时传达订餐信息 （5）检查设施设备能否正常使用 （6）电话响起三声内接起电话，礼貌地向对方客人进行问候，并报出所在的部门的名称 （7）聆听客人提出的问题，并详细征询客人的需求 （8）需要确定客人姓名、工作单位、电话、用餐时间、人数 （9）根据客人的需求合理安排房间，并将顾客信息记录在预订本上 （10）向客人复述其所预订的内容，若有不清楚的地方应立即向客人询问、确认 （11）根据预订本记录的情况，将信息传达到相应的部门

7-03 接待到店预订顾客作业流程

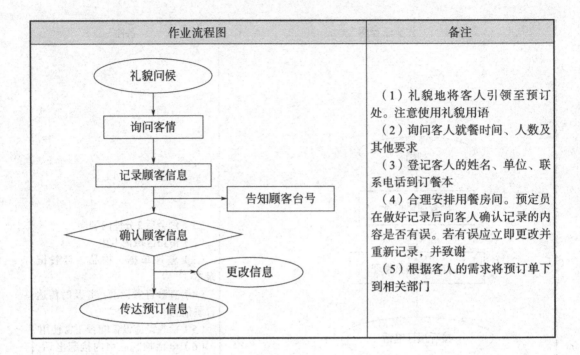

7-04 预订更改作业流程

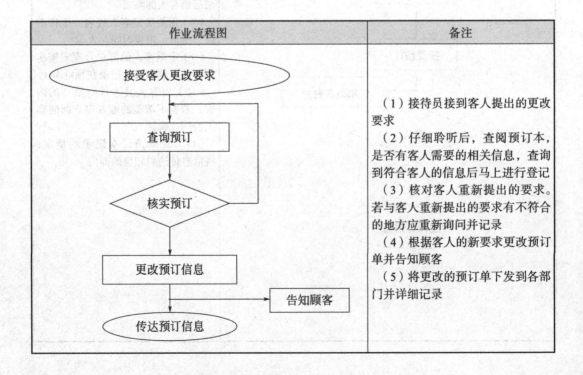

7-05　预订取消的作业流程

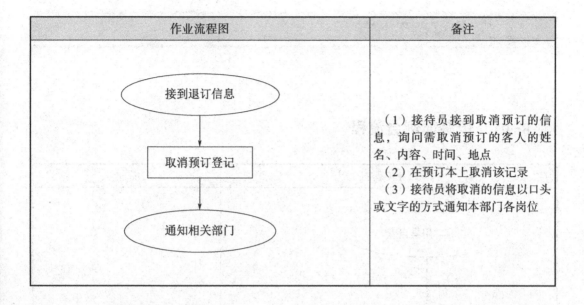

作业流程图	备注
接到退订信息 → 取消预订登记 → 通知相关部门	（1）接待员接到取消预订的信息，询问需取消预订的客人的姓名、内容、时间、地点 （2）在预订本上取消该记录 （3）接待员将取消的信息以口头或文字的方式通知本部门各岗位

7-06　闭餐的作业流程

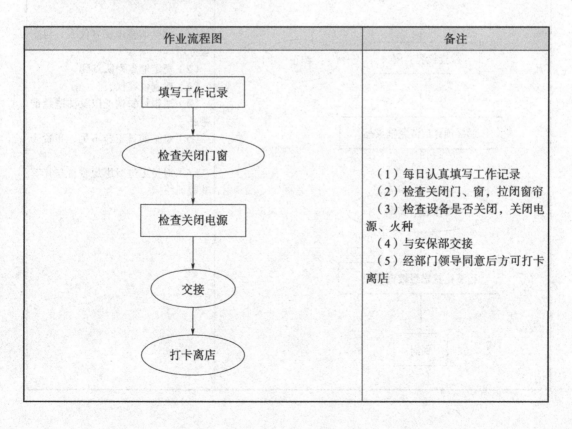

作业流程图	备注
填写工作记录 → 检查关闭门窗 → 检查关闭电源 → 交接 → 打卡离店	（1）每日认真填写工作记录 （2）检查关闭门、窗，拉闭窗帘 （3）检查设备是否关闭，关闭电源、火种 （4）与安保部交接 （5）经部门领导同意后方可打卡离店

第8章 传菜部工作流程

8-01 传菜部例会流程

作业流程图	备注
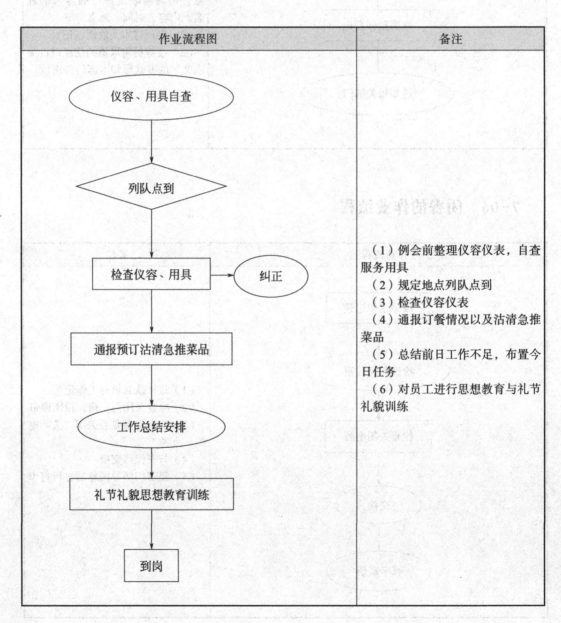	（1）例会前整理仪容仪表，自查服务用具 （2）规定地点列队点到 （3）检查仪容仪表 （4）通报订餐情况以及沽清急推菜品 （5）总结前日工作不足，布置今日任务 （6）对员工进行思想教育与礼节礼貌训练

8-02 餐前准备作业流程

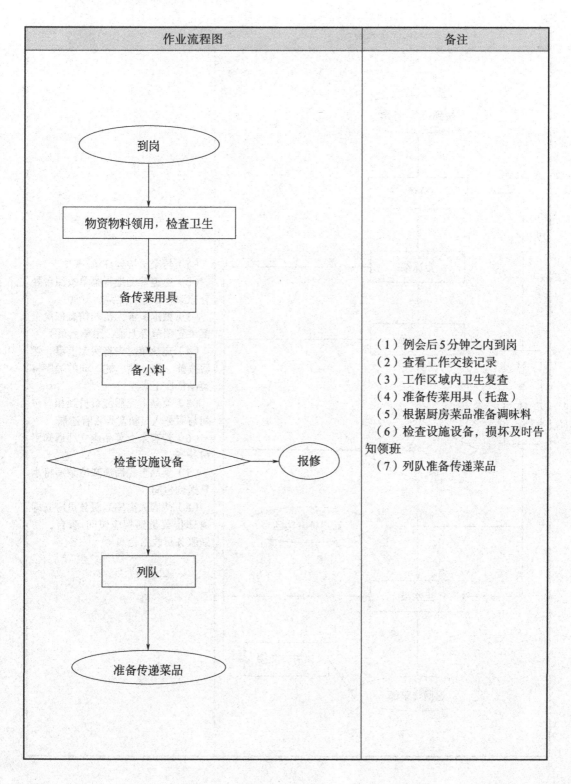

作业流程图	备注
到岗 → 物资物料领用，检查卫生 → 备传菜用具 → 备小料 → 检查设施设备 →（是）报修；→ 列队 → 准备传递菜品	（1）例会后5分钟之内到岗 （2）查看工作交接记录 （3）工作区域内卫生复查 （4）准备传菜用具（托盘） （5）根据厨房菜品准备调味料 （6）检查设施设备，损坏及时告知领班 （7）列队准备传递菜品

8-03 菜品传递作业流程

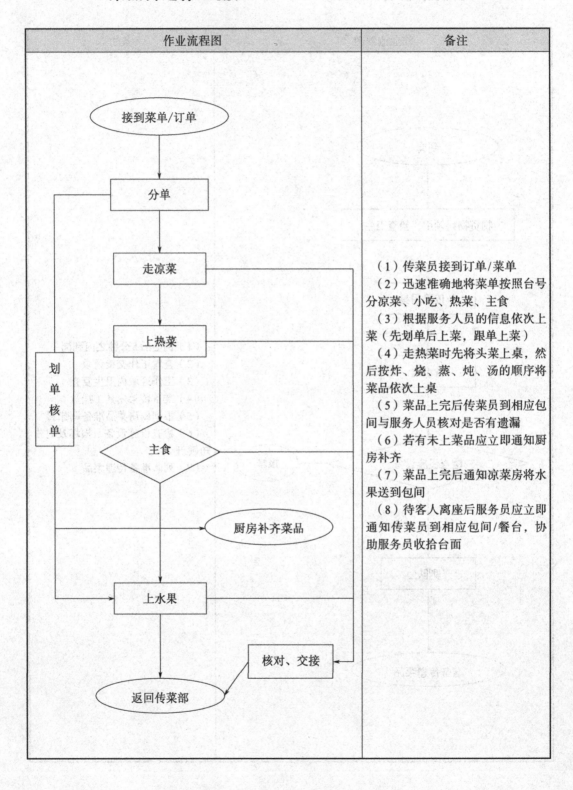

8-04　协助服务员撤台作业流程

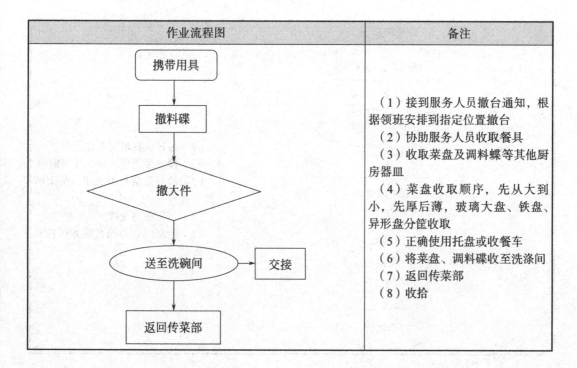

8-05　收市作业流程

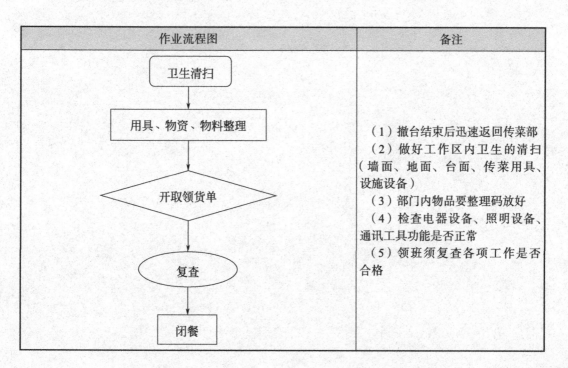

8-06 闭餐作业流程

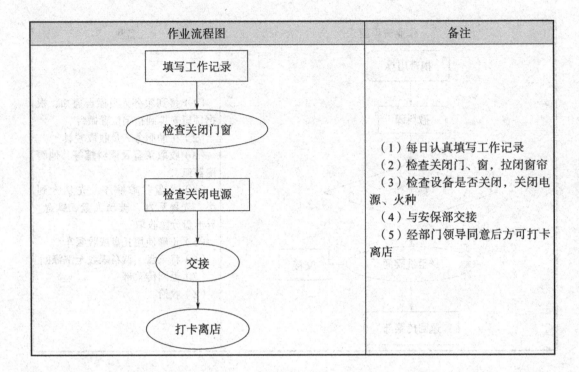

作业流程图	备注
填写工作记录 → 检查关闭门窗 → 检查关闭电源 → 交接 → 打卡离店	（1）每日认真填写工作记录 （2）检查关闭门、窗，拉闭窗帘 （3）检查设备是否关闭，关闭电源、火种 （4）与安保部交接 （5）经部门领导同意后方可打卡离店

Part 2 餐饮企业管理制度

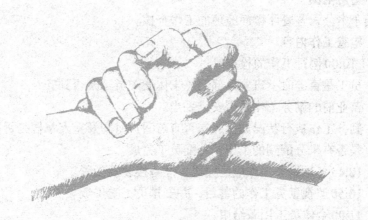

第9章　楼面服务管理制度

9-01　餐厅每日工作检查规范

餐厅每日工作检查规范

一、目的
为了规范餐厅每日的工作检查，特制定本规范。

二、适用范围
适用于本公司各餐厅楼面经理的工作查核。

三、检查工作内容
（一）10:00例行工作的检查
（1）员工是否准时上班？各部门（未休假）员工是否到齐？
（2）营业前的勤务工作是否安排妥当？
（3）勤务工作执行状况如何？是否有疏漏？时间及重点掌握是否准确？
（4）是否有未分配到的工作？分配员工完成。
（5）10:45各项勤务工作应已完成，准备换装及用餐。
（6）10:50巡视勤务工作的善后，并安排员工吃午饭。
（7）11:00全体员工用餐结束。
（二）11:00前例行工作的检查
（1）店面前的骑廊与马路均视为清洁区域，应保持整洁。
（2）店面前的海报架、订席牌、脚踏垫是否清洁，并定位？
（3）地毯是否清洗？阶梯铜条是否擦拭？大理石地面是否清洁？
（4）灯光和空调是否调整正常？
（5）蒸馏水及冰块是否补充正常？银水壶是否擦拭？
（6）送洗衣物、厂商送达的布件是否放在规定的地方？
（7）出纳、柜台、沙发是否整理好？
（8）出纳播放的音乐是否正确？
（9）出纳菜单是否整理并摆放正确？
（10）各服务台上的备品是否补充齐全（盅、桶、托盘、瓷盘及佐料等）？
（11）各桌面是否摆放正确且清洁（餐具、口布纸、餐垫纸、水杯、胡椒盐罐、烟灰缸、意见卡、台卡、调味罐、花瓶、面包盘、台心布等），餐椅擦拭及摆放是否整齐？

（12）备餐区沙拉、冰箱内废口布纸是否清理，关上玻璃门并开灯？

（13）吧台各项备品是否准备充分？

（14）化妆室是否清洁？

（15）饭菜是否准备妥当，员工着装完毕并就位，准备用餐？

（三）上午营业前及营业中例行工作

（1）是否进行餐前集合？

（2）员工的工作和区域是否分配妥当？

（3）员工用餐的桌面是否有指定员工完成整理？

（4）各区域员工是否就位，并进入状况（如备餐区，前菜、沙拉、汤、面包、碗、盘的补充）？

（5）勤务工作未完成事项是否已指派员工补充完成？

（6）服务是否有缺失（含 a.推拉椅；b.上湿纸巾；c.加水；d.上菜单；e.点菜；f.出餐；g.酒类服务；h.点烟；i.换烟灰缸；j.为客人披挂外套；k.餐中加水；l.结账；m.迎客；n.送客；o.带位）？

（7）出菜是否正常？

（8）客人用餐状况及反映。

（9）食品是否有缺失？

（10）员工服务是否亲切（微笑、口语及动作有无漏失）？

（11）各区域员工的工作量及服务量是否平均？有无调动支援的必要？

（12）空调是否保持正常？

（13）音乐是否保持正常？

（14）化妆室是否随时保持清洁（含卷桶纸、擦手纸、镜面、台面、地板、小便斗、马桶各项备品的补充）？

（15）上午营业前是否将灯光调至较柔和的亮度？

（16）地毯是否随时保持清洁？

（17）客人桌面是否随时保持清洁？

（18）对员工及客人的状况是否随时掌握？

（19）上午收尾工作是否于13:30分派妥当？

（20）员工及工作是否准时分派妥当？

（21）员工执行状况如何？是否有遗漏？时间掌握是否准确？

（22）是否有特殊工作，并分派员工执行？

（23）现场客人是否有人服务？有无遗漏？

（24）13:50备餐区员工是否将备品回收厨房？

（25）13:50员工是否集合擦餐具，并归定位？

（26）13:50是否分派员工全场买单，有否彻底执行？
（27）13:50收尾工作的最后检查，收尾工作未完成，是否指派员工补充完成？
（四）13:55收尾工作
（1）员工各项工作是否准时完成并汇报？
（2）各服务台的备品是否收存妥当，并擦拭台面？
（3）灯光、空调是否调整好？
（4）备餐区是否整理清洁（含保温汤架是否关好，煎板烤箱煤气是否关好，是否有餐具未送洗，汤、面包、佐料是否有送回，有否杂物堆置，备餐间是否清洁等）？
（5）吧台是否整理好？
（6）餐具是否擦拭清洁并归定位？
（7）桌面摆设是否正常？
（8）出纳结账是否完成？
（9）蒸馏水、湿纸巾、糖缸是否补充完成？
（10）吧台餐具是否擦拭清洁并归定位？
（11）瓷盘是否擦拭清洁并补充至各位置？
（12）员工未完成工作是否指派员工补充完成？
（13）水电、煤气开关是否关好？
（14）空班留守员工是否安排妥当，是否有交代事项并交办完成？
（五）17:00例行工作
（1）马路、走廊、踏垫、门面玻璃是否清洁光亮？
（2）地毯是否清洁，地上物是否摆放定位？
（3）灯光、空调是否调整正常？
（4）蒸馏水及冰块是否补充正常？
（5）出纳柜台、沙发是否整理清洁？
（6）出纳菜单是否整理确实，并摆放定位？
（7）各服务台上的备品是否补充齐全？
（8）各桌面摆设是否正确？
（9）备餐区用品是否准备完成？
（10）吧台煤气是否点火，水壶及保温箱水位是否正常？
（11）员工饭菜是否准备妥当？
（12）员工是否着装完毕并准备用餐？
（六）下午营业前及营业中例行工作
（1）是否有餐前集合？
（2）员工的工作和区域是否分配妥当？
（3）员工用餐的桌面是否有指定员工完成整理？

（4）各区域员工是否就位，并进入状况？

（5）勤务工作未完成事项是否有指派员工补充完成？

（6）服务是否有缺失（含a.推拉椅；b.上湿纸巾；c.加水；d.上菜单；e.点菜；f.出餐；g.酒类服务；h.点烟；i.烟灰缸；j.为客人披挂外套；k.餐中加水；l.结账；m.迎客；n.送客；o.带位）？

（7）出菜是否正常？

（8）客人用餐状况及反映？

（9）食品是否有缺失？

（10）员工服务是否亲切（微笑、口语及动作有无漏失）？

（11）各区域员工的工作量及服务量是否平均，有无调动支援的必要？

（12）空调是否保持正常？

（13）音乐是否保持正常？

（14）化妆室是否随时保持清洁？

（15）晚上营业前是否将灯光调至较柔和的亮度？

（16）地毯是否随时保持清洁？

（17）客人桌面是否随时保持清洁（含空杯子、换烟灰缸、调味罐、废口布纸等）？

（18）对员工及客人的状况是否随时掌握？

（19）下午收尾工作是否于20:30前分派妥当？

（20）是否开始安排营业后收尾工作？

（21）是否指示单位主管开始分派员工执行例行工作？

（22）现场的客人是否指定专人服务？

（23）员工执行状况如何，是否有遗漏？时间掌握是否准确？

（24）是否有特殊工作，并分派员工执行？

（25）现场客人是否有人服务，是否有遗漏？

（26）21:00备餐区员工是否将备品回收厨房？

（27）21:45员工是否集合擦餐具（含银盘及各类餐具），并归定位？

（28）21:50是否分派员工全场买单，是否彻底执行？

（29）21:50收尾工作的最后检查。

（七）21:50收尾工作

（1）员工各项工作是否确实完成并汇报？

（2）各服务台的备品是否有收妥当？

（3）各服务台的台面是否已擦拭，并更换置物格内的废口布纸？

（4）备餐区是否整理清洁？

（5）调味罐是否补充及擦拭确实，并摆放定位？

（6）各服务台置物格内的调味罐是否正确？

（7）灯罩、烛台是否确实清理，并归定位？
（8）花瓶是否收回定位，并将花冰放妥当？
（9）口布是否有清洗，并置放定位？
（10）吧台糖缸是否补充，餐具是否有擦拭并归定位？
（11）垃圾是否清理，含垃圾桶周围清理？
（12）托盘是否确实清洗、清洁并置定位？
（13）餐具是否擦拭清洁并归定位？
（14）香槟桶架及银水壶是否已倒水，并放置定位？
（15）盅、桶及调味罐是否清洗干净，并放置定位？
（16）吧台整理是否确实？
（17）出纳是否完成结账工作？
（18）依未离去客人的人数、所在位置适度调整灯光、空调。
（19）是否准时通知员工做营业后检讨会，并准时就位？
（20）会后未完成的收尾工作是否安排员工补充完成？

（八）22:00下班前例行检查

（1）下班前先确认次日休假与服务员工名单，并检查煤气总开关是否关好？
（2）未用完的食品是否妥善收藏，冰箱门是否关好并上锁？
（3）是否熄灭所有火烛？
（4）台面的煤气开关是否关好？
（5）内场烤箱是否关闭，冰箱是否正常运转？
（6）内场是否熄灭所有火烛及火种？
（7）内场后门是否关妥？
（8）内场灯光是否全关妥？
（9）库房门是否关妥，灯是否关妥？
（10）空调是否关妥？
（11）踏垫等物品是否收回店内？
（12）铁卷门是否关妥？
（13）机房及更衣室的灯是否关妥？
（14）铁门上锁后设定讯号是否正常并保全联线？
（15）离开前将店面的外观再巡视一遍？

四、检查结果处理

对于例行检查工作中发现的问题要立即采取措施予以处理，对于同一区域同一责任人员出现的多次问题，应做相应的经济处罚或行政处理，并在员工绩效考评中作为一要素列入。

9-02　散餐服务流程规范

散餐服务流程规范

一、目的
为规范本酒楼散客就餐的服务工作，特制定本规范，希望各位同仁严格遵守。
二、适用范围
适用于本酒楼的散客就餐的服务。
三、散餐服务程序
（一）准备工作
（1）按本餐厅的要求着装，提前到岗，了解当天供应品种。
（2）参加班前会
①班前会由当班主管或领班主持，时间约为5～10分钟。
②布置当天工作任务与要求。
③对发现的问题及时纠正，并采取纠正和预防措施。
④征求员工工作意见及建议。
⑤通报当日厨房特荐菜品及缺菜品种等。
⑥检查员工仪表仪容是否符合规定要求。
（3）做好开餐前的卫生清洁工作。保持沙发、桌椅、各种用具、展示台、备餐台、服务台、酒水车、地面的整洁卫生，用具用品摆放整齐、规范。
（4）检查设施、设备
①检查各种电器。电灯、电香巾箱安全，导线无破损、无短路隐患，电源插头须完好、安全；电器附近无易燃、易爆和腐蚀性物品；背景音乐及灯光开关安全、完好、灵敏。
②检查酒水车。车轮完好，转动灵活、无异声。
③地毯的检查。餐厅各处地毯保持完好，衔接处无开缝、无卷边现象。
④桌椅的检查。各餐桌、餐椅、沙发须安全、牢固、完好。
⑤门的检查。门完好，使用正常自如且无异声。
（二）迎客
（1）客人来到餐厅，领位员须热情礼貌地问候客人。
（2）领位员确定客人是否有预订后，引领客人到位；在引领客人时须与客人保持1米左右的距离。
（3）领位员须帮助客人搬开椅子（服务员应主动上前协助），待客人站定在座椅前时，将座椅轻轻送回原位，协助客人就座。
（三）提供餐前服务
（1）领位员从客人右侧打开菜单第一页，将菜单送到客人手中。

（2）服务员应在客人右侧为客人铺口布，并按先宾后主、女士优先的原则进行。

（3）在客人右侧为客人撤去筷套，并翻开茶杯。

（4）主动向客人介绍茶叶品种，询问客人并确定茶叶的品种后，为客人斟倒茶水。

（5）在客人右侧，为客人提供香巾服务。

（6）服务员将酒水车推到客人桌前展示并介绍本餐厅各种酒水。

（四）为客人服务酒水饮料

（1）主动向客人介绍饮料或酒水，将客人点的酒水或饮料内容重复一次，进行确认。

（2）为客人上饮料或酒水时，服务员须左手托托盘，右手拿饮料或酒水，按服务顺序从客人右侧将饮料或酒水倒进客人的杯中。

（3）上饮料时间不超过3分钟。

（五）为客人点菜

（1）准备好点菜用的纸和笔，选择恰当的点菜时机。

（2）服务员应注意点菜时的姿势、表情。

（3）服务员应掌握点菜技巧，具备一定的菜肴知识。

（4）主动向客人介绍食品的特色、口味、特点，给客人合理的建议，做好推销工作。

（5）客人点好菜后，服务员应重复一遍，进行确认。

（6）立即将点菜单送往厨房、收银台或酒吧。

（六）上菜服务

（1）上第一道菜时间不超过5分钟。

（2）按照菜肴的上菜顺序上菜，中餐上菜的一般顺序是：冷盘→热菜→炒菜→大菜→汤菜→面饭→水果。

（3）上热菜应注意保温。

（4）上菜时，应从方便客人的位置上菜，不应从小孩或老人旁边上菜。

（5）摆放菜肴应注意不同菜肴的特殊要求。

（6）上菜时应清楚报菜名，请客人慢用。

（七）巡台、撤盘

（1）随时观察客人台面，为客人适时添加饮料或酒水，及时为客人更换餐具、烟灰缸（烟灰缸内烟蒂不应超过两个）。

（2）如客人用餐过程中去洗手间，服务员须为客人搬开座椅，待客人返回时，再协助客人搬开座椅，帮助客人入座。

（3）当客人用完正餐后，服务员须站在客人的右侧，用托盘从客人右侧撤掉所有餐具，只留下酒杯和饮料杯。撤餐具前须征得客人同意。

（八）服务

（1）当客人用完正餐后，服务员须主动介绍甜点、水果，并重述一次确认。

（2）立即送单进厨房，并在10分钟内上甜点。

（3）为客人摆上甜点餐具。

（九）征询客人意见

服务员从客人右侧为客人服务第二道香巾后，餐厅经理或领班须在不打扰客人谈话的前提下，主动走到主人右侧，礼貌地询问主人对本餐厅的服务和菜品质量是否满意。认真记录客人的意见，真诚地感谢客人。

（十）结账并感谢客人

（1）当客人要求结账时，服务员须检查账单，将账单夹在结账夹内，从客人右侧把账单递给客人。

（2）客人结账完毕服务员应真诚地感谢客人。

（3）客人离开餐厅时，服务员须将客人送出餐厅，感谢客人并表示欢迎客人再次光临。

9-03　团体包餐服务流程规范

团体包餐服务流程规范

一、目的

为规范本酒楼团体包餐的服务工作，特制定本规范，希望各位同仁严格遵守。

二、适用范围

适用于在本酒楼的各种会议、旅游团队以及大型团体活动包餐的服务。

三、团体包餐早餐服务程序

（一）整理布置餐厅

服务员根据包餐人数整理布置好餐厅，配备好相应的就餐桌椅，并在餐台上摆放台签，备齐各种物品，了解当天包餐供应的食品品种，配制好所需的各种佐料，整理好个人仪容。

（二）摆齐餐饮用具和作料

早餐用具有：碟、碗、勺、筷子、茶具、餐巾（纸巾）、小毛巾（一般的早餐不配酒杯）。作料是指各种小菜。

（三）恭候客人，引客入座

恭候客人，做到客人一到立即有人提供引导服务，及时准确地将客人引导到为其指定的座席上，便于顺利开餐。

（四）及时开餐，按量供应

早餐包餐，往往人齐一桌即开餐一桌，服务员及时将准备好的早餐送至餐桌上，并按食品内容的不同合理摆放。按人定量的食品，要保证供应数量。

（五）递送茶水、毛巾

一般的早餐用餐时间较短，因此当各种食品上齐后，应将茶水及毛巾送至客人面前。

（六）以礼相送，收拾餐台

早餐客人用餐后往往是分散离台，这时服务员应随时送客，说相送语，以示服务热情。待客人全部离开餐台后，方可撤台。

（七）核对就餐人数

早餐结束后，汇总就餐人数，为结账做好准备工作。

四、团体包餐午、晚餐服务程序

（一）核对菜单

团体包餐的菜单一般都是提前拟订好的。每次开餐前，服务员都要将本餐的菜单与台号、包餐单位、桌数、人数进行核对，做到准确无误。同时，将菜单上所安排的菜和食品与有关部门进行核对，如有错误及时更正，并告诉包餐单位，说明更改原因。

（二）布置餐厅

根据包餐团体的数量，分配布置好每一团体的就餐位置，并配好必要的标志（桌号牌、席次牌）及装饰等。同时在餐厅可写出告示牌，放在客人入口处，以便客人辨认自己的就餐方位。

（三）摆好餐台

由于包餐标准不同，包餐菜肴的档次、品种等也都不同，因此，摆放的餐饮用具要有所区别。

1. 便餐包餐

便餐包餐的档次较低，一般是四道或六道热菜，一个汤，不设冷荤，同时主食供应量较大而丰富。便餐包餐的餐具应配餐碟、汤碗、汤勺、筷子、牙签、调味碟、烟灰缸、公用餐具。不摆酒水杯。餐后为每位客人送一杯热茶及一条毛巾。

2. 中档标准包餐

一般是大冷盘一个或四个独拼冷菜、六至八道热菜、一个汤。中档标准包餐餐具配用除了与便餐相同外，应加摆水杯一道，因午餐应配有各种饮料，晚餐可同时提供啤酒。同时，根据菜肴内容，准备好餐间更换所需的餐碟。

3. 宴会型包餐

摆台应视同宴会的规格，餐具配用应视包餐时间而定。一般是，午餐摆水杯、红酒杯、晚餐加摆白酒杯。但是，无论午餐还是晚餐，所用酒具类别应以客人需要为准。

（四）恭候客人，引宾入座

待客入座的一切准备工作，应在预定开餐时间的前5分钟内做完。服务员按各自的工作岗位站立就位，恭候客人到来。当客人来到餐厅后，服务员要主动上前询问并准确迅速地将客人引到准备好的座位上，为顺利开餐做好准备，以避免出现客人坐错位的尴尬局面。

（五）清点人数，准时开餐

负责团体包餐的服务员，在开餐前做好核对就座人数，做到心中有数。客人到齐后应迅速通知厨房准备起菜。如规定开餐时间已到，而有个别顾客未到，服务员应主动征求主办单位的意见，在得到主办单位许可后方可开餐。

（六）看台、上菜专人负责

午、晚餐包餐服务，应设有专门看台的服务员，以保证及时为顾客提供有关方面的服务，如斟酒、更换餐用具、递送菜肴食品、及时整理餐台，并做到随时掌握客人的需要及进餐速度，以使服务工作更加完善。

（七）清点酒水饮料，结清账目

当本餐的各种菜和食品上齐后，应告知包餐主办单位的负责人，使之心中有数，同时将本餐所用的各种酒水、饮料进行整理清点，并一一上账。

结账时应注意：物品上账清楚、数量准确、结账及时、不留单、不压单，以便及时汇总结账，防止出现错单、丢单。

（八）礼貌送客

客人用餐完毕，服务员要站立恭候，随时送客。顾客离席后，要及时整理餐台，检查是否有遗留物或丢失物品，一经发现上述问题，做到及时、妥善处理。

（九）清理餐台

顾客离开餐台后，应及时将餐台上的就餐用具清理干净。撤台顺序应是：先撤餐巾、毛巾，而后撤酒杯、小件餐具等；台面撤净后换铺台布；整理餐厅卫生，为下一餐工作打下一个良好的基础。

五、团体包餐服务注意事项

（1）注意饭菜的保温，应等客人到齐后再上菜，不能提前上菜、上饭。

（2）客人如果要标准外的酒水，应满足要求，但差价现付，应向客人解释清楚。

（3）个别客人用餐时有特殊要求，如想吃面食、不吃猪肉等，应尽量满足。

（4）对在酒店逗留时间较长的旅行团队的客人或会议代表，应根据客人情况提供不同菜单，切忌每天都是重复的菜肴。

（5）注意巡台，随时给客人换餐碟、添加饮料、换烟灰缸。外宾中有的不会使用筷子，应及时提供叉、勺。

9-04　备餐工作流程规范

备餐工作流程规范

一、目的

为规范备餐工作流程与要求，特制定本规范。

二、适用范围

适用于本酒楼各餐厅的备餐服务工作。

三、备餐工作流程与标准

（一）餐前准备

在传菜台一侧准备充足、洁净、无破损的长托盘和圆托盘。

（二）接点菜单

备餐间接到餐厅服务员的点菜单后，即注明接到菜单的时间，即刻送到厨房尽快烹制。

（三）各种菜肴传送要求

1.传送冷菜

（1）检查点菜单上客人的特殊要求，马上通知厨师长，并将结果告诉服务员。

（2）通知冷菜间制作冷菜，并保证冷菜在5分钟内送进餐厅。

2.传送热菜

（1）传送热菜时，须先传高档菜，如鱼翅、鲍鱼、大虾等，后传鸡、鸭、肉类，最后传蔬菜、鱼、面食类。若客人有特殊要求，即按客人要求传菜。

（2）若不是叫单，热菜须在10分钟内出一道。

（3）小吃须搭配相应的热菜送进餐厅，注意辛辣的小吃配清淡的菜。

3.传送热汤

服务员须适时观察客人的餐桌，待看到客人将要用完上一道菜时，须及时通知传菜员，由其将下一道菜送进餐厅。

4.传送甜食

接到服务员通知后，请厨师制作，15分钟内送进餐厅。

（四）各种用餐形式的传菜要求

1.散餐传菜服务

（1）备餐间接到厨房为客人烹制好的菜后，以最快的速度向餐厅出菜。

（2）出菜时要按出菜的菜名划单，并注意第一道菜和最后一道菜都要加上出菜时间。

（3）所出的菜需跟味料的要跟味料。

（4）所出的菜需要跟器具的要配好相应的器具，如手抓食品需跟洗手盅。

（5）所出的菜需用装饰器具的，要将食品盛器放进装饰器具里，如金、银器具内送出。

（6）备餐间服务员将食品只送到各工作台，由值台服务员上台。

（7）出菜要用托盘。回备餐间时，席上服务员可将需要撤除的餐具顺便带回。

（8）客人进餐过程中，有的客人要谈事情，服务员需得到客人通知后，马上告知厨房按客人的要求，有节奏地为客人起菜。若客人要快上，亦按客人的要求尽快为客人送出。

2.团体送菜服务

（1）团体用餐与散餐客人不同的是，大多数席次和布草在客人进餐前就已安排好了。厨房按菜单已做好了菜肴，待客人入席就座后，只需席上服务员征询领队或团长起菜时间并告知备餐间通知厨房，按客人的需求起菜上席就可以了。

（2）团体送菜服务和散餐送菜服务一样。

（3）对于自行点菜进餐的团体，得到通知后，马上告知厨房，按客人的要求，有节奏地为客人起菜。若客人要快上，亦按客人的要求尽快为客人送出。

3.宴会送菜服务

（1）在客人进餐前，将席位和菜安排好。其标准和规格要比散餐、团体送菜服务高。

（2）待客人入座到齐，得到席上服务员征询主人起菜时间的通知后，即以最快的速度通知厨房按菜单顺序为客人起菜传菜。

（3）宾主在宴会过程中要讲话祝酒，餐厅接待服务人员得到通知起菜时，赶快通知厨房起菜送菜，使客人感到宴会服务井然有序、欢乐愉快。

（4）大型国宴、重要宴会或应客人的要求，可对一道主菜举行特殊的上菜仪式，以表现主人的盛情，体现酒店的服务水平，起到活跃气氛的作用。

（五）收尾工作

（1）将托盘及餐具送洗碗间清洗、消毒。

（2）及时清理、更换传菜台上的口布、台布，将布草交管事部送洗。

（3）将剩下的调味品封好，整齐地放回调味柜，防止细菌污染。

（4）将清洁好的餐具分类放入橱柜，贵重餐具要盘点，做到账物相符。

（5）清洁备餐间，保证备餐间用具、用品、地面、墙面的干净卫生。

（6）下班离开备餐间时要关好灯、锁好门。

9-05　服务中常见问题处理规范

服务中常见问题处理规范

一、目的

在楼面服务过程中，常有各种问题出现，为规范各种问题的处理程序与方法，特制定本规范。

二、适用范围

适用于本酒楼楼面服务中出现的各种问题的处理。

三、各项问题处理规范

（一）醉酒顾客

在餐厅吃饭，经常有一些醉酒的顾客，有的趴在桌上酣睡，有的不受控制地高声叫喊，有的甚至发酒疯、摔餐具、骂人、打人。面对这种局面，服务员应该做到以下几点。

（1）提醒已经醉酒的顾客及在座的其他顾客，让其饮酒适量，注意身体。

（2）给醉酒顾客端来糖水、茶水解酒。餐厅也可备些解酒药，为顾客服务。

（3）顾客来不及上洗手间呕吐的，服务员不能表现出不耐烦的表情，如皱眉、黑着脸等容易激怒顾客的动作和表情，而是要赶紧清理。

（4）建议呕吐的顾客吃些面条、稀饭等容易入口的软食品。

（5）如果顾客发酒疯，应请在座的其他客人进行劝阻，使其安静下来。

（6）如果顾客醉酒打烂了餐具，应进行清点后，让客人照价赔偿。

（7）发现醉酒顾客出现呼吸困难等紧急状况，应立刻拨打120求救或将患者送往医院。

（二）接待残疾人

残疾人最怕别人用异样的眼光看待他们。所以，作为餐饮服务人员，绝不能用怪异的眼光盯着残疾顾客，而是要用平等、礼貌、热情、专业的态度服务他们，尽量将他们安排在不受打扰的位置。

1.盲人顾客

盲人顾客因为看不见，服务员应给予方便。具体做法如下。

（1）为其读菜单，给予必要的菜品解释；同时，在交谈时，避免使用带色彩性的词做描述。

（2）每次服务前，先礼貌地提醒一声，以免顾客突然的动作，使你躲避不及，造成意外发生。

（3）菜品上桌后，要告诉客人什么菜放在哪里，不可帮助顾客用手触摸以判断菜品摆放的位置。

（4）顾客结账时，不要帮他掏钱，钱币上有盲文，客人会分辨出钱币币值的大小。

2.肢体残疾顾客

（1）应将顾客安排在角落、墙边等有遮挡面的、能够挡遮其残疾部位的座位上。

（2）帮助顾客收起代步工具，需要时帮助顾客脱掉外衣。

（3）顾客需要上洗手间时，要帮助顾客坐上残疾车，推到洗手间外。如果需要再进一步服务的，请与顾客同性的服务员继续为之服务。

（三）AA制服务

越来越多的人接受吃饭AA制，对此，餐饮服务员应该有所准备和有效服务。一般的AA制，餐后先由一人结账，再人均平摊所需费用，这种AA制通常由顾客私下自己解决，对餐厅的服务工作并无特别要求，但对于各自点餐、各自结账的顾客，则需要服务员多留几个心眼儿了。

（1）首先从主宾或女宾开始按顺时针方向逐位服务。每写好一份菜单，要注意记录顾客的姓氏、性别、特征、座位标志等。

（2）将菜单交给负责上菜的楼面服务员、厨房、收银台、传菜部。

（3）顾客需要添加食物或酒水的，在其账单上做好相应的记录。

（4）结账时最好由负责点菜的服务员负责，以减少出错的概率。

（四）顾客就餐赶时间

处理这类问题关键要问清楚顾客能在餐厅待多长时间，不要了解顾客的口味、预计用餐的价格等。

当顾客不熟悉本餐厅菜点时，正是服务推销的好时机。服务员热情、形象的推介，会激起顾客的好奇心，促进顾客下决心点菜尝试。

顾客下单后，服务员要注意菜点的上桌速度。对于赶时间的顾客，要特别在下单时做标注，提醒厨房优先出菜。

（五）顾客要求服务员陪酒

这是顾客想表示对服务员服务工作做得好的谢意。对于这种性格外向的顾客，服务员要谢过对方的好意，委婉地告诉顾客，餐厅规定服务员不能与客人一起喝酒，请客人谅解。同时要马上为客人倒酒、换骨碟、换烟缸等，以转移客人的注意力。

顾客找不到人喝酒，一个人喝又觉得没意思。对于这类顾客更要注意行为举止，以免顾客借酒消愁，把你当成倾诉或发泄不满情绪的对象，既影响正常的服务工作，又妨碍了对其他客人的服务。

有个别顾客有意借三分醉意挑逗服务员。遇到这种顾客，要严肃、技巧地拒绝客人的无理要求，并请客人自尊、自爱。

（六）顾客有要事谈

对顾客服务应周到、殷勤，但也要看场合，要懂得察言观色，如果发现顾客有要事谈，就不要过多地干扰他们。

（1）遇到要求坐在餐厅偏僻座位、角落座位和厅房的顾客，多数是为了要个安静的环境，便于洽谈和不受太多干扰。

（2）如果顾客表现得乐于攀谈，服务员可以与之进行适当交流，使客人觉得餐厅服务人员待客热情。

（3）如果顾客落座后显得比较兴奋和急于与同来的客人谈话，则服务员应该微笑、安静地给他们服务，然后礼貌地退出。

（4）再进行服务时，也应安静地进行。如需提醒顾客点菜或有事要向顾客说明，应在顾客讲完话后再礼貌地插话："很对不起，先生，打搅一下好吗？现场已经快中午一点了，能不能请你们先把菜点好再接着谈？""对不起，打搅了。你们点要的菜原料不够，可以请你们另外再点一道菜作替换吗？"

（5）等事情得到解决时，服务员还要再道歉一次才可退出。"谢谢你们的理解。打搅了大家的谈兴，实在抱歉。现在请大家继续尽兴。"

（七）顾客损坏餐具的事件

绝大多数用餐顾客在餐厅损坏餐具或用具是不小心所致。对待这种情况，具体做法如下。

（1）先要收拾干净破损的餐用具。

（2）服务人员要对客人的失误表示同情，不要指责或批评客人，使客人难堪。

（3）要视情况，根据餐厅有关财产的规定决定是否需要赔偿。

如果是一般的消耗性物品，可以告诉顾客不需要赔偿了，如果是较为高档的餐用具，需要赔偿的话，服务人员要在合适的时机用合适的方式告诉客人，然后在结账时一起计算收款，要讲明具体赔偿金额，开出正式的现金收据。

（八）就餐的孩子吵闹

孩子天性好动，对新事物充满好奇，而且很容易与其他就餐的小孩玩成一团。在对待孩子的服务中，服务员应该耐心、细致，并给孩子的父母提供方便。具体的处理方法如下。

（1）对待孩子要用激励、友好、耐心、富有吸引力和稍带命令的话语。

（2）对待孩子的父母，要夸奖其孩子聪明、活泼，转而再用提醒的语气请他们协助，将孩子带回座位上，并请家长看管好孩子，不要让他们乱跑。

（3）不要将易破和易碎的玻璃杯、滚烫的食品、尖锐的利器放在孩子面前，以防发生意外。

（4）未征得孩子父母的同意，不要抚摸孩子的脸部、头部，也不要抱孩子和给孩子东西吃。

（九）顾客在餐厅跌倒

顾客在餐厅跌倒，服务员应主动上前扶起，安置顾客暂时休息，细心询问顾客有无摔伤或碰损，严重的马上与医院联系，采取措施，事后检查原因，引以为鉴并及时汇报，做好登记，以备查询。

（十）顾客要求取消等了很久却没上的菜

顾客催菜是个常见的问题。遇到这种情况，首先要道歉，再查看点菜单和桌上摆放着的菜品，确定无误后，马上通知传菜员或自己到厨房查对、催促。若顾客要求退掉该菜，应赶紧去厨房查问这道菜是否做好。如果是即将做好的，要回去跟顾客解释，并告诉他们菜很快就上，请他们稍等，并为此再做道歉；如果菜还没做，则应向主管报告，同意顾客的取消要求。

（十一）餐厅客满

（1）如果座位已满，应礼貌地告诉顾客："小姐/先生对不起，现在已经没有空座位了。请您在休息处稍等一会儿好吗？一有客人结账离开，我会马上告诉您的。"

（2）人多的情况下，要给等候的顾客排等位号及做好登记。不要让先来的顾客后得到座位，而后来的顾客却先得到座位。否则一定会引起客人的不满，同时也显得餐厅管理散乱，把顾客赶跑。

（3）为等位的顾客送上茶水和报纸、杂志，以转移顾客的注意力。

（4）有座位提供时，不要急于将顾客引进餐厅，应等服务员将桌子收拾好，摆好台，再请顾客入座。否则顾客看到狼藉的杯盘，还要等候服务员重新摆台，一定会影响情绪。

（5）如果顾客没有时间久等，应向顾客介绍厨房可快速做好的食品，请顾客将食品打包。"我们餐厅有几款味道不错的菜点，可让厨房尽快做出来让您打包。不知您是否愿意试一试呢？"并要对这种提议表示道歉："实在不好意思，因为今天来的客人特别多，一下子不能为您解决座位，请您原谅我的这种提议。"

（6）给顾客奉上餐厅的订座名片，请客人下次提早预订。

（7）将顾客送到餐厅门口，道再见："先生慢走。欢迎您下次光临。"

（十二）顾客点了菜牌上没有的菜

如果顾客点的是菜牌中没有的菜式，应请顾客稍候，向厨房询问是否有所需的原料和配料，出品的质量能否保证、出品的时间是否太长等，然后再向顾客做解释，请客人自己决定或者向客人做相应的推介。

比如菜牌上有西兰花炒鲜鱿和辣椒炒牛肉，那么顾客点西兰花炒牛肉便没有问题。

（十三）突然停电事故

营业期间如遇到突然停电，服务人员要保持镇静，首先要稳定顾客的情绪，请顾客不必惊慌，然后立即开启应急灯，或是为顾客点燃备用蜡烛。说服顾客不要离开自己座位，继续进餐。

马上与有关部门取得联系，搞清楚断电的原因，如果是餐厅供电设备出现了问题，就要立即要求派人检查修理，在尽可能短的时间内恢复供电。如果是地区停电，或是其他一时不能解决的问题，应采取相应的对策。对在餐厅用餐的顾客要继续提供服务,并向顾客表示歉意及暂不接待新来的顾客。

在平时,餐厅里的备用蜡烛,应该放在固定的位置,可取用方便。如备有应急灯,应该在平时定期检查插头、开关、灯泡是否能正常工作。

(十四)菜、汤汁溅到顾客身上

菜汁、汤汁、酒水溅到顾客身上往往是由于服务员操作不小心或违反操作规程所致。在处理这种事件时应做到:首先要诚恳地向顾客道歉,然后用干净的湿毛巾为客人擦拭衣物上的污渍;如是女顾客,应由女服务员为其擦拭。

如果不奏效,要将餐厅备用的干净衣服给顾客换上,把脏衣服留下按下表所列方式进行处理。

油渍	用清洁剂和热水将弄脏的衣物浸泡半个小时后,再搓洗干净
茶渍、咖啡渍	尽快将衣物浸泡在冷水里,即可用一般的方法清洗
红酒酒渍	衣物入水前,将白酒或酒精倒在红酒渍上,也可用醋精或米醋倒在红酒渍上反复搓,再将衣物放入较热的清水中清洗

除以上方法外,也可将衣物送到专业的洗衣部门进行清洗。

衣服洗净、熨平后,由餐厅主管亲自给顾客打电话联系送衣地点。带上由餐厅经理签名的致歉函,把衣物送到顾客手中。

(十五)发现未付账的顾客离开餐厅

故意不付账的顾客是很少的,如果发现顾客未付账就要离开所在的餐厅时,应如下这样做。

(1)服务员应及时上前有礼貌地把情况说明,请顾客补付餐费。

(2)如顾客与朋友在一起,应请顾客站到一边,再将情况说明,这样,可照顾顾客的面子而不致难堪。

在整个过程中要注意礼貌,如果粗声粗气地质问顾客,有可能使顾客反感而不承认,给工作带来更大的麻烦。

第10章　宴会管理制度

10-01　宴会运转质量管理办法

宴会运转质量管理办法

一、目的

为了明确宴会运转质量标准，使各相关部门和人员有所遵循，特制定本标准。

二、适用范围

适用于本酒楼各餐厅的宴会服务工作。

三、质量标准

（一）宴会预订

（1）餐厅应设宴会预订机构和预订人员。

（2）预订人员熟练掌握宴会预订工作内容、工作程序和预订方法，对宴会厅的设备设施、经营范围、场地利用状况清楚明确。

（3）电话预订、函电预订、柜台预订等各种形式的宴会预订记录在"宴会预订表"上，宴会名称、主办单位、预订人姓名、地址、电话和宴会类别、预订人数、保证人数、宴会标准、开宴时间、场地要求及座次排列、菜单、酒水要求等记录准确。

（4）书写或打印订单整洁规范。

（5）预订人员具备菜单设计能力，能够根据客人预订要求设计菜单，准确掌握宴会成本与毛利，满足客人预订要求。

（二）预订跟踪与确认

（1）宴会预订过程中，对客人暂时性确定的宴会预订，与主办单位预订人员跟踪联系要主动及时，保证宴会预订落实。

（2）宴会预订后，大型宴会应提前3～5天与主办人联系，中小型宴会应提前1～3天与主办人联系。

（3）签发宴会确认单，告知客人酒店已做好宴会准备，请客人准时来店，防止宴会预订落空。

（三）宴会联络与准备

（1）正式举办宴会前，厨房、宴会厅、酒水部、采购部、工程部、保安部等各有关部门密切配合，通力合作，共同做好宴会前的准备工作。

（2）大中型宴会举办前1~3天，宴会部向各有关部门打印"宴会通知单"。通知单上关于宴会名称、规格、举办单位、出席人数、宴会标准、菜单与酒水安排、厅堂布置、设备要求、座位、台型要求等须明确具体。

（3）各部门根据宴会通知单的有关内容与要求，提前做好各项准备工作，保证宴会符合主办单位的要求，成功举行。

（四）宴会厅布置

（1）宴会组织者在宴会举办当天，提前1~3小时组织服务人员做好宴会厅的布置工作。

（2）布置方案根据主办单位要求、宴会性质、等级规格确定。

（3）宴会厅的布置做到餐桌摆放整齐，横竖成行，斜对成线。

（4）台形设计根据宴会规模和出席人数多少可分别选择一字型、品字型、中心图案型、豪华型，做到主桌或主席区位置突出，席间客人进出通道宽敞，有利于客人进餐和服务员上菜。

（5）花草、盆栽盆景摆放位置得当，整洁美观。

（6）需要使用签到台、演说台、麦克风、音响、聚光灯的大型宴会，设备的配置安装应及时，与宴会厅餐桌摆放相适应。

（7）整个宴会厅布置做到环境美观舒适，设备使用方便，清洁卫生，台型设计与安装、餐桌摆放与服务桌安排整体协调。

（8）衣帽间、休息室整理干净，厅内气氛和谐宜人，能够形成独特风格。

（9）整个宴会厅使客人有舒适感、方便感。

（五）宴会厅餐台质量标准

（1）正式开餐前整理宴会厅台面，清理宴会厅卫生。

（2）台面餐具、茶具、酒具摆放整齐、规范、形象美观。菜单、席次牌、烟灰缸、调味品摆放位置得当。

（3）主桌或主席区座次安排符合主办单位要求。

（4）高档宴会各人姓名卡片摆放端正。

（六）任务分配

（1）宴会开始前，宴会组织者召集服务员再次宣讲宴会性质、规格、出席人数、开宴时间及服务要求。

（2）服务员熟悉宴会服务工作内容、服务程序、质量要求。

（3）任务分工明确具体。

（4）宴会菜单酒水内容清楚。

（5）服务员能够背诵菜单，掌握主要花色品种的风味特点、主要原料、烹制方法、典故来历，便于上菜时向客人介绍。

（七）迎接客人

（1）宴会厅迎宾领位员身着旗袍或制服上岗，服装整洁，仪容仪表端庄。

（2）迎接、问候、引导操作语言运用准确规范，服务热情礼貌。

（3）客人来到宴会厅门口，协助主办单位迎接、安排客人入座。

（4）贵宾引到休息室，提供茶水、香巾，服务主动热情。

（5）宴会开始前引入宴会厅，座次安排适当。

（八）茶水、香巾服务

（1）客人来到餐桌，服务员拉椅让座应主动及时。

（2）递送餐巾，除去筷子套，送香巾，斟茶服务动作规范，照顾周到。

（九）上菜服务

（1）正式开宴前5～10分钟上凉菜。

（2）菜点摆在转盘上，荤素搭配、疏密得当、排列整齐。

（3）客人入座后，询问用何种酒水或饮料，斟酒规范，不溢出。

（4）客人祝酒讲话时，服务员停止走动。

（5）上热菜报菜名，准确介绍产品风味特点、烹制方法或典故来历。

（6）上菜掌握顺序和节奏，选好位置，无碰撞客人现象。

（7）上需要客人用手食用的菜点时，同时上洗手盅。

（8）上菜一律使用托盘，动作规范。

（十）分菜派菜服务

（1）开宴过程中分菜派菜及时。

（2）每上一道主菜，先将菜点摆在餐桌上，报出菜点名称，请客人观看，再移到服务桌上分菜。

（3）分菜派菜准确，递送菜肴讲究礼仪程序。

（4）派菜后的剩余菜点整齐摆放在桌面上。

（5）随时清理台面。

（十一）用餐巡视服务

（1）用餐服务过程中，加强巡视，照顾好每一个台面。

（2）每上一道新菜，适时撤换骨碟，保持桌面整洁。

（3）适时撤换香巾，续斟酒水饮料。

（4）客人吸烟，点烟及时。适时撤换烟灰缸，烟灰缸内烟头不超过2个。

（5）上甜点或水果前，除留下酒水杯外，撤下餐具及洗手盅。

（6）最后递送香巾，为客人收盘收碗，清理台面。

（十二）餐后服务

（1）主办人宣布宴会结束，服务员主动征求客人意见。

（2）客人离开，拉椅送客，配合主办单位告别客人，欢迎再次光临。

（3）客人离开后，迅速收盘收碗、清理台面。

10-02　宴会预订工作程序规范

宴会预订工作程序规范

一、目的

为规范本酒楼宴会预订业务，特制定本规范。

二、适用范围

适用于本酒楼预订业务的开展。

三、工作程序

（一）接受预订

接受客人的电话预订、面谈预订时均要做好详细的笔录，问清以下情况。

（1）宴会的日期、时间与性质。

（2）宴请的对象与人数。

（3）每席的费用标准、菜式及主打菜肴。

（4）预订人的姓名、单位、联系电话和传真号码。

（5）餐厅、舞台装饰及其他特殊的要求。

（二）向客人介绍酒楼

在接受预订时，还要向顾客介绍酒楼的宴会设施、产品、服务及有关优惠政策。

（1）宴会厅或多功能厅的名称、面积、设备配置状况及接待能力（同时可容纳多少人、多少桌）；对来店预订的客人，宴会部业务经理应带他去宴会厅或多功能厅实地考察一下，以便能更多地了解客人详细的要求。

（2）可提供的菜式、产品（菜单）、招牌菜及其价格（提供多个方案详细的清单，并可依客人意见和建议进行菜单的柔性设计）。

（3）可提供的酒水、点心、娱乐康乐产品及其价格（提供多个方案的详细清单，并可依客人意见和建议进行菜单的柔性设计）。

（4）视交易情况可提供的请柬、彩车、司仪、蜜月套房（赠送鲜花、果篮）及拍照用蛋糕。

（5）视交易情况可提供的免费泊车、接送客人等其他增值服务。

（6）经办人的姓名、电话号码、单位的传真号码及接受缴纳定金的银行开户账号。

（三）签订宴会合同

（1）双方协商宴会合同细节，应共同敲定以下事项。

① 具体的菜单、客人所需要的酒水、点心及其他需另外收费的相关产品与服务。

② 餐厅、酒店视交易情况可提供的各种优惠措施及无偿赠送的产品与服务。

③ 定金、付款方式及下一步的联络方式。

④ 其他重要的细节。

（2）制作详细的宴会预订合同书。宴会预订合同书是一种特殊的经济合同文书，其内容应包括客人预订的具体细节、经双方共同协商确定的有关条款及违约所应承担的责任与赔偿金额。宴会合同书首先由酒楼宴会部销售人员拟订出初稿，后交由客户审核、确认；如有必要再作进一步的磋商和修订，直至双方达成共识、共同签字认定为止。

（四）制订宴会接待计划

宴会部主管业务员在客户缴纳了定金之后应立即着手制订宴会接待计划（项目订单）。宴会接待计划应包括以下内容。

（1）项目名称，如"罗杨联婚""彭府弥月""谢师宴""某某公司周年庆典"等。

（2）预订者的姓名、地址、所在公司名称、电话、传真号码。

（3）宴会日期、时间、地点。

（4）菜式、席数。

（5）定金数额、付款方式、酒楼宴会销售代表。

（6）费用标准。

（7）宴会餐桌摆设及宴会厅内部装饰。

（8）厨房应准备的菜肴、点心（蛋糕）等物品。

（9）工程部应承担的任务（如检查灯泡，负责安装舞台灯光、音响等设备）。

（10）车队应承担的任务，如婚礼轿车（连带装饰）、接送客人的免费穿梭巴士（时间、地点）的具体安排。

（11）宴会部应承担的任务，提供司仪及其他宴会所需的物品等。

（12）公关部应承担的任务，如宴会厅会场匾幅、入口及前厅告示牌的制作。

（13）酒吧应承担的任务，如准备宴会所需要的各种酒水、果盘。

（14）花店应承担的任务，如准备宴会所需要的鲜花、插花摆设。

（15）酒楼拟提供的其他特殊的优惠。

（16）本项目的最终审批人（通常为餐饮部总监）。

（17）文件报送、抄送的部门及有关负责人清单。

四、预订的注意事项

（1）宴会接待计划在提交餐饮部总监审批之后，应分别将有关文件及其副本分发（或以电子邮件的形式发送）到各有关部门，提请他们提前做好准备。

（2）提前一周再次向客户进行预订确认，提醒他若取消预订，酒楼将不退还其预付的定金。

（3）将顾客预订确认的有关信息及时反馈给酒楼、餐厅有关部门和领导，以便他们能及时采取一些有关的对策与措施。

10-03 宴会前准备工作规范

宴会前准备工作规范

一、目的

不论宴会人数多少、规格高低，宴会前都有大量的准备工作，需耐心细致地去完成。准备工作的好坏，直接关系到宴会服务质量的高低，是宴会活动能否圆满完成的关键，因而制定本规定。

二、适用范围

适用于本酒楼各种规格各种类别的宴会准备工作。

三、工作内容与要求

（一）召开准备会议要求

一般大型宴会需提前两个小时左右召开准备会议。由宴会组织者在会上讲清以下几个方面的问题。

1. 有关宴会的基本情况

（1）宴会的意义和要求。

（2）宴会的形式。

（3）宴会的程序。

（4）台面的布置与要求。

（5）上每道菜的具体时间，每道菜配什么佐料。

（6）每桌酒水、水果、烟茶的配备情况。

（7）主席台的特殊要求。

（8）服务人员的分工。

（9）宴会服务中应注意的特殊问题。

（10）宴会后的清场工作分工。

2. 菜单情况

宴会的组织者要向全体参加宴会服务的服务员，讲解菜单中的菜点名称、种类和数量，冷、热菜的安排顺序，名菜的风味特点等。除此以外，还要讲明各道热菜的上菜时间，及餐台摆放冷菜规格、标准的平面示意图，以便做到统一规格、统一要求。讲明各道热菜的烹调方法、口味特点及特有的历史典故，使服务人员在宴会服务中能主动向宾客介绍。讲明什么菜上桌、什么菜分让，服务员让菜的方法和让菜的顺序，看台人员如何服务，整个宴会要换几套餐盘，上什么菜需换盘等。

3. 向服务员讲明注意事项和具体要求

（1）摆台的要求。在服务员未开始摆台前，宴会服务负责人应先摆好一个样台，有什么样的具体要求让大家一目了然，然后大家按样板台去做，保证全场台型一致。

（2）菜点服务的要求。宴会一般强调每道热菜让一遍后，再问让一遍，然后把菜盘撤下，有时是在让一遍之后把菜盘放在餐桌上。服务员在分让菜肴时一定要告诉宾客菜肴的名称、风味特点。在外宾参加宴会的情况下，要求服务员一定要讲菜名的外文名称。

（3）餐、用具使用上的要求。高级宴会，要求每道菜必换一次餐盘，整个宴会准备了多少备用盘、是几套、是否有备用餐具、餐具的位置，服务员心中都要有数，这样的宴会开始后才能忙而不乱，紧张而有序。

（4）操作的要求。让菜、斟酒、上菜、撤盘等都是服务员日常做的工作，但是在宴会的准备会上还是要一次次不厌其烦地讲解方法与要求，使大家重视。

（5）一般来宾席的服务人员在服务时，要与主宾席的服务节奏保持一致。

（6）传菜服务员在托托盘时注意托盘的平稳，要根据菜盘的重量来决定托托盘的方法，特别是肩上托更要注意平稳。传菜时听从现场指挥的调动。

（二）人员的合理配备

1.服务人员配备的基本内容

（1）要根据宴会要求，对迎宾、值台、传菜、斟酒及衣帽间、贵宾室（VIP Room）等岗位，都制定明确分工和具体任务要求，将责任落实到每个人。做好人力、物力的充分准备，要求所有服务人员思想重视，措施落实，保证宴会善始善终。

（2）为了保证服务质量，可将宴会桌位和人员分工情况标在图形上，使参加宴会的服务人员明确自己的职责。

（3）主持宴会服务的人员一定要明确宴会的结账工作由谁来完成，因为大型宴会增加菜点、饮料、酒水的情况经常发生，专人负责账务，可避免漏账、错账现象。

2.服务人员的选择

（1）男女服务员的比例要恰当。男服务员可以做些重体力的工作，女服务员可以做些轻而且细致的工作。

（2）无论是男服务员还是女服务员，都要具备熟练的宴会操作技能，如叠口布花、摆台、斟酒、让菜等。

（3）服务员的仪表仪容要美观，身材匀称，在服务中能做到礼貌待客、微笑服务。

（4）看台的女服务员身材不要过矮，传菜服务员托盘基本功要好、有体力，瘦弱的女服务员不宜做传菜工作。

（5）各区域负责人要有丰富的工作经验，精通宴会的全部工作，有处理突发事件的能力。

（6）参加工作时间短或宴会服务技能技巧不熟练的服务员，一般不能参加宴会的服务工作，以免发生问题破坏宴会气氛，影响酒楼声誉。

3.贵宾席、主宾席服务人员要求

贵宾席和主宾席的服务员业务水平要高于其他人员，分配服务贵宾席和主宾席的服务人员时要注意下列问题。

（1）选择具有多年宴会服务工作经验的服务员。

（2）选择技术熟练、动作敏捷、应变能力强的服务员。

（3）服务员的外貌要好，男、女服务员的配备比例要适当。

4.人员分工

大型宴会的人员分工与宴会的类别、参加宴会宾主的身份、宴会的标准有密切的关系。以350人大型中餐宴会为例，服务人员的安排大致可以如下设计。

（1）现场指挥员1人。

（2）宴会厅一般宜划分为5个区，主席台为1区，其他可分为4个区，各区设1名负责人。

（3）第一桌，安排16位宾客，第二、第三桌，各安排12位宾客。第一桌一般安排3位服务员，如果来宾身份很高，也可安排4人，1～2人传菜，2～3人服务。

（4）第二、第三桌每桌应安排2位服务员，1人看台，1人传菜。

（5）其他31桌平均每桌配备1名服务员，可分为两人一组，一名服务员负责看2桌，做斟酒、上菜、让菜的服务，另一名服务员负责传两桌的菜。

根据上面的安排，可以计算出看台服务员22人，传菜服务员18人，前台服务员需用40人左右，后台清理工作还需要7～8人（不包括洗刷餐具的工作人员）。

（6）一般设迎宾员2人。

（7）如有休息室服务，可安排2～3人做休息室服务工作。

这样共需要服务人员55人左右即可完成整个宴会的工作。

（三）宴会的物资准备

1.场地布置及要求

服务员在布置场地时要考虑到宴会的形式、宴会的标准、宴会的性质、参加宴会宾主的身份等情况，使场地既反映出宴会的特点，又使宾客进入厅堂后有清新、舒适和美的感受，以体现出高质量、高水平的服务。

2.服务桌的配备及要求

服务桌的摆放位置要适当，服务桌上台布要铺整齐；服务桌的摆放要与宴会厅整个布局协调，做到既整体美观又方便服务员操作。

3.备齐台面用具

宴会服务使用量最大的是各种餐用具，宴会的组织者要根据宴会菜肴的数量、宴会人数、列出所需用餐用具的种类、名称和数量，分类进行准备。

所需餐具、用具数量的计算方法是：将一桌需用的餐具、酒具的数量乘以桌数即可。各种餐具、酒具要有一定数量的备用，以便宴会中增人或损坏时替补，备用餐具不应低于总数的20%。

4. 摆台

要求按照宴会标准摆台,做到全场一致。具体要求如下。

(1) 餐具摆放规范化,各种餐具、酒具齐全、无损坏。

(2) 餐巾花要挺括,形象逼真,全场一致。

(3) 台面布局要合理,花草要清洁卫生,无异味。

(4) 转台旋转要灵活,台面无污迹。

(5) 备酒品饮料。宴会开始前30分钟按照每桌的用量拿取酒品饮料。要将瓶、罐擦干净,摆放在服务桌上,做到随用随开,以免造成不必要的浪费。

(6) 备水果。宴会配备水果要做到品种和数量适宜。用于宴会的水果,每位宾客准备250克,两种品种即可。所使用的水果应是应季水果,最好选择本地的特产,但也要考虑宾客的喜好。

(7) 取冷菜。大型宴会一般在开始前30分钟摆冷菜。冷菜的多少应根据宴会的规模、规格来定,大型宴会一般安排7~9个。取冷菜要注意以下几方面。

① 必须使用托盘,不得用手拿取。

② 不要摞叠,以免损坏拼摆的艺术形象。

③ 要按每桌规定的数量拿取,不要多拿、错拿。如发生多拿现象,一定要把多拿的菜送回厨房,不要放在厅内,以免影响其他餐桌的使用。

④ 摆放冷菜时要注意荤素、颜色调配摆放,不要将荤菜或素菜集中摆放。

⑤ 有刀口形象的冷菜要注意刀口的朝向,摆放花式拼盘时,正面向主人。

⑥ 宴会如使用转台,冷菜一律摆放在转台上。

(四) 开宴前的检查工作

1. 餐桌的检查

宴会的组织者在各项准备工作基本就绪后,应该立即对餐台进行检查。检查的主要内容有以下一些。

(1) 餐桌摆放是否符合宴会主办单位的要求。

(2) 摆台是否按本次宴会的规格要求完成。

(3) 每桌应有的备用餐具及棉织品是否齐全。

(4) 席次卡是否按规定放到指定的席位上。

(5) 各桌的服务员是否已到位工作等。

2. 卫生检查

卫生检查主要检查如下内容。

(1) 个人卫生。

(2) 餐用具卫生。

(3) 宴会厅环境卫生。

(4) 食品菜肴卫生。

3.安全检查

安全检查应注意以下问题。

（1）宴会厅的各出入口有无障碍物，太平门标志是否清晰，洗手间的一切用品是否齐全，如发现问题，应立即组织人力解决。

（2）各种灭火器材是否按规定位置摆放，灭火器周围是否有障碍物，如有应及时清除。要求服务人员能够熟练使用灭火器材。

（3）宴会场地内的用具，如桌椅是否牢固可靠，如发现破损餐桌，应立即修补撤换，不稳或摇动的餐桌应加固垫好，椅子不稳的应立即更换。

（4）地板有无水迹、油渍等，如新打蜡地板应立即磨光，以免使人滑倒；查看地毯接缝处对接是否平整，如发现凸出应及时处理。

（5）宴会所需用酒精或固体燃料等易燃品，要专人负责，检查放置易燃品的地方是否安全。

4.设备检查

宴会厅使用的设备主要有电器设备、音响设备和空调设备等，要对这些设备进行认真、详细的检查，以避免意外事故的发生，避免因设备故障破坏宴会气氛。

（1）电器设备检查。宴会开始前，要认真检查各种灯具是否完好，电线有无破损，插座、电源有无漏电现象，要将开关全部开启检查，保证宴会安全用电，确保照明灯具效果良好。

（2）空调设备检查。宴会开始前要检查空调是否良好，并要求开宴前半小时，宴会厅内就应该达到所需温度。若宴会厅较大，空调设备开启的时间也应相应提前，并始终保持宴会厅内比较稳定的适宜温度。

（3）音响设备检查。多功能宴会厅一般都配备音响设备，在宴会开始前，要装好扩音器，并调整好音量，同时做到逐个试音，保证音质。如用有线设备，应将电线放置在地毯下面，防止客人经过时绊倒。

10-04　宴会服务程序规范

宴会服务程序规范

一、目的

为规范宴会服务工作，为客人提高质量、高水准的服务，特制定本规范。

二、适用范围

适用于本酒楼宴会服务。

三、工作内容与要点

（一）宴会服务的准备工作

1. 掌握情况

承接宴会时，必须对宴会及客人的情况有充分的了解。主要包括以下几方面内容。

（1）八知。知出席宴会人数，知桌数，知主办单位，知客人国籍，知宾主身份，知宴会标准，知开席时间，知菜式品种及出菜顺序。

（2）三了解。了解宾客风俗习惯，了解客人生活忌讳，了解宾客的特殊要求。

2. 明确分工

规模较大的宴会，要确定总指挥人员，在人员分工方面，要根据宴会要求，对迎宾、值台、传菜、斟酒及衣帽间、贵宾房等岗位，都要有明确分工，将责任落实到人。

3. 场地布置

布置宴会厅时，要根据宴会的性质、档次、人数及宾客的要求来调整宴会厅的布局。根据桌数，选好台型，大型宴会要定好主桌，做到主桌突出，排列整齐，间距合理，既方便宾客就餐，又要便于服务员席间操作。同时，为突出宴会的主题及隆重热烈的气氛，可选用条幅、盆景花草、画屏等装饰物品来装点宴会大厅。

4. 熟悉菜单

宴会服务人员应熟记宴会上菜顺序及每道菜的菜名，了解每道菜的主料及风味特色，以保证准确无误地进行上菜服务，并回答宾客有关菜肴的问题。

5. 物品准备

准备好宴会所需的各类餐具、酒具及用具；备齐菜肴的配料、佐料；备好酒品、饮料、茶水；席上菜单每桌一至二份放于桌面，重要宴会则人手一份。

6. 宴会摆台

宴会摆台应在开席前1小时完成，按要求铺台布、下转盘、摆放餐具、酒具、餐巾花。并摆放台号或按要求摆放席次卡。最后把鲜花放在餐桌中央。

7. 摆放冷盘

在宴会正式开始前15分钟左右摆上冷盘。摆放冷盘时，要根据菜点的品种和数量，注意品种色调的分布、荤素的搭配、菜点的观赏面、刀口的逆顺、菜盘间的距离等，使得整个席面整齐美观，增添宴会气氛。

8. 全面检查

准备工作全部就绪后，宴会负责人员要做一次全面的检查。包括环境卫生、餐厅布局、桌面摆设、餐用具的配备、设备设施的运转、服务人员的仪容仪表等，都要一一进行仔细检查，以保证宴会的顺利举行。

（二）宴会间就餐服务

1. 热情迎宾

服务员应在宾客到达前迎候在宴会厅门口，如宴会有重要人物出席，则宴会主管人员或餐厅经理为表示礼貌和尊重，也应在宴会厅门口迎候。宾客到达时，要热情迎接，微笑问好，在服务过程中要注意分辨主人和主宾。大型宴会还应引领宾客入席。

有些宴会厅设有衣帽间，可为宾客提供保管衣物的服务。如宴会厅还设有休息室，可在宴会开始前，请宾客在休息室稍做休息，提供香巾、热茶或酒水饮料等服务。等宴会正式开始时，再请宾客入席。

2.宾客入席

值台服务员在宴会开始前，应站在各自的服务区域内等候宾客入席。当宾客到来，服务员要面带微笑欢迎宾客，并主动为宾客拉椅让座。宾客入席后，帮助宾客铺餐巾、除筷套，并撤掉台号、席次卡及鲜花。

3.斟倒酒水

（1）为宾客斟倒酒水时，应先征求宾客的意见，按宾客所需斟倒酒水，如宾客提出不要，应将宾客位前的空杯撤走。

（2）倒酒水时，应从主宾开始，再到主人，然后按顺时针方向依次进行。如有两名服务员同时斟酒，则一名从主宾开始，另一名从副主宾开始，按顺时针方向依次进行。

（3）斟酒时，服务员应站在宾客身后右侧，右脚在前，侧身而进，右手持瓶斟酒，酒瓶商标面向宾客，瓶口离杯1~2厘米，斟至八分满即可。

（4）在宴会中，如遇宾主祝酒讲话，服务员应停止一切活动，端正肃立在一旁，并要注意每位宾客杯中的酒水，特别是照应好主宾和主人，待讲话完毕时，服务员要及时送上一杯酒，供其祝酒。当宾主离席祝酒时，服务员应持瓶跟随其后，以便及时为宾客斟酒、续酒。

（5）在宴会中，服务员要随时注意每位宾客的酒杯，当杯中只有1/3酒水时，应及时添加。添加时要注意不要倒错酒水。

4.上菜服务

（1）当冷菜食用掉一半时，应开始上热菜。上菜的顺序一般为：第一道凉菜，第二道主菜（较名贵的菜肴），第三道热菜，第四道汤菜，第五道甜菜（随上点心），最后上水果。但粤菜习惯于先汤后菜。

（2）大型宴会或重要宴会，应有专门人员负责指挥控制上菜的节奏，以免早上、迟上或漏上，而影响整个宴会的效果。大型宴会上菜应以主桌为准，先上主桌，再按桌号依次上菜，绝不可颠倒主次。

（3）上菜时要选择正确的上菜位，一般选择在翻译与陪同位之间进行。如有热菜使用长盘，盘子应横向朝主人。整形菜的摆放，应遵照我国传统的礼貌习惯，"鸡不献头，鸭不献掌，鱼不献脊"，即上菜时将鸡、鸭、鱼头部一律朝右，脯（腹）部朝向主宾，表示对客人的尊重。所上菜肴，如有佐料的，应先上佐料后上菜。

（4）每上一道新菜，要向宾客介绍菜名、风味特点及食用方法。上新菜前要先撤走旧菜。如盘中还有分剩的菜，应征询宾客是否需要添加，在宾客表示不再需要时方可撤走。

（5）凡宴会服务员都要主动地为宾客分汤分菜。分菜时要胆大心细，掌握好菜的分量、件数，分配准确均匀。高档宴会或重要宴会应设分菜台，所上菜肴，先请宾客欣赏后，再拿到服务台上分好，上给宾客。

（6）所有菜肴及主食上完后，在上甜食前，服务员要将用过的餐具全部撤掉，只留水杯及酒杯于台面。并换上新餐盘及水果刀、叉。用完水果后，为客人换上一条新毛巾并送上茶水。

5. 席间服务

在整个宴会期间，要勤巡视，勤斟酒，勤换骨碟、烟灰缸，细心观察宾客的表情及示意动作并主动服务。

（1）为保证宴会服务的质量，突出菜肴的风味特点，使宾客就餐方便、舒适，在宴会进行的过程中，应多次为宾客更换骨碟。重要的宴会要求每道菜换一次骨碟，一般宴会换碟次数不得少于三次。撤换时要注意手法清洁卫生，并要尊重宾客就餐习惯。如有客人将筷子放在骨碟上，在换上干净的骨碟后，也要将筷子按原样放回骨碟上。

（2）在宾客就餐过程中，服务员要注意观察吸烟的宾客，如其周围无烟灰缸就应及时送上，如宾客烟灰缸内已有两个以上烟蒂或其他杂物就应及时更换。

（3）在服务过程中应及时收撤空菜盘，尤其是在上新菜之前，应将旧菜盘撤下。收撤菜盘时应征求宾客的意见。如餐桌上菜盘过多，而宾客又要求保留未吃完的菜肴时，可主动为宾客分菜或换用小号的菜盘来盛装。

（4）宴会中应多次递送热毛巾，一般在上海鲜类菜肴时，或是上用手取食的菜肴时，均要送上热毛巾。送毛巾的次数，应根据客人及菜肴种类的需要而定。递送毛巾时，可用专用的毛巾托盛放毛巾，放于每位宾客餐位的右侧，或用毛巾夹将毛巾直接递送到宾客手中。

（三）宴会收尾工作

1. 结账送客

一般宴会上完水果后，再给每位宾客斟倒一杯热茶，就应准备结账了。清点好消费酒水总数，以及菜单以外的各种消费，不能漏账，保证准备无误。付账时，若是现金可以现收交收款员，若是签单、签卡或转账结算，应将账单交宾客或宴会经办人签字后送收款处核实，及时送财务部入账结算。

宴会结束时，服务员要征求宾客意见，可以发放意见卡。宾客起身主动拉椅送客，并提醒宾客带好自己物品。

2. 收台检查

在宾客离席的同时，服务员要检查台面上是否有未熄灭的烟头，是否有宾客遗留的物品，宾客全部离开后立即清理台面。清理台面时，按先餐巾、毛巾和金器、银器，然后酒水杯、瓷器、刀、叉、筷子的顺序分类收拾。凡贵重物品要当场清点。

3．清理现场

所有餐具、用具要回复原位，摆放整齐，并做好清洁卫生工作，保证下次宴会可顺利进行。

（四）宴会服务注意事项

（1）客人在用餐时，餐具或用具不慎掉在地上时，服务员应迅速将干净的备用餐、用具补给客人，然后将掉在地上的餐、用具拾起拿走。

（2）客人用餐时，由于不慎将酒杯碰翻酒水流淌时，服务员应安慰客人，及时用干餐巾将台布上的酒水吸去，然后用干净的干餐巾铺垫在湿处，同时换上新酒杯，斟好酒水。客人若将菜汤洒到身上时，服务员要迅速将洒落物清除掉，用湿毛巾擦干净，并请客人继续用餐。

（3）席间若有客人突感身体不适，应立即请医务室协助，并向领导汇报，将食物原料保存，留待化验。

（4）在宴会服务过程中，服务员之间要分工协作，讲求默契，服务出现漏洞，要互相弥补。

（5）每次宴会结束后，宴会负责人员要对任务的完成情况进行小结，以不断提高餐厅服务质量和水平。

10-05　宴会业务督导工作规范

宴会业务督导工作规范

一、目的

为保证宴会顺利进行，规范宴会组织者的督导工作，特制定本规范。

二、适用范围

适用于宴会业务的督导工作。

三、工作内容与要求

（一）总要求

宴会的组织者应对宴会前的准备、宴会的用餐过程及宴会结束时的善后工作，进行全面布置、指挥和协调，监督检查每一岗位的服务程序、服务标准，保证宴会顺利进行和圆满成功。

（二）各项准备工作

应根据宴会举办单位的要求做好宴会开始前的各项准备工作。准备工作包括设计餐台样式，准备餐具，计划各种餐具的备用量，预算好宴会所用各种酒水、饮料和水果等的数量。

（三）宴会开始前的工作安排与人员分工

此项工作要面面俱到，各种服务要求、规定要讲清讲透，宴会举办单位对宴会服务的特殊要求一定要让每位参加宴会的人员都知道。工作安排也要使每位服务员都明白。

（四）与厨房协调好

（1）宴会组织者应与厨房负责人共同制定宴会菜单，使宴会的菜式品种既满足主办单位的要求，又方便厨房出品，保证菜品质量。

（2）让所有参与宴会活动的服务员与厨师都熟知菜单的内容，上菜的顺序、要求及时间。

（3）让厨房了解整个宴会活动的安排，以便控制好出品的节奏。同时，在宴会过程中，应随时与厨房联系，根据客人的进餐情况调整出品速度。如宾主临时有其他活动需要加快速度或延缓时间时，应及时通知厨房，做出相应调整。

（4）在餐具的准备上必须与厨师保持密切的合作，这样在使用时就不易出现差错。例如，红烧鱼翅要求用12寸大圆盘，要有一套餐盘或者一套小碗、勺和热碟；有的菜是各吃的，即参宴的人每人一份等。

（五）掌握宴会的进餐速度，控制好宴会的时间

宴会的持续时间在两个小时左右，有的酒楼要求是在90分钟以上，有的酒楼则要求在120分钟以上。具体应按照以下几点要求去做。

（1）宴会在时间的安排上应服从宴会主办单位的要求。

（2）一次大型宴会自始至终的时间最少不应低于100分钟。

（3）根据菜肴的多少确定上菜间隔时间，一般上菜间隔时间应在10分钟左右。

（4）如在宴会进行过程中宾主临时有其他活动需要耽搁时间时，应马上对宴会速度进行调整。

（六）全场巡视，纠正服务上的问题

大型宴会的组织者应具有高度敏锐的观察力，及时发现和纠正服务上的问题。指挥者巡视的重点应放在主宾席的服务上。

在有可能的情况下也要注意一般来宾席的服务情况，检查服务过程是否完全符合事先规定好的程序，一旦发现有与服务规程不符的行为时，要立即纠正，保证全体服务人员按照标准给予全体来宾满意优质的服务，使宴会得以圆满成功。

10-06　宴会结束工作办法

宴会结束工作办法

一、目的

为规范宴会结束后的收尾工作，使每一次宴会都有一个圆满的结局，特制定本办法。

二、适用范围

适用于宴会收尾工作。

三、工作内容与要求

（一）结账工作

（1）在宴会临近尾声时，宴会组织者应该让负责账务的服务员准备好宴会的账单。

（2）根据预算领取的酒品饮料可能不够，也可能多余。如果不够，则应将临时领取的酒品饮料及时加入账单中，以避免遗漏。如果多余，则应该督促服务员及时将剩余的酒品饮料退回发货部门，在结算时减去退回的酒品饮料费用。目前宴会的酒水费用在整个宴会费用中所占比例有上升的趋势，服务员在服务中应做到随用随开，在保证服务质量的前提下，为主办单位减少开支。

（3）各种费用在结算之前都要认真核对，不能缺项，不能算错金额。在宴会各种费用单据准备齐全后，由酒楼财务部门统一开出正式收据，宴会结束马上请宴会主办单位的经办人结账。

（二）征求意见，改进工作

（1）组织者在宴会结束后，应主动征询主办单位对宴会的评价，征求意见可以从菜肴方面、服务方面、宴会厅设计等几个方面考虑。

（2）征求意见可以是书面上的，也可以是口头上的。

（3）如果在宴会进行中发生了一些令人不愉快的场面，要主动向宾客道歉，求得宾客的谅解。

（4）如客人对菜肴的口味提出意见和建议时，应虚心接受，及时转告厨师，以防下次再出现类似的问题。

（5）宴会完毕，要给宴会主办单位发一封征求意见和表示感谢的信件，感谢宾客在这里举办宴请活动，希望今后加强合作。

（三）整理宴会厅，清洗餐具

大型宴会结束之后，此时应督促服务人员按照事先分工，抓紧时间完成清洗餐具、整理宴会厅的工作。负责清洗餐具的服务员要做到爱护餐具，洗净擦净，分类码放整齐，把餐具的破损率减小到最低限度。负责整理厅堂的服务员要把宴会厅恢复原样，工作包括撤餐台、收餐椅、搞好餐厅地面卫生等。宴会组织者在各项善后工作基本结束后，进行认真的检查。最后关好门窗，关上电灯，切断电源。

10-07　宴会过程中突发事件处理规定

宴会过程中突发事件处理规定

一、目的

为规范宴会过程中意外事件的处理，特制定本规定。

二、适用范围

适用于本酒楼宴会过程中意外事件的处理。

三、工作内容与要求

（一）投诉处理的方法

1. 要虚心听取客人的意见

为了更好地了解客人所提出的问题，宴会组织者必须认真听取客人的诉说，听的时候要目视客人，并点头示意，如有必要还应适当地做一些记录，以使客人感到他们的意见受到了重视。对于那些火气很大的客人，要让他们有机会发泄不满，千万不要与他们争辩。

2. 表示同情和歉意

首先要让客人理解，酒楼非常关心他所遇到的问题，要不时地向客人表示同情，如"我们非常遗憾""非常抱歉地听到此事""我们理解您现在的心情……"。

3. 同意客人的要求并决定采取措施

当能弥补服务上出现的过错时，应该明确地告诉客人，酒楼将要采取什么样的措施，并且尽可能地让客人表示同意。如"我将这样去满足您的要求，你是否满意？"这样才有可能平息客人的不满。

4. 要及时感谢客人的批评指教

当客人批评、投诉的时候，不仅要真诚地欢迎，并向客人致谢。

5. 立刻采取行动，补偿客人损失

接受了客人的投诉而且也已有了改进措施时，应该立即行动，马上改进。

6. 检查改进措施的落实

首先要确保改进措施的落实，让投诉的客人感到他的投诉起到了明显的作用。然后再次征求客人的意见，询问客人的满意程度。

（二）几种突发事件的处理

1. 客人反映菜肴不熟

（1）因烹制火候不足或加热方法不当造成菜肴不熟时，宴会负责人应向客人表示歉意，征得客人同意后，重新更换一份，请客人原谅。

（2）因客人不了解菜肴风味特点而误认为菜肴不熟或难以食用，服务员应有礼貌地说明菜肴风味特点、烹制方法和食用方法，使客人消除顾虑。

（3）处理以上两种情况，都要态度和蔼真诚，语言流利准确，词意表达清楚，客人才易于理解接受，应避免使客人感到尴尬的现象发生。

2.菜肴菜汤洒出

（1）在宴会过程中，服务员因操作不当将菜汤洒在餐台上，应立即向客人表示歉意，迅速清理并用干净的餐巾垫在餐台上，以免影响客人用餐。

（2）若操作不小心，将菜汤洒在客人身上，应立即向客人道歉，态度诚恳。同时在征得客人同意的情况下，及时用干净的毛巾为客人擦拭衣物。根据客人的态度和衣物被弄脏的程度，必要时应为客人提供免费洗涤服务。

（3）若是由于客人粗心，将汤汁洒在衣物上，服务人员也要迅速上前主动为客人擦拭，并安慰客人。

3.客人醉酒

（1）如有客人饮酒过量，发生醉酒情况，宴会负责人应立即到场，让客人安静，并劝告和搀扶客人离开宴会厅，帮助客人醒酒，以不影响其他客人进餐。

（2）宴会过程中，服务员要留心观察客人饮酒动态、表情变化，并针对具体情况，适当劝阻。

（3）事后不笑话客人，不影响其他客人进餐。

4.客人损坏餐用具

（1）宴会服务中客人损坏餐用具，多是不小心所致。服务员应迅速到场，请客人不必介意。千万不可指责或批评客人，使客人难堪。

（2）主动快速擦拭桌面，清理残缺餐具，换上新餐具。

（3）其费用按酒楼规定处理。

5.客人反映账单不符

（1）服务员应迅速同客人核对所上食品、饮料和其他收费标准。

（2）如因工作失误造成差错，应立即向客人道歉，及时修改账单。

（3）如因客人不熟悉收费标准或算错账，应小声向客人解释，态度诚恳，语言友善，不使客人难堪。

（4）宴会厅要杜绝因收款服务引起纠纷或客人投诉的现象发生。

第11章　厨房管理制度

11-01　厨部管理办法

厨部管理办法

一、厨房的生产布局规范

厨房的生产主要包括加工、切配、烹调三个环节，厨房布局则依据这个工作流程，把厨房分为三个区域，每个区域再布局各自所需设置的部门，从而构成整个厨房体系。

（1）餐饮生产应做到程序化。即：按照餐物的生产流程，选择最短的生产路线。按照粗加工靠近库房和鲜活食品原料入口，形成厨房内食品初加工→食品精加工→食品成品出口→配餐间（传菜间）的主要流水作业线。

（2）冷菜间要与厨房其他岗位隔开，并靠近食品出口处。

（3）三线平行，即主食生产线、副食品生产线、餐用具洗涤消毒线应尽量保持平行，不可交叉或重叠。

（4）四口分设，即食品原料入口、垃圾污物出口分开设立并靠后墙粗加工间，食品成品出口、餐厅用具入口分开设立并联结餐厅。这样，四条通道用途各异，可以防止食品的交叉污染。

（5）在清洁卫生方面，厨房的生产布局还要符合国家食品卫生法规所规定的各项标准。

附：厨房布局流程图。

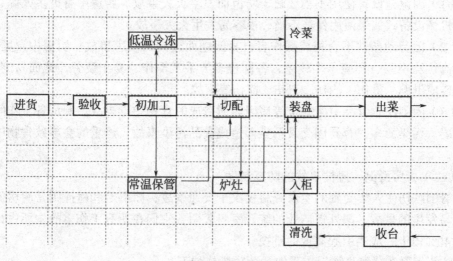

厨房布局流程图

二、厨房各岗位协作工作制度

（1）在厨师长指挥之下完成各个生产环节的准备工作。

（2）粗加工组应将当天所需蔬菜拣剔、去根、去泥，将水产品、禽类剥洗加工，并分类、分级交切配组备用。

（3）切配组应将已定菜肴（如宴会、团体餐等预订）和零餐常用菜配好装盘。按耗用计划把肉类和蔬菜原料加工成丝、丁、片、块、花状，分类摆放，置于工作台上，以便取用配盘。

（4）炉灶组负责半成品和汤类的烹制，备足调料，做好烹调前的一切准备工作。

（5）冷菜组负责制备熟食、食品雕刻工艺，切制待用食品，拼摆各类花色冷盘，处理和回烧各类隔夜菜肴食物，准备所需配料和调料。

（6）面点组制作好一般常用点心、面食，并备足当天所需面粉、馅心等。

三、厨房设备管理制度

（1）根据"分级归口、划片包干"的管理原则，厨房既有使用设备的权利又有管好设备的责任。

（2）专业分工、专人使用，实行"包机制"。如和面机、压面机、打蛋机、烤箱、微波炉等分包给面点组；将炉灶、煤气炉、压力锅、餐具、橱柜、抽油烟机、排风罩等分包给炉灶组。

（3）后厨所有设备做到"谁用、谁管、谁养，用、管、养合一"。

（4）在后厨建立二级设备技术档案和安全操作规程，经常督促操作人员保养设备，正确使用，以延长设备寿命。

四、厨房安全管理制度

（一）厨房生产中不安全因素

（1）因设施设备使用不当或疏于防范而发生火灾事故。厨房中有许多火源、电源和机械设备，如果使用保养不当，很容易发生火灾事故。

（2）因劳动条件不合格或操作者自身问题而遇到的伤害事故。厨房中湿度大、温度高、噪声强、环境条件较差，各岗位多为手工操作、易于疲劳，地面易潮湿，容易造成滑倒、烫伤、灼伤、刀伤、撞伤等事故。

（3）因不注意食品卫生安全等诸因素而造成的食物中毒事故。厨房各工作间安排紧凑、污染源多，容易因交叉污染而造成食品污染事故，严重的会导致食物中毒事故。

（二）厨房滑倒、碰撞事故的防范制度

滑倒跌伤使人类受到的生命威胁仅次于交通事故，而滑倒和碰撞则是厨房工作中最易发生的事故。国外饭店业的统计资料表明，它们在所有工伤事故中所占比例高达40%以上，应当引起高度的重视。

防止滑倒和碰撞事故，应采取的预防措施如下。

（1）厨房地面略呈龟背状倾斜，以便于冲洗和干燥，在靠墙处设排水明沟，地面用防滑材料铺设。

（2）随时清除地面和墙面的油渍、水渍、污物、垃圾，严格保持其清洁干燥的本来面目。

（3）合理安排生产流程，使动线分明。生产作业线、垃圾清除线、餐具洗涤消毒线和出品传送线互不交叉、互不干扰，以防人员碰撞和滑倒。

（4）清除所有动线上的障碍物，在通道、阶梯拐弯处设置明显的标志。各炊、餐设备要有足够宽度的间距。

（5）厨房人员的工作鞋要具有防滑性能，不得穿薄底鞋、已磨损鞋、高跟鞋、拖鞋、凉鞋上班；鞋带紧系，脚不外露；严禁在厨房内跑跳。

（6）发现地砖块移动，要立即修理；排水沟隔渣铸铁栅要将水沟全部覆盖。

（7）厨房内应有充足的照明。

（三）厨房烫伤、灼伤事故的防范制度

烫伤、灼伤多发生的炉灶部门，预防措施如下。

（1）炉灶操作人员在烹制、运送食品过程中，应避免直接接触高温炊具、炉具。必要时，应戴上手套或用布隔热，以防烫伤、灼伤。

（2）使用油锅炸炉时，严禁水分溅入，以免引起爆溅灼伤人体。在使用中的烤箱、烤炉严禁人体接触。使用蒸锅或蒸汽箱时，要先关闭阀门再背向揭开蒸盖。

（3）在煮锅中搅拌食物要用长柄勺，防止卤汁溅出；容器中盛装热油、热汤要适量，运送中用垫布并提醒他人。

（4）清洗设备必须等待冷却后再进行，严禁在炉灶间和热源处嬉戏打闹，以防不测。

（四）厨房电击伤事故的防范制度

厨房中电器设备多，极易造成触电事故，预防措施如下。

（1）电源装置必须在1.5米以上靠墙壁安装，电器机械和设备必须装有安全的接地线。

（2）使用前检查设备的安全状况，如闸盒、线路接头、绝缘是否良好，有无损伤、脱落或老化现象，使用中发现异常应立即切断电源，请专职电工送修。

（3）严禁湿手接触电源插座和电源设备；清洁设备时，要先切断电源，然后操作。

（4）禁止厨房人员对电路和设备擅自进行拆卸维修。已有隐患的设备要立即取走送修。

（五）厨房切割伤和机械事故的防范制度

这两类事故主要是由于使用刀具和电动设备不当所引起的，预防措施如下。

（1）对厨房中所有电器设备实行包机制，操作人员必须严守操作规程和安全制度，切实做到"谁用、谁管、谁养，用、管、养合一"。

（2）厨师用刀操作时要按正确方法使用刀具。持刀时指手画脚、刀口向人，将刀放在工作台边、放入水池都是不良习惯。

（3）加强刀具管理，厨房中要设置刀具柜和刀具架。上班时专人定点使用，下班后集中存放保管。

（4）员工如已受到伤害，应立即送医院治疗，并通知其家属。在伤口未愈合之前，伤员不应与食品再有接触。

（5）安全使用机动设备。使用绞肉机时必须有专用的填料器推压食品；清洗设备前应先切断电源；清洁锐利部位要谨慎从事，将揩布折叠到一定厚度，从刀的中间部位向刀口部位擦抹。

（6）破碎的玻璃器皿和陶瓷残片要及时处理，应用扫帚等工具清扫，不得用手去拾取。

（六）扭伤事故的防范制度

多数扭伤是因为搬运重物的方法不正确而引起的，其预防措施如下。

（1）教会员工搬运物品、装卸物品的正确方法。

（2）搬物时要站稳脚跟，保持腰背挺直，不要向前倾斜或向侧面弯曲。

（3）从地面取物时，膝盖弯曲，全身重心放在腿部而不在腰背部。

（4）搬运物品切忌超负荷，超重物品要用手推车运送或请求同事帮助。

（七）食品卫生警示制度

（1）保持食品新鲜，不售卖腐烂水果、蔬菜及变味的海鲜。

（2）鲜鸡蛋。蛋白质容易变坏，应存放于冰柜中，鸭蛋要煮熟才能食用。

（3）水果及蔬菜。在存放前必须洗干净，取出时要再洗才能用。

（4）肉类及海鲜。容易变坏，而且食了变质肉类，对身体非常有害；因此，肉类不能露天存放超过一天，如果有变味、变色决不能食用。

（5）煮好的菜一定要用盖盖好，过了时间要再加温才可出售。

（6）服务员上菜时，不应将手指碰到碟中的食物。

（7）客人用过的餐具一定要高温消毒。

（8）生熟食物、干湿食物均应分开存放。

（9）销售烧烤熟食品、制作凉菜拼盘、糕点裱花和冰室制冷，必须有专用间；并设置更衣室、洗手消毒缓冲间。要有专人操作和专用工具、容器、冷藏设备，其他人员不得进入专用间。

（10）所有碗碟食具不得放置于地面上，至少离地面不少于45厘米。

（11）应经常保持托盘及工作台面的清洁，以避免沾污干净的餐具及食品。

（12）保持餐具清洁，不用有渍、破损的餐具。

11-02　出品部六常管理办法

出品部六常管理办法

一、灶台岗位管理

（一）下班行六常

（1）处理不需要的东西。

（2）根据卫生清洁计划标准做清洁工作。

（3）所有物料、文件、工具、仪器以及私人物品都放在指定位置。

（4）检查所有设施、设备、电源、燃气是否关闭及安全情况。

（5）今天的事今天做，检查当班工作是否完成，准备明天的工作。

（二）标准与规范要求

（1）每餐结束后将所有用具归位。

① 炒锅清洗干净，卡在锅架上。

② 手勺把卡在炒锅左耳里，斜竖起。

③ 手布洗净后，拧干水后叠成豆腐块形放在锅架的左边。

④ 桶滤净油渣，清洗干净后整齐摆在油架上。

⑤ 锅垫、不锈钢漏勺、小密漏洗净擦干依次叠放在操作台指定位置。

（2）灶台排烟罩顶部，每餐保持干净整洁，保持排烟沟、槽，外部塑钢罩，突出不锈钢等原有的光泽。

（3）灶头周围的卫生、灶台、灶底、灶腿每餐保持干净整洁，无油污，无黑灰，灶台无水珠。

（4）每餐结束后，调料盒、调料台整理整齐，保持每个调料盒卫生无杂物、无异味，干净明亮。

（5）每餐结束后保持地面、排水沟卫生干净。

（6）有墙面的区域每餐结束后保持墙体无油污、无水迹，洁净明亮。

（7）相应的荷台卫生，保持柜门、柜内、柜腿干净整洁，突出不锈钢原有的光泽。

禁忌：灶台烧热油及加工原料时如离开岗位必须先关闭燃气再离开灶台。

（三）操作说明

（1）先打开燃气总阀。

（2）开灶台的鼓风机及抽烟机。

（3）先点燃明火再开小风慢打至高风再缓慢开总火阀。

（四）清理时间

每日餐后清洁卫生。

（五）检查时间

下班前。

二、砧板岗位六常管理

（一）负责范围

恒温操作台、冰箱、原料架、水池。

（二）下班行六常

（1）处理不需要的东西。

（2）所有物料、文件、工具、仪器以及私人物品都放在应放的地方。

（3）根据卫生清洁计划、标准做清洁工作。

（4）检查所有设施、设备、电源、燃气的关闭及安全情况。

（5）今天的事今天做，检查当班工作是否完成，准备明天的工作。

（三）标准与规范要求

（1）根据酒店工作的实际需要上下班。

（2）上班期间，严格遵循酒店仪容仪表的标准要求。

（3）负责范围的物品及工具必须严格遵循六常管理法的名、家制度及管理标准要求，做到任何物品有名、有家、有数量，物品的标签朝外并严格按照物品的最高、最低限量做好物品的控制管理。

（4）负责范围的卫生须遵循酒店制定的卫生管理标准，随时保持地面干燥、无卫生死角。

（5）根据销售菜单品种的需要，按《标准菜谱》中规定的料形要求对原料进行切割加工；将切割后的原料分别放在专用的料盒中，需要进行保鲜的则放入恒温箱中存放。

（6）不论切制何种原料何种形态，均应大小一致，长短相等，厚薄均匀，粗细一致，放置整齐；切制过程中的边、角料与下脚料，不应随便丢弃，应合理使用，做到物尽其用。

（7）根据不同菜肴的烹调要求，分别对畜、禽、水产品、蔬菜类等原料进行切割处理，将已切割的原料分别盛于专用的料盒内，摆放在原料架上。

（四）清理时间

每餐结束后。

（五）检查时间

每餐下班前。

三、凉菜岗位六常管理

（一）负责范围

恒温操作台、冰箱、原料架、水池。

（二）下班行六常

（1）处理不需要的东西。

（2）所有物料、文件、工具、仪器以及私人物品都放在应放的地方。

（3）根据卫生清洁计划、标准做清洁工作。

（4）检查所有设施、设备、电源、燃气的关闭及安全情况。

（5）今天的事今天做，检查当班工作是否完成，准备明天的工作。

（三）标准与规范要求

（1）根据酒店工作的实际需要上下班。

（2）上班期间，严格遵循酒店仪容仪表的标准要求。

（3）负责范围的物品及工具必须严格遵循六常管理法的名、家制度及管理标准要求，做到任何物品有名、有家、有数量，物品的标签朝外并严格按照物品的最高、最低限量做好物品的控制管理。

（4）负责范围的卫生须遵循酒店制定的卫生管理标准，随时保持地面干燥，无卫生死角。

（5）在进入凉菜间以前必须遵循凉菜间的卫生标准要求。

（6）凉菜间拌制凉菜所需的主料及配料必须遵循主配料的加工标准。

（7）凉菜间所需的青菜、水果必须遵循清洗流程，做好消毒处理。

（8）凉菜间的菜品在装盘过程中必须按菜品的装盘及点缀标准装盘。

（9）凉菜间刀具、菜墩等工具及抹布在使用过程必须遵循刀具、菜墩的使用标准。

（10）做好计划清洁和日常清洁工作。

（四）清理时间

每餐结束后。

（五）检查时间

每餐下班前。

四、面案岗位六常管理

（一）负责范围

恒温操作台、冰箱、原料架、水池。

（二）下班行六常

（1）处理不需要的东西。

（2）所有物料、文件、工具、仪器以及私人物品都放在应放的地方。

（3）根据卫生清洁计划、标准做清洁工作。

（4）检查所有设施、设备、电源、燃气的关闭及安全情况。

（5）今天的事今天做，检查当班工作是否完成，准备明天的工作。

（三）标准与规范要求

（1）根据酒店工作的实际需要上下班。

（2）上班期间，严格遵循酒店仪容仪表的标准要求。

（3）负责范围的物品及工具必须严格遵循六常管理法的名、家制度及管理标准要求，做到任何物品有名、有家、有数量，物品的标签朝外并严格按照物品的最高、最低限量做好物品的控制管理。

（4）负责范围的卫生须遵循酒店制定的卫生管理标准，随时保持地面干燥，无卫生死角。

（5）检查米饭、粥类的淘洗、蒸煮并准备好用具和盛器。

（6）按面点的质量要求，配齐相关原料，加工各类面团，再按操作规程加工成各式皮坯。加工成型、馅料调制，点心蒸、炸、烘、烤等熟制各个工序、工种、工艺的密切配合，按序操作，按规格出品。

（7）根据点心的质感要求，准确选择熟制方法、运用火力，掌握时间，保证面点的成品火候，合理掌握面点出品时间，调整好同一就餐位面点出品的时间间隔，经营中随时清点所备面点及饰物，以便及时准备或告之传菜员沽清面点品种。

五、洗碗工岗位六常管理

（一）负责范围

碗架、工作台、水池以及墙面、地面。

（二）标准与规范要求

（1）根据酒店工作的实际需要上下班。

（2）上班期间，严格遵循酒店仪容仪表的标准要求。

（3）负责范围的物品及工具必须严格遵循六常管理法的名、家制度及管理标准要求，做到任何物品有名、有家、有数量，严格按照物品的归位做好物品的控制管理。

（4）负责范围的卫生须遵循酒店制定的卫生管理标准，随时保持地面干燥，无卫生死角。

（5）打开热水开关和自来水开关、水龙头，放水进水槽，水满后关闭水龙头。

（6）开餐中。按照"一刮、二洗、三过、四消毒、五清洁"程序操作，确保餐具洗涤清洁。

（7）碗、盘。去残渣—冲洗—净洗—消毒—洁净。

（8）不锈钢器具。（洗涤液）先去表面污迹—温水浸泡—钢丝球擦去—清水冲净。

（9）玻璃器皿。（洗涤液）先去表面污迹—冲洗—洁净。

（10）竹筐器具。温水浸泡—冲洗—洁净。

六、初加工岗位六常管理

（一）负责范围

菜架、菜墩、刀具、菜筐以及墙面、地面。

（二）标准与规范要求

（1）根据酒店工作的实际需要上下班。

（2）上班期间，严格遵循酒店仪容仪表的标准要求。

（3）负责范围的物品及工具必须严格遵循六常管理法的名、家制度及管理标准要求，做到任何物品有名、有家、有数量，物品的标签朝外并严格按照物品的最高、最低限量做好物品的控制管理。

（4）负责范围的卫生须遵循酒店制定的卫生管理标准，随时保持地面干燥，无卫生死角。

（5）蔬菜架码放整齐、干净；洗菜池干净无污泥；所使用的案、墩、刀具、不锈钢设备洁净明亮。存放东西整齐，无过期食品，墙面干净。

（6）验收当日所用原料，根据所下的采购单品种依次验收，杜绝假冒次的商品进入厨房，原料验收完毕要对原料进行初加工，一般蔬菜去残叶、老叶、根部，上架摆放整齐；高档蔬菜要择净，按每份200克的标准，用保鲜膜包好，保鲜箱储存。

（7）入库储存。对于分档、分列的原料要及时入库，以防变质，并将昨日剩余的菜品原料清出，做到心中有数。

11-03 出品部设备安全使用制度

出品部设备安全使用制度

一、厨房机械、电气设备安全使制度

（一）肉类加工设备安全使用制度

（1）操作此类设备的人员必须经过培训，掌握安全操作方法等基本知识。

（2）肉类加工设备的机械传动部分较多，一般要安置在容易操作且安全的地方。凡是传动设备必须加装防护罩等装置，确保人身安全。

（3）必须严格按照机器的加工要求操作，以免损坏机器。例如：使用绞肉机加工肉馅时，必须将骨头剔除干净，否则可能损坏绞肉机。此外，要注意机器的加工处理能力，不准超负荷运行。

（4）使用机器之前，要按照要求选择附件、调整刀具距离等。

（5）向机器送料时，必须按操作规程使用专用工具，禁止用手直接送料。

（6）发现机器异常必须马上停机，切断电源，查明原因并修复后才能重新启动。较大的故障必须请专业修理人员处理，其他人员不得擅自拆卸修理。

（7）机器使用完毕，必须切断电源，将机器有关部分打开或分解，清洗消毒，必要时做防锈处理。

（二）面点加工设备安全使用制度

（1）操作此类设备的人员必须经过培训，掌握安全操作方法等基本知识。

（2）使用前应对机器的电气和机械部分进行检查，无误后才能进行操作。

（3）要按照加工对象的特点选择与工艺相适应的附件，例如：针对面团的性质选择和面的搅拌器。

（4）按照机器规定要求投料，不能超负荷运行。例如：使用搅拌器时，要避免将大块、强度高的原材料直接投入搅拌，以免造成机器损坏。

（5）在机器运转中，禁止将手伸入料斗处理物料。

（6）发现机器异常必须马上停机，切断电源，查明原因，修复后才能重新启用。较大的故障必须请专业修理人员处理，其他人员不得擅动。

（7）机器使用完毕，必须切断电源，及时清理料斗中的残留物，清洗消毒，必要时做防锈处理。

（三）电热设备安全使用制度

1.电烤箱的安全使用制度

（1）电烤箱要安装在通用、干燥、放火、便于操作的地方，必须有足够的电量供应和可靠的漏电保护措施。

（2）使用电烤箱的人员要经过培训，会设定所需温度、加热类型和调整加工时间。

（3）用电烤箱进行加工时，必须有人值守，使用完毕要切断总电源。

（4）清洁电烤箱时，要切断电源，等到箱体冷却后方可进行清洁。若有水时，一定要干燥后再通电，以免造成短路事故。

（5）出现故障后，要请专业修理人员维修。

2.电饭锅的安全使用制度

（1）电饭锅属于家用电器产品，为了保证安全，必须有可靠的接地保护。在操作时不能用湿手，要放在不燃的地方使用。

（2）锅底与电热盘之间要保持干燥、洁净，不能存在异物，否则会损坏电热元件。

（3）内锅若为铝制，则不能盛放酸碱类食品，以免产生腐蚀。内锅一般是配套专用品，不宜他用。

（4）电饭锅禁止空烧。

（5）电饭锅出现问题要请专业人员检修。

3.微波炉的安全使用制度

（1）各种微波炉的使用方法不尽相同，使用前必须经过培训，掌握具体的安全操作方法。

（2）微波炉要放置在干燥、通风、不燃的地方；不能靠近磁性材料，以防止干扰。

（3）微波炉不能空载运行，以防止磁控管损坏。不能使用金属器作为加工工具，若微波炉附有金属温度传感器探头，则要把探头插到被加工原料的中心。

（4）要注意保持炉门的密封性，防止泄露。操作时不能将眼睛贴近微波炉观察，避免微波伤害。

（5）加热密封的食品，必须将其打开，以免炸裂，损坏设备。

（6）加工完毕，应对微波炉进行一般的清洁工作，但不能随便调节微波发生器等重要零件。

（7）微波炉发生故障时，必须请专业维修人员修理。

4.燃气设备安全使用制度

（1）燃气设备必须符合国家的有关规范和标准。

（2）各种燃气的压力、相对密度和燃烧速度等差异很大，所以燃气设备必须与燃气类型相匹配。

（3）液化气气瓶必须放置在没有明火的专用房间，房间内要通风干燥，必须使用防爆电器。液化气瓶要直立放置。

（4）燃气源与设备之间应用钢管连接，若用软管连接则不能长于两米，禁止穿越墙壁，并且要经常检查，以免管道老化漏气。

（5）燃气设备要安置在不燃烧的物体上，便于操作、清洁和维修。

（6）在使用燃气设备时，要正确调节调风板，使火焰呈淡蓝色。

（7）人工点火时要火等气；自动点火时一般将开关旋钮向里按下，可听击发的响声，然后旋转旋钮即可点火，并可调节火焰大小。若数次点火不成功，则要检查点火装置。停火后必须及时关闭总开关，确认无误后才能离开。

（8）要经常清洁燃气设备，对燃烧器、自动点火装置必须经常保养，以保证其性能良好。

（9）对燃气设备检漏时，只能使用肥皂水，绝对禁止使用明火实验。

（10）不得随便拆卸燃气设备的零部件。维修燃气设备必须请具备维修资质的专业人员。

二、制冷与通风、空调设备安全使用制度

1.冷藏柜安全使用制度

（1）冷藏柜要放置在通风、远离热源且不受阳光直射的地方。

（2）在投入运行前，必须由专业人员调试，整定各种自动控制和安全保护装置的数值，其他人员禁止随便调动。各制冷设备应维持其相应的制冷温度：大雪柜温度为–20～–15℃，直冷雪柜为–10℃左右，风冷雪柜为–5℃，蔬菜雪柜为–8～10℃，恒温地柜为–15～–5℃。

（3）使用上必须严格进行原料、初加工、半成品、成品等存放，按先后缓急及原料特性分门别类地保存，每市下班前进行整理，清扫垃圾，检查柜内剩余原料作处理，使用过程中随手关门。

（4）经常清洁雪柜边、门。雪柜4天左右要进行清洗，先拔掉电源，用水管冲洗积雪，切忌用硬物敲打，否则易造成制冷管及保温层损坏。

（5）经常清理冷凝器的油泥等污物，以保证良好的散热条件。

（6）定人定时巡视运转状态，并做好巡视记录。

（7）发现冷藏柜运转不正常，应先断电，然后及时报修。

2.冰激凌机和小型制冰机安全使用知识

（1）这类设备必须安置在由卫生防疫部门认可的位置，最重要的要求是保持清洁卫生。

（2）设备要有电气保护和可靠接地等安全措施。

（3）保持外部的清洁，使用前必须按照食品卫生要求进行内部清洁与严格消毒。

（4）操作中既要满足成品的形态要求，又要注意设备的能力，例如：冰激凌硬度对机器的影响等。

（5）发现运转不正常，应先断电，然后及时报修。

3.通风与空调设备安全使用制度

（1）安装合格的通风与空调设备必须做到：运转平稳、振动小，噪声在规定的范围，转动的机械设备有完善的防护，电气设备有可靠的接地，整个系统具备自动保护功能。

（2）保持设备外部清洁，定期清洁设备内部的过滤器、换热器、集油器等。

（3）运转中要注意各种风口，不能有堵塞等异常现象。

（4）空调设备属于较复杂的设备，需定人定时巡视运转状态，并做好巡视记录。

（5）发现设备运转不正常，应先断电，然后及时报修。

三、以上所有设备的使用还应遵守以下事项

（1）必须制定保养及检查制度，定期（每月、每15天、每周、每天）保养检查，有计划地如期实施。

（2）建立一机一卡制度，将保养卡片钉挂在机械旁，负责保养者、追踪考核者均须签名和记录检查考核资料，所有需要定期检查的设备的检查记录须留存备查。

（3）任何可能导致员工职业伤害的机械设备均须注意防护设施。

11-04 厨房退菜程序作业规范

厨房退菜程序作业规范

一、目的

为了有效地规范厨房工作人员对客人提出的退菜、换菜及催菜要求，进行及时、合理的处理，确保客人的要求得到满足，提高顾客的满意度，并有利于各级管理人员的督查管理，制定厨房部退菜、换菜、催菜的操作程序规范。

二、适用范围

适用于餐厅部、厨房部与处理退菜、换菜、催菜有关的各个岗位与环节的控制。

三、实施原则

（1）客人的满意是我们的经营宗旨，客人不论以任何理由提出的退菜、换菜以及催菜的要求，从前厅的服务员到加工菜肴的厨房部必须毫无条件地受理，并要进行及时、合理、准确的处理，任何岗位不得以任何理由予以拒绝。

（2）处理退菜（换菜、催菜）作业程序是一个涉及从前厅到厨房多个环节与岗位的过程，操作程序中的每个关键环节，必须让每个岗位都非常清楚，以确保处理的信息能及时传递到相关岗位和人员。

（3）退菜（换菜、催菜）作业程序中的每上一个环节必须熟悉下一个环节的内容与要求，为下一个环节提供优质服务，而每下一个环节必须对前一个环节的工作质量进行严格检验，并确保在规定的时间内完成。

（4）所有环节与岗位人员都要随时无条件接受餐厅部、厨房部管理人员、质检部质检人员等的检查。

（5）在必要的情况下，餐厅经理、行政总厨、厨师长有权根据具体情况对处理程序进行灵活调整。

（6）所有退菜、换菜都必须有详细的文本记录，每一环节的处理结果必须有处理人员签字。

（7）退菜与换菜的性质略有不同，但操作规程是相同的。

（8）催菜与退菜、换菜的性质是不同，但操作规程是基本相同的。

四、退菜、换菜、催菜作业流程与质量要求

（一）受理、登记

时间：上午，11:30～供餐结束；下午，17:30～供餐结束。

责任人：服务员。

1.催菜

（1）当就餐客人因为上菜速度太慢，向服务员提出催菜要求时，服务员应和蔼地先向客人说："对不起，我马上通知厨房快一点。"

（2）在征求客人是否还有其他要求后，雅间服务员应当着客人的面立即拿起本房间电话接通划菜台或厨房（划菜台接不通时可接厨房打荷电话），问清楚接电话人的姓名后，告知催要菜的菜名和房间名称，并记下接电话人的姓名、时间。

（3）如果是在零点餐厅，盯台服务员可委托本桌的传菜员到厨房划菜台通报催菜的桌号与菜品名称。

2.退菜

（1）在任何情况下，当就餐客人提出退菜要求时，服务员应立即热情受理，填写《退菜通知单》，注明桌号、菜品名称、原因、时间、受理人。

（2）填写《退菜通知单》时要内容简要、清楚、准确。

（3）退菜原因事后进行处理。

3．换菜

（1）在任何时候，不论什么理由，如果客人提出更换菜品要求时，服务员都应热情受理。

（2）如果菜肴已上桌，服务员应首先向客人进行解释，如果客人坚持换菜，就应热情地告诉客人说："请稍等，马上给您办理"。

然后立即报告楼面（包间）主管或餐厅（零点餐厅）主管，由主管填写《换菜通知单》，签字后即可生效。

（3）如果菜肴尚未上桌，服务员应热情向客人说："请稍等，马上给您办理"。然后迅速通知楼面（包间）主管或餐厅（零点餐厅）主管，填写《换菜通知单》，签字后即可生效。

（4）填写《退菜通知单》，应写明桌号、菜品名称、受理时间、受理人。

（5）填写《退菜通知单》时要内容简要、清楚、准确。

（6）换菜原因事后进行处理。

（二）签字

时间：同上。

责任人：餐厅主管、楼面主管。

（1）催菜信息由当值服务员落实传递，应保证时间快速、传递有效。

（2）就餐客人的退菜、换菜通知单，应由当值服务员报告餐厅主管或楼面主管同意，并由餐厅主管或楼面主管亲自填写《退、换菜通知单》，签上主管的名字后即生效。

（3）餐厅主管或楼面主管办理填单手续后，应做好记录，作为事后向餐厅经理汇报或事后处理的依据。

（4）如果遇到楼面主管或餐厅主管不在现场，为了不使客人等的时间过长，当值服务员可亲自填写《退、换菜通知单》，并签上办理人的姓名即可生效。

（5）厨房划菜台在接到《退、换菜通知单》后，只要上面有楼面主管、餐厅主管或经办人其中之一的签字就应认定为是有效签单。

（三）传递受理单及催菜信息

时间：同上。

责任人：传菜员。

（1）就餐客人的催菜要求由当值服务员通过电话或本人直接到划菜台通知催菜。催菜信息一般应从客人提出催菜要求后的2分钟内把信息传递到厨房。

（2）《退、换菜通知单》，由楼面（包间）主管或餐厅（零点餐厅）主管交给传菜员直接快速传递给厨房划菜台。主管应在《退、换菜通知单》上标上传菜员的工号，以便出现问题时核查。

（3）填写好的《退、换菜通知单》一般应在2～3分钟内传递到厨房划菜台。

（4）服务员应在5分钟内将《退、换菜通知单》结算联传递到收款台。收款员据此对原来的账单做适当调整。

（四）通知厨房

时间：同上。

责任人：划菜员。

（1）划菜台由主管安排专门划菜员负责催菜、退菜、换菜业务的处理，该划菜员在接到有关信息后，应立即中断其他业务，专门处理催、换菜等业务，所有信息应在1～2分钟内直接通知打荷厨师。

（2）划菜台接到《退菜通知单》后，由责任划菜员核实确认有效后，在1～2分钟内通知打荷厨师。

（3）划菜台接到《换菜通知单》后，由责任划菜员核实确认有效后，在1～2分钟内通知砧板厨师。

（五）通知站灶厨师

时间：同上。

责任人：打荷厨师。

（1）打荷厨师接到催菜信息后，立即按信息内容核实菜名、桌号，确认无误后，及时通知站灶厨师，安排优先烹制加工。

（2）打荷厨师根据《退菜通知单》的信息，核实确认尚未烹调后，将所退菜肴的原料退回给砧板厨师，并做好记录。

（3）如果该菜肴正在烹调中，则应立即通知站灶厨师停止烹调。

（六）更换配份原料

时间：同上。

责任人：砧板厨师。

（1）砧板主管接到《换菜通知单》后，立即通知大厨责任组的砧板厨师，砧板厨师在配份之前，先口头通知打荷厨师更换某个菜肴，然后根据新换菜肴的规格要求和质量标准对菜肴进行配份，具体配份标准按《标准菜谱》中的规定执行。

（2）砧板厨师将配份好的新菜生料交给打荷厨师，并要求打荷厨师将原来已配好尚未烹制的菜肴生料退回砧板厨师，另做处理。

（七）出品菜肴

时间：同上。

责任人：站灶厨师、打荷厨师。

（1）打荷厨师接到砧板厨师更换菜肴的信息后，立即将原菜肴生料撤下，退给砧板厨师，如果菜肴正在烹制中，则立即通知站灶厨师停止烹调，撤下的菜料退给砧板。

（2）无论是被客人催要的菜肴，还是更换的菜肴，打荷厨师均应在不影响正常工作的情况下优先安排站灶厨师烹制。

（3）打荷厨师对烹制出品的菜肴按《标准菜谱》的规定进行盘饰，然后传交划菜台。

（八）出菜

责任人：责任划菜员。

（1）所有催要菜品、新换菜品均由责任划菜员进行出品处理。

（2）责任划菜员接到打荷厨师传来的成品菜肴后，应立即安排传菜员上菜，并对上菜的时间进行记录。

（九）处理

时间：同上。

责任人：行政总厨。

（1）退菜原因分析。对退菜的原因厨房部事后要进行分析，并对分析结果进行分级处理。

（2）分类处理

A级：退菜的直接责任完全是因为菜肴的质量问题，则应按厨房部的奖惩制度对责任人进行处罚。

B级：退菜的原因不完全属于厨房部，但厨房部有责任，则对责任人进行部分处罚。

C级：属于客人故意找碴，菜肴没有质量问题，则无须对厨师进行处罚。

（3）制定纠正措施。在对问题进行认真全面分析的基础上找出原因，对责任人进行相应处罚的同时，还要制定出相应纠正或避免类似问题再次发生的措施。具体步骤如下。

① 过程分析，明确原因。

② 制定纠正措施，使责任人明确纠正方法，其他人引以为戒。

③ 给责任人规定纠正限期。

（十）统计汇总

时间：每天下班前。

责任人：划菜台主管。

（1）对当天的换菜、退菜及客人对菜品的投诉等信息进行统计，并汇总成有关表格，报行政总厨或厨房部经理。

（2）统计内容包括：退菜、换菜总数量，各大厨组的出品菜肴的总数，宴会退、换菜总数，零点餐厅退、换菜总数等。

第12章 财务管理制度

12-01 餐厅财务管理制度

餐厅财务管理制度

一、目的

为了加强财务管理,统一规范财务管理和操作程序,结合酒楼的实际情况,对酒楼的财务管理制度和操作程序作出规定。

二、适用范围

适用于本酒楼各项财务管理工作。

三、管理规定

(一)餐厅自购原材料的规定

(1)餐厅停止使用给供应商代开收款收据的凭据,支付款项时,应尽力要求供应商开具正式发票,如确实无法开具正式发票的,由供应商开具收款收据或收条,并要求供应商在收款收据或收条上盖章(签名及手印)。

(2)进仓单必须由保管人(指定专人)、验收人、经办人、餐厅经理签名方可有效。

(3)所有自购原材料支付货款时,必须先经过区域经理审核后,方能付款。

(二)餐厅各项费用开支的规定

(1)餐厅所有开支的费用必须是餐厅维持正常营运确实需要的,不得开支与餐厅无关的费用。

(2)餐厅费用开支由餐厅经理根据实际情况进行控制,事前报告区域经理,费用开支经区域经理审核后,方可给予报销开支。

(3)餐厅费用报销时,所有单据必须有经办人、验收人(证明人)、餐厅经理签名,区域经理审核。

(三)促销费用的规定

(1)所有促销费用的开支必须要有确实可行的促销计划方案,促销计划方案由餐厅经理提出,报区域经理审核,再由区域经理上报公司促销主管审定,经促销主管审定或酒楼审批后方可执行。

(2)所有促销活动完成后,必须写促销活动的总结报告,报告的主要内容包括:促销的方式、促销的费用、促销的效果、成功与失败的经验教训。

（3）促销费用的权限。小范围的促销活动，总金额在500元以下，由餐厅经理报区域经理审核后，即可执行。超过500元的按本条第1款规定执行。

（四）差旅费开支的规定

（1）区域经理、电工因公到餐厅出差的费用回酒楼报销，不得在餐厅报销费用。

（2）餐费补贴，出差至本地区以外的各餐厅，每人每天可领用内部餐票两张，至外地的各餐厅每人每天可领用内部餐票一张。

（3）市内交通费，员工出差原则上不得乘坐出租车，若遇特殊情况需经总经理先在出租车车票背面审批签字，然后按规定程序报销。所有市内交通费报销时，必须在车票背后注明日期、起讫站点、何事、报销人签名。

（五）交际应酬费开支的规定

（1）区域经理全年可凭有效的正式发票报销交际应酬费，按月平均，每月200元以内。

（2）餐厅经理的交际应酬费实行先打单后报销政策，大（日营业额超万元）餐厅全年按月平均，每月分别在200元、100元以内。其他餐厅全年按月平均，每月50元以内。

（3）交际应酬费的用途。用于与酒楼和餐厅有联系的业务往来和活动，协调、理顺与外部相关部门的关系。不得用于酒楼、餐厅内部的招待。

（六）低值易耗品、用具、用品的购置规定

（1）凡单位价值或批量价值在300元以内的由餐厅经理申报，区域经理审核，即可购买。超过300元以上的由餐厅经理申报，区域经理审核，总经理审批。

（2）低值易耗品、用具、用品的购置统一由物资保障中心采购（特殊情况除外），必须按先入后出的原则办理。

（3）对确实不能继续使用的低值易耗品、用具、用品由餐厅经理指定专人进行登记注册，可以维修的，还有残值的拉回物流中心，不能维修的、没有价值的由区域经理监销。

（七）餐厅"营业外收入"的规定

（1）"营业外收入"的范围：餐厅的废弃物但可作为猪饲料、废纸皮等。不属于"营业外收入"的范围：餐厅每天营业收入的长、短款，食品短缺由责任人赔偿的款项，员工过失的罚款等。

（2）所有"营业外收入"的来源资金由餐厅出纳管理。

（3）所有"营业外收入"只能用于餐厅的集体活动，不能作为其他用途。

（4）所有"营业外收入"的集体活动费用由区域经理审批。

（5）所有"营业外收入"的收支存情况必须上报公司财务部知悉。

（八）其他相关规定

（1）餐厅与员工宿舍的水电费用分开结算，员工宿舍的水电费用不得在餐厅费用中报支。

（2）本制度规定的第一、第二条款中，属餐厅的零星采购和零星费用开支所需的款项由餐厅经理向出纳员的备用金中借款（借款限额暂定2000元，期限7天），此项借款必须当月结清，不得跨月。区域经理对本制度规定的第一、第二条款必须及时审核，以确保餐厅正常营运，若因执行本制度规定的第一、第二条款无法及时到位，造成餐厅不能维持正常营运的，由区域经理负全部责任。

（3）员工借款。原则上员工不得在酒楼或餐厅借款（除特殊情况外）。

（4）物资保障中心的营业外收入不能参照餐厅的"营业外收入"管理，其营业外收入全额上缴财务部管理，所需的集体活动经费由财务部会同相关部门核拨。

（5）财务部对餐厅的每项经济业务活动，每月至少进行一次全面稽查，若发现有不符合制度规定、不合理的款项支出，有权要求退回，责成有关责任人退回已支付的款项。若发现徇私舞弊现象，按有关规定处理。

12-02　酒楼现金管理制度

酒楼现金管理制度

一、目的

为了规范本酒楼的现金管理，特制定本办法。

二、适用范围

适用于本酒楼营业款、备用金、费用扣销等各项现金业务。

三、管理规定

（一）营业款的管理

（1）对所收到的营业款做认真核对和检查（收银单与实际金额、收银员签名）。

（2）认真填写当班所收的实际营业额。

（3）对本酒楼营业款的存缴负责。

（4）向银行存款或存入指定银行卡的分店，每天的营业收入必须于次日上午11点以前向银行缴款（对公存款的除星期六、星期日外），其他时间如遇银行停业应及时通知酒楼财务人员。

（5）为明确责任，缴款后必须在营业收缴情况表上签注姓名、时间。

（6）如有特殊情况需动用营业款的，分店应向酒楼财务部申请，同意后方可使用，不得擅自主张，从营业款中抵扣。

（7）酒楼财务部及营运部将随时对营业款的存缴情况进行检查。

（二）备用金的使用及管理

（1）备用金是用在营运中支付本餐厅零星支出及收银机备用的，不可作为私人用途或转借他人。

（2）备用金是实行定额管理的，要明确记录使用用途及支出情况。

（3）定额数量应保持不变，不可挪作他用。

（4）酒楼财务部及营运部将不定期对备用金的数额进行抽检。

（三）费用的报销程序

（1）餐厅的零星采购和零星费用开支按照公司的规定执行。餐厅经理对所支出的原始票据（凭证）的真实性、合理性负直接责任。

（2）大宗和较稳定的材料款（如计划内的房租、购置设备和月结材料款等）可先送区域经理审核，财务部审查，总经理审批后，方可付款。

（3）相关人员向餐厅出纳报销时，餐厅出纳应检查和注意以下几点。

① 采购物品的真实性。

② 是否有经手人签名、证明人签名、餐厅经理审查签名、区域经理审核签名、日期、用途、金额。

③ 是否有正规的发票。

④ 办公用品报销时需附原始发票。

⑤ 原材料在自行采购时，报销时需附经过验收的"进仓单"及原始发票。

⑥ 差旅费报销时需附"差旅费报销单"及有关的原始票据。

⑦ 市内交通费报销时需附"市内交通费报销单"及有关的原始票据。

⑧ 其他费用报销时需附有关原始票据。

⑨ 在检查完后方可签名、付款，并保管发票。

（四）营业收支日报表的填报方法

（1）所有当日的营业款项等收入都先通过库存现金本日收入金额栏反映。

（2）表内购稽关系

① 库存现金本日收入金额栏＝本日收入明细金额小计栏。

② 库存现金本日支出金额栏＝本日支出明细金额小计栏＋资金流向存行栏＋资金流向存卡（折）栏。

③ 本日支出明细金额栏，填写自购原材料、费用、贵宾券等项目，不包括存行、存卡（折）。存行、存卡（折）在资金流向栏反映。

12-03　酒楼每日财务人员工作流程和内容规范

酒楼每日财务人员工作流程和内容

一、目的

为规范本酒楼财务人员每日的工作流程与要求，使财务人员工作时有所依循，特制定本规范。

二、适用范围

适用于本酒楼财务人员的每日工作。

三、管理规定

（1）关注昨日营业额以及与实际的差异，留意当日预估营业额。

（2）仔细看管理组留言簿，记下与自己相关的事项。

（3）对保险柜进行盘点，内容有营业额、收银机钥匙、零用金、备用金及其他有价证券。

（4）记录盘点结果，并签名，确认与前班经理所留结果无误。

（5）填写当日稽核袋及其他如TC比赛表格。

（6）营业开始前开机上线。

（7）存前日剩下营业款，存入酒楼账户，下午再存一次款，取回存款凭据。

（8）去银行换零钱。

（9）用笔记本登记员工现金盈亏和退钱情况。

（10）及时给柜台员工准备零钱。

（11）2小时检一次大钞。

（12）不定期每个班次抽查2线。

（13）报销餐厅的零用金，填写零用金单，需购买人和经理签名，并分类登记在零用金袋上，然后自己签名。零用金快用完要申请拨补。零用金袋用完后统一请经理审核里面的零用金单并签名，送会计部。

（14）向酒楼申请用完的有价促销券。

（15）领取发票，用完后登记，再换回发票。

（16）准确迅速地对下班的收银员点钱，记录在稽核袋上，如有错收要员工签单。

（17）对本班次的收支情况汇总登记在稽核袋上，打出收银机报表。

（18）与换班财务人员交接工作情况。

（19）晚班财务核对早班现金收支与报表数据。

（20）制服收取押金。

（21）填写转账单送公司财务部门换支票支付开支。

（22）离开保险柜时要乱码，并且锁上自己的锁。

（23）打烊后下线，把该输的所有资料输入收银机，关机。

（24）计算出本日的营业状况、毛收入、净收入、零用金、TC、干TC、餐饮、促销、累计及其差额。

（25）月末计算整月利润情况，营业收入减去可控制费用和不可控制费用后为利润。并对每日、每周、每月的营业状况存档。

（26）从订货、人事那边得知原辅料成本和工资成本（每月）。

（27）每周一次把每日营业收入及其POS报表送特许总部，并计算食品库存及成本。

（28）每月把流水费的3%汇入特许总部账号。完成酒楼规定的每日报告。

（29）把完成的工作内容及需交代事项留言在管理组留言本上，保持良好沟通。

（30）协助值班经理管理楼面，特别是楼面忙时要主动帮忙。

（31）每天提供收入情况，每月提供总收入、支出明细及分析报告给上司，使上司能清楚地了解餐厅处于盈利还是亏本状态及如何更有效利用资金和争取更大利润。

（32）制定出各个支出的目标及如何去控制达到目标，如工资占总支出的15%，原辅料占48%。

（33）以上内容之外的普通财务人员基本职责。

12-04　酒楼结账服务流程规范

酒楼结账服务流程规范

一、目的

为规范本酒楼各餐厅顾客结账、收银工作，特制定本规范。

二、适用范围

适用于各餐厅楼面服务员、收银员的收银工作。

三、楼面服务员结账服务规定

顾客用餐完毕欲结账，服务人员应先做好点菜单的核对与确认工作，以便随时配合顾客的结账要求。

1.结账服务要领

在结账前，服务人员必须掌握以下几个重点。

（1）不要让客人等太久。

（2）将账单账面朝下或朝内对折，放在账盘内呈送给顾客。

（3）当顾客取钱时，服务人员不得靠近桌旁，应立于桌边待命，避免顾客产生压迫感。

2.结账服务流程

（1）当顾客向楼面服务员发出结账要求时，服务员应首先查看点菜单上的菜点与酒水是否与顾客桌上的相符，然后马上请负责结账的部长前来为顾客服务。

（2）如果有不符的，要与顾客核对无误后再行结账。没有上的菜点，应立刻到厨房作查询，还没做的应请部长做取消菜式处理，已经在做的菜点，则应从减少酒楼饭馆损失的角度出发，说服顾客将菜吃完再结账，并重复一次顾客结账的要求，以免造成"赶客"的误会。

（3）当顾客给予肯定的答复时，顺便问问顾客有没有本酒楼饭馆的优惠卡，然后将顾客的点菜单和优惠卡送到收银台，让收银员进行结算。

（4）将账单用专用夹夹好送到顾客面前时，如果不止一位顾客，应轻声问："请问由哪位付账呢？"然后将账单拿到付账人身边展开，用右手食指指着结账单上的金额告诉顾客："多谢惠顾，您只需付这个数目就好了。"并将顾客的优惠卡交还给顾客。

（5）如果顾客驾车来酒楼的，应给顾客的汽车保管票据盖章，使顾客享受免费停车服务。还要感谢顾客对酒楼的捧场，欢迎下次再来。

3.不同付款方式的注意要点

（1）现金结账。如果顾客用现金结账，要当着顾客的面清点钞票，查看是否有假钞，并将点出的数目与顾客核对无误后再离开，将款项送至收银处。

收银员清点余额后，会将收据或发票及所找的零钱放回账盘，由服务员将余款退回，此时，服务员应回到餐桌旁，和顾客核对零钱，而后即离开，不要在餐桌旁徘徊，让顾客产生被要求给小费的印象。

（2）信用卡结账。如果顾客用信用卡结账，要让顾客稍等，将信用卡拿到收银台刷卡。然后再将刷卡联用结账夹送到顾客身边请其签名认可。等收银台将顾客的签名核对无误后，将信用卡和刷卡单其中的一联交还给顾客。

（3）支票结账。如果顾客是以支票结账的，则要看清楚支票上所填写的金额、收款单位全称及该酒楼的印章是否无误和清晰，还要注意支票不能有折叠痕迹和涂改痕迹，然后将顾客的发票用夹子送给顾客收好。

（4）签账单。对于一些信用良好的常客，酒楼会让顾客以签账方式付款。当顾客要求签账时，服务人员必须经酒楼经理批准后，才能让顾客填写酒楼印制的签账单，内容包括客人姓名或公司名称、地址、消费日期、消费金额、统一编号、预定付款日期等项目，待顾客签名后，交由收银人员结账。

（5）招待餐券。酒楼时常会发行一些招待餐券作为促销，当餐券发出后，服务人员应熟悉每种餐券的使用方法，当顾客以招待餐券付款时，要正确判断哪些餐饮项目才可以使用，并请顾客在餐券上签字，与账单一起交回收银处。为方便收银员结账，账单上必须注明以招待餐券付款，当顾客消费金额超过指定金额时，差额则请顾客以现金支付。

四、收银员收银服务流程规定

（1）将顾客的点菜单、加菜单、酒水单等订在一起，按桌号或房间名称分别存放好。

（2）有空时将这些单据预打一下价格，做个初步的累计。

（3）当收到顾客要求结账的信息后，要重新核对该顾客的点菜单是否与实际上桌的菜点相符，再仔细核对菜点的价格与菜牌，然后重复计算至少两遍。

（4）收到顾客的现金后，要确认钞票的真假和其数目是否足够支付账单。需要找零的马上将零钱交给负责结账的同事；发现数目不对或不够时，要马上通知负责结账的同事，请其立即与客人交涉，并确保能顺利结账；对于数目与账单正好相符的，应告之负责结账的同事："款项正好收齐。谢谢！"

（5）收到顾客的支票，要确认支票是有效、准确和清晰的。票面不能有丝毫差错，不能折叠，不能有任何涂改，所盖公司章和财务章等全部都要清晰无重叠，填支票所用的笔一定要用黑色的墨水笔或黑色的签字笔。还未填上的日期、收款单位等，可由收银员填写，但一定要保证不出错。当支票填写无误后，将其与结账单用回形针或大头针订在一起，放到已结账的单据篮子中。

（6）当收到信用卡时，要确定信用卡的真实性和有效性。要确认顾客的签名是否与信用卡上的一致。刷卡单有一联是给顾客保存的，要连同信用卡一起还给顾客。将留下的刷卡联与账单一并订好，放入已结账的单据篮子里。

（7）给顾客开发票和在顾客的停车保管票上盖章。

第13章　采购管理制度

13-01　供应商选择管理制度

供应商选择管理制度

一、目的
确保能正确选择合格的供应商，为各餐厅提供合格的产品或服务。

二、范围
适用于为各餐厅提供所需产品或服务的供应商的选择。

三、职责
（1）采购部。负责对供应商的选择、资格考核。
（2）各餐厅。参与供应商的选择、资格考核。
（3）质监部。负责对供应商管理的全过程进行监督。

四、程序
（一）对供应商资格的要求
鉴于经营特性，凡欲成为所属部门的供应商都必须具备下列条件。
（1）有足够的质量、食品安全保证能力。
（2）能满足数量及交货期的要求。
（3）价格合理，服务良好，信誉可靠。
（4）有提供令人满意的相同或类似产品的经历。
（5）能提供令人满意的售后服务保证。
（6）必须具有合格的营业执照。
（7）必须具有法律法规规定的相关证书。
（二）供应商资格评审的方式
1.对供应商资格的评审
（1）书面评估。供应商向采购部提供相关的资格证书原件和复印件各一份、产品说明书或样品及企业情况介绍，经采购部资格评审合格后，通过电话或网络等形式通知各餐厅，由各部门对供应商进行评审确认。
（2）样品评估。必要时，各餐厅根据需要对资格评审合格后的厂商所提供的产品和服务进行试用。试用阶段主要检验其产品质量是否稳定，产品是否适销对路，送货是否及时，价格是否合适，产品、服务与其他供应商相比是否较好等。

（3）实地考察。必要时，采购部可根据实际情况或各餐厅要求，到该供应商所在地进行实地考察。

2. 评审的结果

评审的结果登记在"供应商评估表"中。

（三）供应商的确认

（1）采购部通过相关餐厅的试用情况，协同质监部对供应商进行评价，合格的供应商经公司总经理确认后，纳入公司合格供方名录，并及时把"合格供应商名录"报给质监部备案，下发到各餐厅，作为选用、采购的依据。

（2）对餐厅在日常使用过程中有异议的供应商，采购部和质监部应重新对其产品质量、提供产品的保证能力、产品交付的服务及支持能力等进行评估，确定为不合格的供应商应从"合格供应商名录"中除名，并重新选择供应商。

（四）签订供货协议

在与供应商签订协议或合同时，应在协议或合同中提出原料的安全性保证及运输过程的安全可靠性等相关要求，以保证原料的卫生安全。

（五）供应商的考核

（1）各餐厅（部门）在平时可将供应商所提供的产品和服务质量有严重不符合本部门要求的情况，登记在"供应商异常情况登记表"中，并根据问题的严重程度报到采购部或质监部，要求对供应商进行辞退、限期整改等处理。

（2）质监部和采购部每半年对各部门所有列入"合格供应商名录"的供应商进行考核，并进行统计分析。

（3）考核的内容

① 提请采购部复审其资格要求。

② 半年来为各餐厅（部门）提供的产品和服务的情况。

③ 各部门"供应商异常情况登记表"中所登记的异常情况。

④ 有无在产品和服务上更好的供应商。

⑤ 质量、价格、供货及时、服务的考核（由各部门验收员/保管员评分）。

其中：质量分 $= 40 \times [(总批次 - 因质量退回批次)/总批次]$；

价格分 $= 30 \times [(总批次 - 因价格退回批次)/总批次]$；

供货及时分 $= 20 \times [(总批次 - 因供货不及时退回批次)/总批次]$。

服务态度分评判标准为：交货单据不符扣1分；数量和质量与预订不符扣2分；送货人或供应商态度恶劣扣2分；包装不良或混料扣2分；经警告而未能及时纠正扣1分。

（4）考核结果

① 对于具备以下条件者，可视为合格供应商：三证齐全且未超过有效期；在产品和服务上无更好的供应商；经各部门验收员评分在70分以上且质量分不少于30分。

②　对于下列供应商可提出书面整改意见，要求进行限期整改：三证不齐全或已超过有效期；在产品和服务上有更好的供应商；经各部门验收员评分在60～70分之间。

③　对于下列供应商取消供应资格：在限定期限内未整改好。经各部门验收员评分低于60分。在服务的过程中经相关部门确认有重大质量问题者。

考核不合格的供应商根据实际情况采取辞退、限期整改等方式处理，并在"合格供应商名录"中予以除名。

（六）了解供应商实际供货情况

采购部每周至少一次到各餐厅（部门）了解各供应商供货情况，若发现有供应商供应货物异常情况较突出者，可采取限期整改或停止采购等相应措施。

（七）供应商档案的管理

（1）采购部建立合格供应商档案，其内容包括以下方面。

①　合格供应商名录。

②　供应商评估表。

③　供应商考核表。

④　保存合格供应商的营业执照复印件、产品合格证复印件、卫生许可证复印件及其他资质证明材料。

（2）各餐厅应备有"合格供应商名录""供应商异常情况登记表"。

（3）质监部应备有"合格供应商名录"，以便监督考核所用。

（八）供应商资料的记录和保管应妥善处理

13-02　采购管理办法

采购管理办法

一、目的

为规范本酒楼的采购业务，使各有关人员有所依循，特制定本办法。

二、适用范围

适用于本酒楼采购业务的开展。

三、管理规定

（一）采购工作的基本要求

（1）严格遵守财务制度，在从事采购业务中，遵纪守法，讲信誉，不索贿、受贿，与供货单位建立良好的业务关系而不是钱权交易的关系，在平等互利的原则下开展工作。

（2）每日审核各部门递交的采购计划单是否符合有关手续规定，确定采购内容，及时安排采购，确保各类物品原材料的正常供给。

（3）根据各部门采购货单，核对所需各类物品、原材料的名称、型号、规格、产地等项目是否完整。遇到某项不清楚，就要向该项的使用部门了解，核对后再进行采购，避免出现错购。

（4）认真核实各部门的大宗采购计划，根据仓库存货情况，提出建议，报总经理审阅实际的采购计划。

（5）各项采购计划及每日所需的各类物品、原材料，必须选择三家供货商报价，并协同相关使用部门经理进行质、价评定，提出建议，报总经理审核，签订供货合同。

（6）对定型、常用性的物品、原材料，必须执行库存规定，做好周期性的计划工作，及时补仓（库存计划由各部门经理编定，报总经理批准后执行）。

（7）采购人员必须协同仓管员及申购部门指定的收货人员共同按质按量把关验收，发现货不对板或质量、数量出现问题，要及时与供货商联系，做拒收或退货处理，切实保障酒楼利益。

（8）每批购进的物品、原材料，必须及时办理入仓手续，并立即到财务部报账，不得拖账、挂账。

（9）每周定期与财务部、总经理组织的人员一起进行市场物价调查。

（10）必须严格遵守物品采购程序。

（二）筹备期间的采购程序

（1）各使用部门主管、经理制定本部门开业所需的各类物品、食品、原材料的采购计划。

（2）各部门经理汇总审核本部门的采购计划，制定本部门各类采购项目明细表递交采购部。

（3）采购部对各使用部门采购计划中的所需采购项目进行整理、分类，联系厂家、货商报价，由采购部门主管列出酒楼开业所需的各类物品、食品、原材料，采购报价汇总表递交财务部。

（4）财务部对采购报价汇总表所列出各项目的价格、数量进行核算。由财务部经理列出酒楼开业所需的各类物品、食品、原材料，采购预算呈交总经理。

（5）总经理对采购进行全面审核后，提交执行董事做最后批示。

（三）开业后的采购程序

（1）使用部门填写申购单，交由上级部门主管审核。

（2）各部门主管核准后转交采购部。

（3）采购部分类征求各供货商报价，然后选择三家，由采购部主管协同相关部门经理及酒楼总经理审核，确定采购形式以及供货商，然后填写报价表，转交财务部。

（4）财务部根据已确定的采购形式，分别对采购开支进行核算，核算后由财务主管签名，然后将初拟的采购合同或采购项目清单呈交总经理。

（5）总经理对采购形式、采购合同及采购项目清单分别作出复核后，提交执行董事作终结批示。

（四）应急采购程序

此项程序一般用于采购费用约1000元（具体金额酒楼可以根据经营规模灵活掌握）以下各部门急需使用之物品、食品、原材料的采购。

（1）使用部门详细填写应急采购单。

（2）各部门经理核准签字后，直接转交财务部。

（3）财务部主管签批后呈交总经理签批。如财务主管因事外出，可直接请示总经理，总经理外出，则可请示副总经理处理。

（五）采购流程示意图

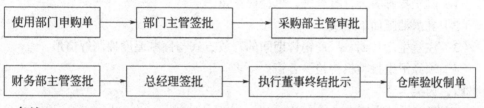

备注：

（1）申购单一式四联，自留一联，其他分别交采购部、财务部、仓库保管以备查核。

（2）应急采购单一式三联，自留一联，其余分别交财务部、采购部保管以备查核。

13-03 各类食品原料选购标准

各类食品原料选购标准

一、食米

（1）米粒均匀饱满、完整、坚实而重。

（2）光洁明亮，无发霉、石粉、砂粒、虫等情况和异物。

（3）越精白者，维生素B越少，故宜选用胚芽米或九三米更营养。

二、面粉

（1）粉质干松、细柔而无异味者。

（2）依蛋白质含量的不同，而区分为以下三种。

① 低筋。蛋白质含量低，颜色最洁白，紧握后较易成团，宜做小西点及蛋糕之用。

② 中筋。蛋白质介于高、低筋之间，宜做面条之用。

③ 高筋。蛋白质含量最高，其色微黄，紧握不易成团，专做面包之用。

三、乳类

1.乳粉类

奶粉宜选择乳白色不成块状的粉末，并选罐装或不透明袋装的产品，不要购买透明、塑胶袋装的不合格产品，外观必须标示清楚。

2.罐头类

（1）包装精美完整，罐头平整不向外凸出。

（2）标示说明清楚，包括容量、厂牌、厂址及制造日期等。

3.鲜奶类

（1）鲜奶味鲜美，且有乳香，色白而蜜黄。

（2）乳水油腻而不结块。

（3）注意生产日期、厂商销售期间的存放方式与储藏温度控制等情形。

（4）须经卫生检验机构检验合格。

四、肉类

1.家畜肉类（牛猪肉）

（1）品质好的猪肉其瘦肉部分为粉红色，肥肉部分为白色且清新，硬度适中，无不良颗粒存在，肉质结实，肉层分明，质纹细嫩，指压有弹性，表面无出水现象。

（2）牛肉则瘦肉部位为桃红色，肥肉呈白色，但牛筋则为浅黄色。

（3）病畜肉上常有不良颗粒，瘦肉颜色苍白；死畜肉呈暗黑色或放血不清有瘀血现象；肉皮上未盖检验章者为私宰牲畜，较无保障。

2.家禽类

（1）活的家禽类，头冠鲜红挺立，羽毛光洁明亮，眼睛灵活有神，腹部肉质丰厚而结实，肛门洁净而无污物黏液。

（2）杀好的家禽类，外皮完整光滑，整体肥圆丰满者为佳。

3.内脏

（1）肝应选灰红色、筋少、有弹性、无斑点的。

（2）猪肚应选肥厚、色白、表面光亮、无积水的。

五、海产类

1.鱼类

（1）鳞片整齐而完整。

（2）眼睛明亮而呈水晶状。

（3）鱼鳃鲜红，鱼肚坚挺而不下陷，鱼身结实而富弹性。

（4）只有正常的鱼腥味而无腐臭味。

2.虾类

（1）鲜虾种类繁多，依其种类各有其应有的色泽。

（2）虾身硬挺、光滑、明亮而饱满。

（3）虾身完整，头壳不易脱落。

（4）具自然的虾腥味而无腐臭味。

3.蟹类

（1）应选蟹身丰满肥圆的。

（2）蟹眼明亮、肢腿坚挺、胸背甲壳结实而坚硬。

（3）腹白而背壳内有蟹黄。

4.蛤蚌螺类

（1）外壳滑亮洁净。

（2）外壳互敲时声音清脆，无腐臭味。

5.海参类

（1）肉身坚挺而富弹性。

（2）洁净而无杂质及腐臭味。

6.牡蛎类

（1）选择肉质肥圆丰满者。

（2）上部洁白而坚挺。

（3）无腐臭味。

7.墨鱼

选择肉身洁白、明亮、坚挺而富弹性的。

8.鱼翅

应选翅多而长，并且光洁滑亮的。

六、蛋类

1.鲜蛋类

（1）新鲜蛋外壳粗糙无光泽，并且清洁无破损。

（2）以灯光照射，其内应透明，无混浊或黑色。

（3）蛋气量要小，用手摇之无震荡之感。

（4）放入盐水中会沉下去。

（5）蛋打开后，蛋黄丰圆隆挺，蛋白透明坚挺包围于蛋黄四周而不流散。

2.皮蛋类

外壳干净无黑点，手拿两端轻敲时，有弹性震动感。

七、蔬菜类

（1）胡萝卜。头尾粗细均匀，色红而坚脆，外皮完整光洁，并具充足水分。

（2）白萝卜。头尾粗细均匀，色白而表皮完整细嫩，用手弹打具结实感。

（3）马铃薯。表皮洁净完整，色微黄，水分充足无芽眼。

（4）小黄瓜。头尾粗细均匀，表皮瓜刺挺直、坚实、碧绿而带有绒毛，瓜肉肥厚。

（5）大黄瓜。头尾粗细均匀，表皮光洁平滑，瓜肉肥厚、坚脆、水分充足。

（6）青椒。外观平整均匀，表皮滑亮，色绿而坚挺。

（7）茄子。表皮光滑呈深紫色，茄身粗细均匀、瘦小、坚挺，而蒂小者为佳。

（8）笋。笋身粗短，笋肉肥大，肉质细嫩。

（9）茭白笋。色白光滑肥嫩，切开后没有黑点。

（10）洋菇。蒂与基部紧锁而未全开放，呈自然白色，若过分洁白，则可能添加荧光剂。

（11）洋葱。表皮有土黄色薄膜，质地结实者为佳。

（12）芋头。表皮完整丰厚肥嫩，头部以小刀切开呈白色粉质物为佳。

（13）香菇。选茎小而肥厚者，菇背有白线纹为上品菇，内侧越白越新鲜。

（14）甘蓝菜。叶片呈暗绿色、肥厚嫩滑而无虫害，茎部肥嫩者为佳。

（15）菠菜。叶片呈深绿色、肥厚滑嫩，茎部粗大硬挺，基部肥满而呈红色。

（16）丝瓜。表皮瓜刺挺立而带绒毛，瓜身粗细均匀、硬挺且重量重者为佳。

（17）包心菜。外层翠绿，里层纯白，叶片明亮滑嫩而硬挺，包里较宽松。

（18）茼蒿。叶片肥厚、嫩滑、硬挺、完整而无虫害。

（19）空心菜。茎部要短，叶片肥厚、完整而无虫害。

（20）芹菜。茎部肥厚而色白为佳。

（21）苋菜。叶片肥厚而无虫害。

（22）葱蒜。茎部粗肥而长者为佳。

（23）豇豆。选粗细均匀而肥嫩的。

（24）四季豆。选粗细均匀而滑嫩的。

（25）豌豆。肥嫩坚挺而完整。

八、水果

（1）苹果。表皮完整，无虫害及斑点，具自然颜色、光泽及香味，质重而清脆。

（2）橘子。皮细而薄，质重且具有橘味者为佳。

（3）柠檬。皮细而薄，质重多汁为佳。

（4）香蕉。以肥满熟透、具香味者为佳。

（5）凤梨。表皮凤眼越大越好，以手弹之有结实感，质要重，具芳香味，表皮无汁液流出。

（6）西瓜。表皮翠绿、纹路均匀、皮薄、质重、多汁，以手敲之有清脆声者为佳。

（7）木瓜。表皮均匀无斑点，肉质肥厚者为佳。

（8）香瓜。皮薄且具光泽，底部平整宽广，轻压时稍软，摇动时无声响，并具香味者为佳。

（9）番茄。表皮均匀完整，皮薄，具光泽，翠绿中带红色者为佳。

(10）番石榴。表皮有光泽，果肉肥厚，颜色越浅者为上品。

(11）葡萄。果蒂新鲜硬挺、色浓而多汁者佳。

(12）梨子。皮细、质重、光滑、多汁者佳。

(13）桃子。表皮完整而有绒毛者较新鲜，果肉则要肥厚而颜色浅。

(14）李子。表皮有光泽，大而多汁者为佳，红李则色泽越深越好。

(15）阳桃。每瓣果肉肥厚、滑柔、光亮、色浅为佳。

(16）柚子。皮细而薄、质重且头部宽广为佳。

(17）枇杷。表皮呈金黄、有绒毛为佳。

(18）柳橙。皮薄、滑亮、细嫩、色淡为佳。

(19）龙眼。颗粒大、核小、皮薄、肉甜、肥厚为佳。

(20）荔枝。颗粒大、外皮鳞纹扁平、皮薄、肉厚、核小为佳。

九、调味品

(1）食用油类

① 固体猪油以白色、无杂质且具有浓厚香味者为上品。

② 液体油则以清澈、无杂质及异味者为佳。

(2）酱油类。有品牌，经卫生检验有明显标示、具有豆香味、无杂质及发霉者为佳。

(3）食盐。色泽光洁、无杂质、干松为佳。

(4）味精。色泽光洁、无杂质、干松为佳，用火烘烤会熔化者，即属真品。

(5）食醋。种类繁多，有清纯如水者，也有略带微黄者，选购时以光洁、清澈、无杂质为佳。

(6）酒类。调理用酒大多以黄酒、高粱酒、米酒居多，宜选用清澈、无杂质者。

(7）糖类。以干松而无杂质为佳。

13-04 食材验收管理办法

食材验收管理办法

一、目的

确保各部门采购的物品能得到较好的检验，以防变质或损坏的物品进入加工制作过程，特制定本办法。

二、范围

适用于采购物品的检验。

三、职责

（1）验收员。负责对采购物品的检验。

（2）质监部、餐厅负责人。负责对验收和防护工作进行监督。

四、工作程序

（1）供应商将采购的物品送到所需部门时，由该部门相关的验收员进行验收。

（2）验收的内容主要包括采购物品的名称、数量、重量、质量、厂家、规格等是否与订货要求相符。

（3）在出现下列情况时，验收员应立即予以隔离和采取口头或其他的标示措施，并及时上报本部门负责人，经本部门负责人确认后，在"供应商异常情况登记表"上予以记录，提出退货或要求其重新供应合格货物，并把有关情况上报到采购部，由采购部对供应商作出处理。

① 无商标、无厂家及厂址，或不全（蔬菜、鱼等零星原料除外）。

② 产品有效期已超过日期或有效期有被改动的痕迹，以及其他不符合食品标签规定的定型包装食品。

③ 无检验合格证明的卤味、熟肉制品。

④ 有毒、有害、腐烂变质、油脂酸败、霉变、生虫、污秽不洁、有不明沉淀物、混有异物，或其他感官性状异常的食品（青菜、包心菜、大白菜等腐烂超过重量的3%~5%）。

⑤ 难以鉴别的鱼类、贝类等。

⑥ 非合格供应商提供的物品。

⑦ 其他较严重的现象。

（4）在出现下列现象时，验收员应立即采取隔离和口头或其他的标示措施，并上报本部门负责人。

① 数量、重量、价格或规格与所定要求不符。

② 质量与所定要求不符但不会严重影响生产经营工作。

③ 合格供应商提供，且有商标、厂家、厂址，但与所定要求不符。

④ 产品有效期将至。

⑤ 干货受潮但未发霉。

以上情况确认后，可以采取下列措施：退货；更换货物；更换供应商供应该类货物；收下该批货物，但采取降价处理等措施。同时在"供应商异常情况登记表"上予以记录。

（5）验收时要注意根据不同的品种采取相应的验收方法。

① 对批量采购回来且数量超过10个（含10个）的物品，可采取抽检的方法，即从所采购的物品中按总数10%~20%的比例抽检，但抽检的总数不得少于10个；对零星采购，或数量少于10个的物品须逐个验收。

② 对蔬菜类、肉制品以及其他半成品的验收可采取外观检查的方式，但验收不

得少于该品种重量的20%。

③ 有包装物的食品应检查其标签标示是否标明：品名、产名、产地、生产日期、批号或代号、规格、配方或主要成分、保质期限、食用或使用方法。

④ 验收食品时，应检查食品的卫生质量及食品的包装是否完整，食品质量检查主要通过感官检查进行。

感官检查包括以下方法。

眼看：通过检查食品的外观形状和色泽来评价该食品的新鲜程度、食品是否有不良改变以及蔬菜、水果的成熟度等。检查时应注意食品的整体外观、大小、形状、块形的完整程度、清洁程度、表面有无光泽、颜色的深浅色调等。检查液体食品时，要在无色的玻璃瓶中进行，也可将瓶子倒过来，观察有无杂物、沉淀物或悬浮物。检查罐头食品时要看有无胖听情况。

鼻嗅：检查食品有无臭味、哈喇味、馊味及其他异味。检查液体食品时，可先将食品滴在手掌上摩擦，以增加气体的挥发。检查大块食品时，可将食品切开或用探针刺入深部，拔出后再闻气味。

手摸：凭借触觉来检查食品的硬软、弹性、稠度以及食品的外表是否发黏等特性来判别食品的质量好坏。

⑤ 特殊情况处理。对于通过以上的感官检查还不能确定的原料，应进行试样（即将原料应用于实际加工制作中，通过成品来判断）。

（6）根据《××省食品采购索证管理办法》规定，对下列食品必须索取或检验合格证明或化验单。

① 乳或乳制品。
② 酒类（蒸馏酒、发酵酒、配料酒）。
③ 饮料（固体饮料、软饮料、瓶装矿泉水）及冷冻饮品。
④ 酱油、食醋、味精、食盐及复合调味品等。
⑤ 罐头食品（含软包装罐头）。
⑥ 糖果、糕点、蜜饯类。
⑦ 肉与熟肉、卤味等肉制品。
⑧ 粮油包装（制）品（包括速冻粮食制品等）。
⑨ 食用酒精、食品添加剂。
⑩ 进口和出口转内销食品。
⑪ 特殊营养食品、保健食品、新资源食品。
⑫ 省卫生行政部门认为需要索证的其他食品。

（7）验收结束后，由验收员在合格产品的送货单上签名，交给保管员一份，由保管员根据送货单进行电脑入库处理。

（8）质监部和餐厅（部门）负责人对验收工作进行监督检查，严防不合格原料进入操作间。

13-05　仓库管理制度

仓库管理制度

一、目的

仓库是储存、保管商品物资的重要部门，必须有一个完善的管理制度才能适应业务活动的需要，所以特制定本制度。

二、适用范围

适用于本酒楼仓库的储存、保管业务。

三、管理规定

（一）物料、原材料的保管和记录

（1）中型酒楼可建立两个仓库：食品仓和能源五金仓。

（2）设立专职仓库管理员，负责保管进仓的原材料及物料。仓库管理员每天必须记进出明细账，记商品物资明细账，验收进仓物资，核对出仓商品物资的品种和数量。

（3）存仓物资管理要贯彻执行"先进先出，定期每季翻堆"的仓库管理原则。

（4）要节约仓容，合理使用仓容。重载商品物资不能与轻抛商品物资混堆，有挥发性商品物资不能与易吸潮商品物资混堆。

（5）库存物资必须按固定堆位存放，并编列堆号，在每个堆位上设立"进、出、存货卡"。凡出入仓的原材料及物料，应于当天在货卡上登记，并结出存货余额。

（6）存仓物资的品种数量规格必须与货卡相符，货卡结存数与物资明细账余额相符。每月月末，仓库管理员应根据物资明细账记录的收、付发生额和余额编制"进、销、存月报表"，分送财务部、采购部，每季度盘点一次，并向财务部报送盘点表。

（7）仓库管理员应经常检查所保管的物料和原材料，对滞存时间较长的物资，要主动提醒业务部门注意。如发现物资发生霉变、破损或已超过保管期限，应及时报告。

（二）物资进仓的规定

（1）物资进仓时，仓库管理人员必须填制"物资进仓验收单"，并以此记明细账及送财务部记账，还必须逐一核对物资的名称、规格、数量、质量，然后才签发验收单。对于不符合采购计划要求和与发票缩写不相符的，必须拒绝入仓。

（2）每天在采购部收取采购单，以备接单验收到货，无采购单的货物一律不收。

（3）仓库管理员必须参与对供货商来货进行验收，正确填写收货记录。将验收合格的货物分类入仓或直入厨房，或分送其他地点，并办理交付签字手续，及时编写收货报告。

（4）对不符质量标准要求的货物，坚决拒收。发生争执时立即报告上级管理部门经理，待其到现场解决处理。

（5）审核各部门申领的货物是否属于供应计划内，数量是否合理，确认后始发货。

（6）对已入仓的货物分类、整理、存放、登记入册、记录货牌，各种物品附上标签。

（7）确保货物出入仓记录清楚、数量准确，各种单据、表格、账册、文件完整存档。

（8）经常检查各类周期性定型且常用的货物的库存量。需作及时补仓的货物品种，按规定的库存计划，不需经使用部门，由仓库主管直接编写采购单，报总经理审批，然后送采购部或采购人员。

（9）每月必须盘点，保证存货数量正确，仓管人员必须编写月终盘点报表及货物消耗报告。

（10）对部门退回仓库的废旧物品，设账登记。

（11）经常检查仓库各类货物及食品储存情况，防止变质和虫害，仓库杂物必须定期清理，保持仓库的通风干爽，保持仓库的环境卫生。

（三）物资出仓的规定

（1）物资的出仓，必须先办妥出仓手续，凭领料单或调拨单，认真核对规格、数量，确定已经有关领导签注，才给予发货。同时要及时登记明细账，并将有关单据送财务部出账。物资储藏必须执行"先进先出法"，将最先购进的放在最前面，以便发出时，尽先发出。

（2）无论哪一个部门，仓库都必须按常规出仓手续发货，严禁先出货、后补办手续的错误做法，严禁白条发货。

（3）为保证仓库安全，仓库必须在定点地方发货。物资在发货地点由提货方点验离开后发生的短缺，概由收货方自负，仓库不负补偿责任。

（4）对一些部门退回仓库的可用废旧物品的领用，也必须按常规办理出仓手续。

（四）其他有关规定

（1）仓库是酒楼的物资保管重地，除仓库管理员和因业务工作需要的有关人员外，任何人未经总经理以上领导人员批准，不得进入仓库。进入仓库出仓后，应主动请仓库管理人员检查。

（2）一切进仓人员不得携带火种、易燃易爆物、背包、手提袋等物品。

（3）仓库范围不得生火，也不得堆放易燃易爆物品。仓库管理人员绝对不允许在仓库使用电炉、微波炉、电磁炉、电吹风等电器。

（4）仓库不允许带任何私人保管物品，也不允许擅自答应未经领导批准的其他单位或部门的物品存仓。

（5）仓库必须具备防火、防水、防潮、防盗的设施，应定期每月检查防火设施的使用实效，每季定期检查仓库电路是否有短路或电线损坏等火灾隐患，要自觉接受保安部的检查、监督。

（6）仓库必须有防鼠、防蟑螂、防苍蝇的设施。

（7）仓库内温度最好控制在10～20℃，湿度控制在50%～60%。

（8）仓库储量最好控制在使用三天到五天的标准库存量。

13-06 各类食材储存标准

各类食材储存标准

一、淀粉类食品

（1）放在密闭、干燥容器内，置于阴凉处。

（2）不要存放太久或存放在潮湿的地方，以免虫害及发霉。

（3）生薯类如同水果蔬菜，处理整洁后用纸袋或多孔塑胶袋套好放在阴凉处。

二、油脂类

（1）不要让阳光照射，不要放在火炉边，不用时罐盖盖好，置于阴凉处，不要储存太久，油脂最忌高温与氧化。

（2）用过的油须过滤，不可倒入新油中；颜色变黑、质地黏稠、混浊不清而有气泡的不可再用。

三、蔬菜类

（1）除去败叶、尘土及污物，保持干净，用纸袋或多孔的塑胶袋套好，放在冰箱下层或阴凉处，趁新鲜食用，储存越久，营养损失越多。

（2）冷冻蔬菜可按包装上的说明使用，不用时保存在冰冻库，已解冻的不再冷冻。

（3）在冷藏室下层柜中未清洗过的蔬菜，可放5～7天，清洗过沥干后，可放3～5天。

四、腌制食品类

（1）开封后，如发现变色、变味或组织改变的，立即停止使用。

（2）先购入的置于上层，既便于取用，又避免虫蚁、蟑螂、老鼠叮咬。

（3）储放在干燥阴凉通风处或冰箱内，但不要储存太久，并尽快用完。

五、水果类

（1）如同蔬菜类，先除去尘土及外皮污物，保持干净，用纸袋或多孔的塑胶袋套好，放在冰箱下层或阴凉处，趁新鲜食用，储存越久，营养损失越多。

（2）去果皮或切开后，应立即使用，若发现品质不良，应立即停止使用。

（3）水果打汁，维生素容易被氧化，应尽快饮用。

六、鱼肉类

1.储存方法

鱼、肉类的储存如下表所示。

鱼、肉类储存方法表

序号	类别	存储法
1	鱼	除去鳞鳃内脏，冲洗清洁，沥干水分，以清洁塑胶袋套好，放入冷藏库（箱）冻结层内，但不宜储放太久
2	肉	肉和内脏应清洗，沥干水分，装于清洁塑胶袋内，放在冻结层内，但也不要储放太久。若要碎肉，应将整块肉清洗沥干后再绞，视需要分装于清洁塑胶袋内，放在冻结层。假若置于冷藏层，时间最好不要超过24小时；解冻过的食品，不宜再冻结储存

2.储存时间

肉类储存在冷冻室与冷藏室的储存时限见下表。

肉类储存时限表

序号	种类	时间期限
1	牛肉类	（1）在冷藏室。新鲜肉品如内脏只可放1天，绞肉1~2天，肉排2~3天，大块肉2~4天 （2）在冷冻室。内脏可储存1~2个月，绞肉2~3个月，肉排6~9个月，大块肉6~12个月
2	猪肉类	（1）在冷藏室。新鲜猪肉可放2~3天，绞肉1~2天，大块肉2~4天 （2）在冷冻室。绞肉可放1~2个月，肉排2~3个月，大块肉3~6个月
3	鸡鸭禽类	（1）在冷藏室。鸡鸭肉在冷藏室可储存2~3天 （2）冷冻室。可存放1年。鸡鸭肝可冷藏1~2天；冷冻3个月

七、调制食品

（1）储放在阴凉干燥处或冰箱内，不宜储放太久，先购者先用。

（2）拆封后尽快用完，若发现品质不良时，应立即停止使用。

（3）番茄酱未开封的不放冰箱，可保存1年，开封后应放在冷藏室；沙拉酱未开封的不放冰箱，可存放2~3个月，开封后最好放冰箱冷藏；花生酱放冰箱可延长保存期限。

八、豆、乳品、蛋储存法

（1）豆类。干豆类略微清理保存，青豆类应漂洗后沥干，放在清洁干燥容器内。豆腐、豆干类用冷开水清洗后沥干，放入冰箱下层冷藏，并应尽快用完。

（2）乳品。瓶装乳最好一次用完，未开瓶的鲜奶若不立即使用，应放在5℃以下冰箱储藏。未用完的罐装奶，应自罐中倒入有盖的玻璃杯内，再放入冰箱，并尽快使用。圆形会滚动的罐装或瓶装牛奶，最好不要放在冰箱门架上，因为门的开关摇动及温度的变动，会影响牛奶使之变质。乳粉以干净的勺子取用，用后紧密盖好，仍要尽快使用。奶油可冷藏1~2周，冷冻2个月。

（3）蛋。擦拭外壳污物，钝端向上置于在冰箱蛋架上。新鲜鸡蛋可冷藏4~5周，煮过的蛋1周，不可放入冷冻室。

（4）拆封后，凡发现有品质不良时，应立即停止使用。豆、蛋和乳制品都含有大量蛋白质，极易腐烂变质，因此应尽快使用。

九、酱油储存法

（1）置放阴凉处所，切忌受热或被强光照射。

（2）开封使用后，应将瓶盖盖好，以防虫鼠或异物进入，并应尽快用完。

（3）不要储存太久，若发现变质，应立即停止使用。

十、一般饮料储存方法

一般饮料包括汽水、可乐、果汁、咖啡、茶等，储存方法如下。

（1）储放在阴凉干燥处或冰箱内，不要受潮及阳光直射。

（2）不要储存太多太久，按照保存期限，尽快轮转使用。

（3）拆封后尽快用完，若发现品质不良，应立即停止使用。

（4）饮料打开后，尽快一次用完，未能用完的，应盖好存于冰箱中，避免氧化。

十一、酒类储存方法

1.一般储存要领

因为酒类极易被空气与细菌侵入，而导致变质，所以买进的酒应储放适当，这可提高与改善酒本身的价值。然而一旦放置不良或保存不当，则变质概率将大增。

凡酒类储存的场所，需注意以下方面。

（1）位置。应设各种不同的酒架，常用的酒如啤酒置于外侧，贵重的酒置于内侧。

（2）温度。所有的酒保持在室温15℃的凉爽干燥处。

（3）光线。以微弱的能见度为宜。

（4）不可与特殊气味物品并存，以免破坏酒的味道。

（5）尽量避免震荡，以免导致丧失原味，所以密封箱不要经常搬动。

（6）放置阴凉处，不要使阳光直射。

2.各种酒类的储存方法

（1）啤酒为唯一越新鲜越好的酒类，购入后不可久藏，在室内约可保持3个月不变质。保管最佳温度为6~10℃，10~13℃太热，13~16℃会危害酒质，引起另一次的发酵，16℃以上则啤酒会变质。但过冷也不行，2℃以下则会使啤酒混浊不清。应切忌冷热剧烈变化，如啤酒存放冰箱后取出放置一段时间，再放入冰箱，如此反复冷热，易发生混浊或沉淀现象。

（2）白葡萄酒由于是冷饮，故放在下层橱架。平放或以瓶口向下呈15度斜角，因为葡萄酒瓶均用软木塞，是为了使软木塞为酒浸润，不断膨胀，以免空气侵入。置于10℃的温度，最能长期保存葡萄酒的品质。

（3）其他酒类则不必卧置，一方面是比较方便；另一方面是因空气对它没有太多作用。

酒类的储存期限长短差异极大，有的是越陈越香越珍贵，有的却不能久放，一般保存期限以出厂日起算，生啤酒7天、啤酒半年、水果酒类无期限，其他酒类以1年为宜。

13-07 物资仓储、收发管理程序

物资仓储、收发管理程序

一、目的

确保各餐厅（部门）的物品入仓储存或在搬运的过程中物品不变质或损坏。

二、范围

适用于物品的储存和搬运工作。

三、职责

（1）各餐厅（部门）保管员和承包组长负责对物品的储存采取相应的措施。

（2）各搬运人员负责对物品的搬运采取相应的措施。

（3）质监部、各餐厅（部门）负责人负责对物品的储存和搬运过程进行控制和监督。

四、仓储管理程序

1.物品盘存

保管员可根据本部门的需要定期对仓库进行盘点。每月25日必须对仓库进行一次全面、彻底的盘点。

2.物品的验证和入库

验收员根据对采购回来的物资进行验收后，由保管员办理入库手续。验收、入库工作完成后，及时把当日所购物资数量、种类等情况输入电脑，以备餐厅成本核算及月底、年终盘点所用。

3.物品的标示

（1）在进行入库保管前，保管员应认真分清物品的种类和特性，不得将熟食、

肉制品、水产品等送至仓库保存。

（2）进仓储存的物品应根据物品的种类，归类储存在不同的仓库中。

① 大米、面粉等主食应储存在主食仓库中。

② 油、盐、醋、味精、糖、南乳等调料应储存在调料仓库中。

③ 其他干货（如粉条、腐竹）应储存在干货仓库中。

④ 扫帚、拖把等杂货应存放在杂货仓库中。

（3）物品进入仓库保存时，应与该类物品的物料卡相对应。若无物料卡，应及时补上。物料卡应清楚地写上该类物品的正确名称、进货日期等，并标在显著的位置上，让领料人等能清楚地辨别。

4. 物资的储存

（1）物品应尽可能存放在易于拿取的位置，注意将常用物品放在易取用（如货架的第二、第三排、靠近仓库入口部位）且易于先进先出的位置（如将先进仓或保质期相对靠前的同类物品摆放在靠近领料人拿取的部位），物品要隔墙30厘米以上，离地20厘米以上存放。

（2）包装食品应上架归类堆放；散装货物（如糖、绿豆等）应用不锈钢盛器或食品箱装好后离地存放在不锈钢货架上，并用密封的盖子盖好，以防老鼠、虫子等钻入。

（3）入库存放物品时，应将物品整理整齐，并注意限制其堆放的高度，以防其掉下而摔坏或砸伤人。面粉、大米等最好保持在存放（横放）5包的高度。

（4）保管员应经常对仓库进行清扫，以保持仓库内货架、窗户、门、墙壁、吊顶、地面、盛器等的清洁。同时采取防盗、防潮、防鼠、防苍蝇、防尘、防虫等措施，做到无老鼠、无虫、无尘等，并避免阳光直接晒在食品上，容器应加盖以防尘、防虫。

（5）仓库内禁止存放私人物品，食品与非食品、有毒、有害、有强烈气味的食品不得混放，不得在仓库内存放农药、化肥、亚硝酸盐等物品。

（6）仓库保持通风、干燥。

（7）保管员应经常对仓库中存放的物品进行检查，对于超过保质期的物品应立即予以隔离，并在上报本部门负责人后，采取销毁、退货等措施；若保质期将至，则应立即予以隔离，并通知相关人员尽早使用。对于不需要的物品则应在上报本部门负责人批准后将其清理出仓库后采取出售或销毁等措施。

（8）工作人员应养成随手关门的良好习惯，以防苍蝇等飞进仓库。保管员下班前，应对仓库的保安措施进行检查。

5. 物品的出库

（1）领料人在填写"领料单"并经本部门负责人或大组长等同意后，到仓库领料。

（2）保管员根据批准后的"领料单"发放物料。紧急情况则可先行发放，但在事后应及时补办出库手续。

（3）出库时做到先进先出，易腐烂变质先用，缩短储存期。

（4）出库后，保管员进行出库登记。

6.物品的检查

各餐厅负责人及质监部应随时对仓库物品的摆放及仓库卫生情况进行检查，确保食品的卫生安全。

五、搬运规定

（1）搬运人员在搬运货物的过程中，应穿不易打滑的鞋，以免因滑倒而砸伤自己或导致物品损坏。

（2）搬运人员在搬运货物时，不得勉为其难，搬运超过本人能力所能承受的物品，若遇被砸伤等事故，应根据有关规定进行处理。

（3）搬运食品过程中不得随意品尝食品，不得脚踏或坐在食品上，以防污染食品。

（4）搬运时，不得在有毒、有害处的场所卸下食品，禁止无包装的食品落地，避免非食品与食品、食品与有害物品同处堆放。

（5）食品运输车必须专用，严禁装运农药、化肥及其他有毒、有害物品，避免食品与非食品、易于吸附气味的食品与有特别气味的食品同时运输，防止食品的污染或影响食品特有的气味。运输车辆要定期保洁、清洗、消毒。

（6）运输易腐败的食品或易融化的冷食必须使用冷藏车，保证冷藏温度。

（7）运输熟食、豆制品、点心等直接入口食品应使用专用车辆，并密封防尘，运送散装直接入口食品要用清洁的容器，并防止雨淋。

（8）搬运就餐桌椅、操作台、电器或其他重要的设备不得使用着地拖走的方式，而应采取抬式或使用车子运载等方式。对于如电脑、打印机等不耐震动的设备则应采取相应的防震措施。

（9）使用拖车或拉菜车将已细加工完毕的菜肴拉至指定地点时，要采取防倾倒的措施，不得堆放过高。

（10）对于刚烧制出来的热菜等易导致人员被烫伤的物品，在使用拉菜车搬运时，不得堆放搬运，应使用正确的陈列方法，在搬运的过程中速度应缓慢，尽可能做到小心翼翼。

（11）对于其他制成品，在搬运的过程中，建议不得使用层叠堆放的方式，以免造成食品污染。

第14章 餐厅餐具管理

14-01 餐具管理制度

餐具管理制度

一、总要求：严格管理，严格控制

（1）酒楼各级管理人员在管理范围内，实行有效监督和检查，随时纠正和指导易造成破损的不正确操作方法。

（2）前台、后厨在使用和清洁时必须尽量确保餐具100%完好率。

（3）部门管理人员必须详细准确记录餐具破损情况，属于什么原因，分清责任。如按客人打碎、员工打碎、自然破损来分类进行正确处理。

（4）各部门每月必须按时进行统一有监管的盘点，并无条件配合，每月盘点工作由管事部主管牵头，部门负责人负责组织其盘点工作。

（5）各部门有权拒绝接收破损餐具，各岗位做好相互监督工作，对打烂餐具不主动承认而被举报的员工按餐具奖罚制度执行。

二、餐具清洁操作管理

（1）酒楼所用餐具，必须按照一洗、二清、三消毒的制度进行。

（2）消毒。在配好的消毒液中泡15分钟，最后将餐具冲一遍，抹干存放好待用。

（3）清洗餐具后，送回指定点存放，注意分类并摆放整齐。

（4）破损餐具要及时上报。

三、餐具、用餐、盘点细则

（1）盘点工作分为三步：后台负责不锈钢制品、竹制品、玻璃制品等；前台负责摆台使用的小餐具、味碟等；管事部负责大餐具、汤盆、炖盅等。

（2）每月盘点后部门负责人或主管必须签字认可，各部门必须做到认真盘点、认真审核。

（3）部门拿到洗碗间清洗，无法确认责任人的，由管事部员工准确记录，实物统一收检，每月盘点时清点数目，由各部门员工共同平摊赔偿，专用品除外。

（4）部门盘点后由各部门负责人将盘点表、单据一起交管事部审核后，部门经理审批后统一交财务。

（5）部门打烂餐具必须有单据、有实物，管事部才予以受理。

四、奖罚细则

（1）对故意损坏餐具的，一经发现，按原价的5倍赔偿。

（2）对员工自己打烂餐具主动承认的，按原价的2倍进行赔偿。

（3）对员工自己打烂餐具不主动承认的，按原价的3倍赔偿。对主动举报的员工，按打烂餐具的原价2倍奖励。

（4）对部门或个人私自处理破损餐具的按原价5倍处罚。

（5）严禁员工使用客用餐具，违者罚款10元。

14-02　餐具摆放、清洗、消毒管理规定

餐具摆放、清洗、消毒管理规定

一、目的

规范菜盘、碗、筷、托盘等的摆放、清洗或消毒工作，确保饮食卫生安全。

二、范围

适用于各酒楼洗碗间对顾客使用后的碗、筷、托盘等进行摆放、清洗或消毒以及各酒楼对使用完后的菜盆的清洗、消毒等卫生工作。

三、职责

（1）各相关人员需遵照本规范严格执行。

（2）质监部和各酒楼经理负责对其操作情况进行监督和检查。

四、管理规定

（一）上岗前的各项准备工作

各工作人员必须在酒楼规定的上岗时间前，将各项准备工作做好，并提前15分钟准时到岗。其中需准备的各项工作主要包括以下方面。

（1）着装。按照规定着装。

（2）检查清洁剂、抹布、扫帚、手套等必需品的准备情况。

（3）洗手。用消毒水将手心、手背和手腕清洗干净。

（二）碗筷的摆放

（1）洗碗间工作人员必须在开餐时间前，将楼面所需的碗筷及托盘等准备好。

① 筷子应摆放在专用的盛器中，筷头与筷尾不得错落摆放，按筷头与筷头，筷尾与筷尾放置。

② 碗摆放时，应整理整齐，并且其陈列高度不得超过40厘米，以防倾倒。

③ 调羹应逐一散开陈列在专用盛器中。

④托盘应面朝下摆放在专用的不锈钢桌子上，不得着地摆放；托盘摆放时，应整理整齐并且其陈列的高度不得超过50厘米，以防倾倒。

（2）其他暂时不能摆放的碗、筷、托盘等应用盛器装盛好后，置放在碗柜或货架上。

（3）开餐时间洗碗间工作人员应经常到楼面检查碗筷及托盘等的使用情况，并及时将清洗、消毒好的碗筷、托盘送至楼面，不得有断档等现象。

（4）摆放碗筷、托盘等餐具前，工作人员应用消毒水对手进行彻底消毒。

（三）在传送带上对碗筷、托盘的整理

（1）在传送带整理餐具的工作人员对传送带上的餐具进行整理时应：

① 先将筷子置放在专用的盛器上。

② 如果传送带上托盘中的碗均为空碗，则应将空碗叠放后放在托盘上。

③ 如果传送带上托盘中的碗有残留物，应将残留物合在同一碗中，由传送带终端整理碗筷的工作人员将残留物倒入泔水桶中。

（2）在传送带上整理碗筷时，若发现装盛筷子的容器已满，应及时将筷子集中倒入指定地点。

（3）在传送带终端整理碗筷的工作人员若发现托盘上有筷子时，应先将筷子集中放入装筷子的盛器中，不得任其连同泔水倒入泔水桶中。

（4）在传送带终端整理碗筷的工作人员在将碗及托盘上的泔水倒入泔水桶中后，应将碗、筷、托盘分类放在相应的盛器中，不得将其丢在地面上。

（5）当泔水桶已满时，应及时更换泔水桶，并将已满的泔水桶拖至指定的地方存放，存放时应加盖密封盖好。

（6）在传送带终端整理的工作人员应注意观察能否应付整理工作，若发现不能，则应注意调节传送带的速度或及时向组长通报情况，并由组长根据人手情况，决定是否派人前去协助。

（7）清洗碗筷、托盘的工作人员在工作期间应戴好手套，以免因热水等灼伤皮肤。

（四）托盘的清洗

（1）工作人员事先应用50～60℃的温水注满一餐具清洗池，并以1～1.5千克洗洁精兑200千克水的比例兑好洗洁精；同时用清水注满另一餐具清洗池。

（2）将托盘上的残留物倒入泔水桶后，工作人员应及时到传送带终端将托盘抬到水池旁。

（3）清洗托盘时，应事先戴好手套，并将托盘完全浸没在温水清洗池中，并用刷子或抹布擦洗托盘，擦洗时应注意将托盘上的杂渍和油渍等清洗掉。

（4）擦洗好托盘后，再将托盘浸没在清水清洗池中，用清水清洗至无洗洁精泡沫为止，然后将托盘上的水倒掉，将其送到消毒柜中或在100℃的开水中浸泡消毒。消毒后将其用盛器装好送至餐厅使用。若当餐不使用则应将其置放在指定的地方，并用纱布盖好，但不得着地存放。

（5）将托盘放入盛器中前，工作人员应先检查托盘是否还有油渍或杂渍等，若有，则应重新清洗。

（6）清洗托盘水池中的水应及时更换。

（五）筷子的清洗和消毒

（1）先将筷子放在用以1～1.5千克洗洁精兑200千克水的比例兑好洗洁精的温水（50～60℃）中搓洗干净后，再用清水将筷子上的洗洁精泡沫洗净后放到消毒柜中消毒。

（2）消毒前，工作人员应先用不锈钢盛器装盛好。将筷子摆放在不锈钢盛器时，筷头与筷尾不得错落摆放，按筷头与筷头，筷尾与筷尾放置。

（3）消毒好的筷子应将其倒入专用的盛器或其他的盛器中，并及时送至餐厅使用。若当餐不使用则应将其置放在指定的地方，并用纱布盖好，但不得着地存放。

（六）碗的清洗和消毒

（1）在将碗上的残留物倒入泔水桶后，工作人员应及时将碗放入事先兑好的温水［洗洁精和水的比例是（1～1.5）/200，并且水温应在50～60℃之间］中进行清洗。清洗碗时，应戴好手套。

（2）经清洗后无杂渍的碗，应将其放入洗碗机的齿轮中。在放入齿轮中时，应注意以下几点。

① 正面应朝向洗碗机里面。

② 不得有两个以上（含两个）的碗重叠在一起。

（3）洗碗机齿轮的速度不应调节得过快，应保证碗能在洗碗机内以水温在85℃以上冲洗并消毒40秒以上。

（4）在洗碗机终端拣碗的工作人员在拣碗时，应注意以下几点。

① 事先戴好干净（或经消毒水清洗过）的手套。

② 检查碗有无油渍、杂渍，若有则应在事后将其重新进行清洗和消毒。

③ 变形的碗应与其他的碗相隔离。

④ 菜碗、饭碗或大碗、小碗应分开放置。

⑤ 碗应侧排在不锈钢盛器中，不锈钢盛器应离地着放。

（5）经清洗和在洗碗机中冲洗、消毒的碗用不锈钢盛器装盛好后，应放置在消毒柜中用蒸汽消毒10～15分钟。

（6）餐具消毒在达到消毒效果后应趁消毒柜餐具温度最高时完全关闭进汽阀门，立即开启消毒柜的门，让餐具在降温的过程中自然蒸发餐具的水分。

（7）经消毒柜消毒好的碗应及时送至餐厅使用；若本餐暂时不使用，则应将其置放在指定的地方，并用纱布盖好，但不得着地存放。

（七）马勺、菜勺、菜铲等的消毒

马勺、菜勺、菜铲等使用完后，工作人员应按规定的操作方式进行清洗，并将马勺、菜勺、菜铲等积水倒干后，放到电子消毒柜中消毒30分钟或放在蒸笼中用蒸汽消毒10～15分钟。

（八）菜盘的清洗

（1）各酒楼负责人可根据本酒楼的实际情况，自行安排菜盘清洗的时间。

（2）工作人员清洗菜盘时应戴好手套，以免被盐水、碱水、热水等灼（烫）伤皮肤。

（3）清洗菜盘前，工作人员应先将50～60℃的温水注满一餐具清洗池，并以1～1.5千克洗洁精兑200千克水的比例兑好洗洁精；同时用清水注满另一餐具清洗池。

（4）在将菜盘上的泔水倒入泔水桶后，工作人员应将菜盘完全浸没在温水清洗池中，并用刷子或抹布将菜盘擦洗，擦洗时应注意将菜盘上的杂渍和油渍等清洗掉。

（5）擦洗好菜盘后，再将菜盘浸没在清水清洗池中，用清水清洗至无洗洁精泡沫为止。

（6）菜盘清洗后，应消毒。工作人员可根据本酒楼的实际情况，采取下列方式之一进行消毒。

① 将菜盘上的水倒干净后送至消毒柜中消毒10～15分钟。菜盘应采取侧排的方式陈列在消毒柜中，以免在消毒时，因蒸汽产生而导致菜盘中有积水。

② 将菜盘完全浸没在温度为100℃的开水中浸泡10分钟，或在温度为95℃的开水中浸泡15分钟。

（7）菜盘清洗的过程中，工作人员应注意避免将未清洗、已清洗但未消毒、已消毒的菜盘着地存放，以免弄脏地面或污染菜盘，同时，将其隔离，以免污染。

（8）未清洗的菜盘建议存放在餐车上；已清洗但未消毒的菜盘建议存放在另一辆餐车上；已消毒的菜盘建议正面朝下存放在炒菜间的货架上，并用纱布盖好，在将已消毒的菜盘置放在货架前，应先做好货架的清洁工作。

（9）清洗菜盘水池中的水应及时更换。

（10）餐具清洗水池不得与蔬菜清洗水池、荤菜清洗水池、拖布清洗水池混用。

（九）注意事项

（1）工作前，根据酒楼规定检查和搞好卫生工作。

（2）根据酒楼规定搞好清洗后卫生工作。

（3）在工作期间应注意避免将杂渍、水等掉至地面；若地面较湿、滑、脏等，应及时清扫干净和拖干，以免地面滑而导致事故发生。

（4）非工作人员不得入内，若有入内的闲杂人员或因公入内的人员应提醒其注意防滑。

（5）在工作期间若发生意外事件（如摔倒），应根据"应急准备与响应管理程序"进行处理。

14-03　餐具擦拭工作规范

餐具擦拭工作规范

一、准备工作

从洗碗间取来经过高温消毒、去污洗净的洁净餐具。准备半桶开水和干净的服务布巾及服务用长托盘，托盘上须铺有干净的服务布巾。

二、餐具的擦拭与摆放

（1）将清洗过的餐具分类放进盛有开水的桶内。

（2）从水桶内将泡过的餐具取出，用服务布巾的一角，将餐具的手柄包好放在左手里。

（3）用右手拿服务布巾的另一角擦拭餐具，擦拭时要快速、用力，擦干水迹，使餐具光亮。

（4）将擦净的餐具分类插入叠好的口布花内，摆放在垫有布巾的长托盘上送入餐厅。

三、擦拭瓷器

（1）从洗碗间取来经过高温消毒的瓷器、将洗净的瓷器去污。

（2）准备好干净的服务布巾和垫有干净布巾的长托盘。

（3）擦拭瓷器。左手拿瓷器，右手拿布巾，按顺时针方向旋转，先擦拭瓷器的正面，再擦拭背面。各种擦拭过的瓷器应达到干净、无污迹、水迹或布丝。

（4）摆放瓷器。将擦拭好的瓷器分类，整齐地摆放在垫有布巾的长托盘上，送入餐厅。

四、擦拭银器

（1）银盘的擦拭方法。清洗后的银盘立即用干净擦布擦干净，整齐地摆放在银器柜中。

（2）擦拭银筷架。清洁后的银筷架立即用干净的擦布擦干净，并轻轻放入托盘，避免相互碰撞，要整齐地摆放在银器抽屉中。

五、擦拭银勺

（1）清洁后的银勺浸入60℃以上的热水中浸泡2～3分钟。

（2）用干净的擦布将浸泡过的银器擦干净。

（3）将擦过的银勺拿到光线强的灯下，检查是否有氧化点或被腐蚀的痕迹。

（4）如有氧化点或被腐蚀的痕迹，需送到有关部门作银器打磨或其他特殊处理。

（5）擦拭过的银勺必须用手拿勺柄，不可以用手指接触到勺的上面部位，避免留下手印。

（6）将擦拭过的银勺整齐地摆放在银器抽屉内。

六、定期做银水洗涤及银面打磨

定期将所有银器送至有关部门做银水洗涤及银面打磨。银器应无氧化点、被腐蚀痕迹或银质褪落现象。

14-04　玻璃器皿擦拭工作规范

玻璃器皿擦拭工作规范

一、清洗
清洗用过的玻璃器皿。

二、热水浸泡
用一个不锈钢器皿放入1/2热水，水温在80℃左右；将清洗过的玻璃器皿，如高脚杯、饮料杯等，倒置浸入热水中，浸泡1分钟后取出。

三、擦拭高脚杯和饮料杯
将擦杯布对角拉开，左手拿住一角，将高脚杯底座放在左手擦布内，用右手拿起擦布另一角，并且用擦布包住右手进入水杯中，然后左右手合作转动水杯，直至将水杯擦拭干净。最后擦拭高脚杯底位。

擦拭饮料杯时用相同于擦高脚杯的方法使用擦杯布，左手拿住饮料杯底座位置，然后转动饮料杯直至擦拭干净。

四、检查
在灯光下检查擦过的玻璃杯，保证干净、无水迹、无破损。

第15章　安全卫生管理规定

15-01　安全管理规定

安全管理规定

一、目的

确保公司各部门工作人员能按照安全生产的要求从事生产活动。

二、范围

适用于公司所有生产与活动的安全管理。

三、职责

（1）员工。必须严格遵守本规定进行作业。

（2）人力资源部和各部门。负责安全工作的培训。

（3）质监部和各部门负责人应对本部门的安全工作进行监督、检查。

四、餐厅安全

（1）餐厅工作人员必须经过卫生防疫部门体检、鉴定，确定无传染病且取得《健康证》后，方能上岗工作，严禁无证上岗或先上岗后取证。

（2）不得采购腐烂变质、"三无"产品，验收人员不得验收腐烂变质、"三无"产品，加工人员不得加工腐烂变质、"三无"产品，服务人员不得出售腐烂变质、"三无"产品。每日剩饭菜必须妥善处理，一旦变质，不得再供应给顾客或本公司员工食用。

（3）饭菜不得有苍蝇、老鼠屎、蟑螂和酸、臭、异味，一经发现，需立即处理，并查处原因。

（4）回收顾客使用过的餐具，应在清洗完后，在消毒柜中用95～100℃以上温度消毒10～15分钟。

（5）喷洒灭蝇等药水的时间最好在晚餐后，喷洒药水时应避开用具或餐具。若用具或餐具有被喷洒，应立即标示，并在次日上班后再重新清洗和高温消毒。灭鼠药应放在远离食品的地方，并有明显的标示。

（6）餐厅内外的下水道盖子应保持完好，若盖子有破损应立即修补，以防老鼠出入；仓库、冰箱下面、水管周围等蟑螂出没的地方应定期画上灭蟑螂笔或喷洒蟑螂药；售菜窗口和餐厅内部苍蝇较多的地方应有灭蝇灯，灭蝇灯应在工作期间打开使用。

（7）所有电气设备的修理和更换，必须由持证电工承担，其他无证人员不得随意修理和更换；门、窗、锁等若有破损应立即修补。

（8）所有消防设施设备应保证完好有效，不得与其他物品混杂，若有破损或故障要通知有关部门及时配换修理；干粉式灭火器使用后应及时送有关部门重新填充。

（9）员工必须按照相应的规定正确使用本部门的设备设施。

（10）餐厅应保持通风、照明度好，地面应平整、干燥，地砖若有破损或翘起应及时修补。

（11）所有的电气设备不得超负荷使用，以免引起火灾；窗口机的电源线和信号线插座一律不得用于其他设备，以免造成线路中断或UPS超载。

（12）临下班前，各部门负责人或值班人员应对本部门内外的安全做好巡视检查，关闭水电、照明、必要的风扇和煤气总阀门，切断各种必要设备的电源，关好门窗。主副食调料等仓库应锁好，钥匙由保管员或本部门负责人保管。

（13）值班人员不得擅自离岗，非经本部门负责人批准，不得留宿其他人员尤其是外来人员。

（14）各餐厅操作人员尤其是从事炒菜、蒸菜、油煎等工作的人员应注意避免被蒸汽、热油等灼伤，并应正确地操作煤气、油锅、蒸汽设备等易导致事故的设备；工作期间不得穿易打滑的鞋，应按本岗位的工作规范及公司的其他规定操作。

（15）工作人员不得擅自离岗，未经本部门负责人批准，不得离开工作场所。

（16）若餐厅出现火灾、盗窃、煤气中毒、食物中毒等情况应根据规定处理。

（17）各餐厅操作间内严禁吸烟。工作期间（除因公接待客人）任何人不得喝酒。

五、办公室安全

（1）本规定所指的办公室是指公司领导以及各餐厅（部门）负责人所使用的办公室。

（2）办公室的门窗必须保存完好，若有破损应立即通知有关部门前来维修配换，以防被盗或雨淋等不安全情况发生。

（3）办公室应通风、照明度好，地面应平整，地砖有翘起或破损要及时修补。

（4）办公室电脑、电气设备等，未经培训或未经本部门负责人批准不得使用，以免损坏或触电。

（5）办公室所有电气设备的维修或更换，必须由持证电工承担，其他人员不得随意修理或更换。

（6）办公室所有的电气设备必须注意避免超负荷使用，以免引起火灾。

（7）重要的文件、资料、档案等不得堆放在办公桌上，使用完毕后，立即放回档案柜，不得置留在桌面上；人员离开办公室时，应将桌面上使用的文件、资料、档案等收齐放回档案柜中，锁好。

（8）下班后，必须将所有的电源切断，关好门窗；档案柜应锁好。

六、车辆驾驶安全

（1）本规定所指的车辆是指本公司拥有的各类工作所需的车辆。

（2）严禁无证驾驶公司车辆，驾驶员不得将车辆交给任何无证人员驾驶，也不得将车辆交给未经总经理或办公室批准的人使用。

（3）开车前，驾驶员必须认真检查刹车、制动器、喇叭、前灯、后灯、转向系统等是否良好，不符合要求时应立即修理。严禁驾驶安全设备不全或机件失灵的车辆。

（4）驾驶员在身体不适或不能保证安全行车时，不得担任驾驶工作。

（5）驾驶员行车时，必须集中精力，严格遵守交通规则，确保交通安全。

（6）驾驶员行车时应遵守下列规定。

① 严禁酒后开车。

② 严禁超速行驶。

③ 严禁超载行驶。

④ 若超车过程中有可能与对面来车会车时，不得超车。

⑤ 不准超越正在超车的车辆。

⑥ 不准穿拖鞋驾驶车辆。

⑦ 驾驶车辆时不准抽烟、饮食、与人闲谈或其他妨碍安全行车的行为。

（7）汽车倒车、调头时，应注意地形和四周情况，并用喇叭或手势请周围的车辆或行人避让。

（8）车辆未停稳之前，不准打开车门和上、下人，开车门时要注意周围的情况，不得妨碍其他车辆或行人。

（9）随车携带的消防灭火器材要保证完好有效；若有破损或故障要及时维修、配换。

（10）停泊车辆应安全可靠。为防止偷盗要上安全锁，并锁闭门窗；司机取车时，应注意车辆有无遭遇意外损伤等情况。

（11）车辆行驶过程中，若出现交通事故应先将受伤者送至医院，并根据规定进行处理。

七、电工安全

（1）电工在工作前应穿戴好绝缘防护用品，自行检查各种工具，保证使用的工具绝缘性能良好。

（2）绝缘鞋不得裸足穿用。

（3）在作业场所检修低压线路和设备时必须停电进行。

（4）尽可能不要带电作业。若须带电工作时，应遵守带电作业的有关规定，并采取可靠的安全措施（如要有专人监护等）。

（5）带电检修或操作电气设备时，不得用湿手或带油、湿手套触摸电气设备。

（6）危险的场所或危险的情况下，严禁带电作业。

（7）严禁在事故处理过程中或其他危险情况下交接班。若交接班过程中有事故发生，应停止交接。由交班人员负责处理事故，接班人员协助。

（8）电工必须熟练掌握触电急救和人工呼吸的方法，以备急用。

（9）若发现有人触电或出现其他事故，应根据"应急准备与响应管理程序"进行处理。

八、焊工安全

（1）焊工在工作前，必须穿戴好工作服和防护用品，不得裸露身体，以防烫伤和触电。

（2）焊工在进行焊接作业前，应仔细检查各种工具如电焊握把与电缆的连接是否牢固、可靠，焊把线皮是否破损，确认一切正常后才能施焊。

（3）焊接前应检查工作场地周围有无易燃、易爆物品；若有应事先清除或隔离。必要时还应配备灭火器等相应的消防设备或有专人监护。

（4）地线连接必须符合安全技术规定，不得将地线随便捆绑或缠绕在被焊接的工件上。

（5）开启电焊机前，应检查电焊机地线是否与工件或其他导体连接，以防短路或触电。

（6）电焊机需改变触点导板、二次线或对电焊机进行检查前，都必须切断电源后再进行。

（7）焊接时，应戴好防护面罩，不得用手或其他物件遮眼，以防弧光伤眼。

（8）在通风不良的条件下进行焊接时，除必须采取防止触电的措施外，还应采取用排风扇排风等措施，保证通风良好，并有专人在外监护。

（9）焊接时如需采用行灯照明，一般情况下应采用24伏的行灯。

（10）焊接用的电缆线接头处必须接触良好，绑扎牢固，做到焊接时接头处"不冒烟"。

（11）焊接电缆的截面积应根据焊接电流和所露电缆长度选用，防止电缆超载过热而引起胶皮损坏、燃烧，造成事故。

（12）停放在露天的电焊设备必须有防雨措施。下雨天禁止焊接作业。

（13）焊工敲焊缝药皮时，必须戴好防护眼镜，防止焊渣溅伤眼睛。

（14）结束或离开现场时，应检查工作场所有无火源隐患，并关闭电焊机。

（15）电焊工作期间所出现的烫伤、触电等事故按"应急准备与响应管理程序"处理。

九、高空作业

（1）凡在离地面2米以上所进行的作业，均属于高空作业。所有高空作业者，不论什么工种，进行作业的时间、地点，也不论专业的或临时的，均应按照本规定执行。

（2）凡患有高血压、心脏病及其他不宜高空作业者，一律不得从事高空作业。

（3）如遇下列情况，应停止露天高空作业。
① 闪电、打雷、暴雨。
② 六级以上的台风或大风。
③ 支架或其他支持物未干，仍有打滑等现象。
④ 高空作业可能发生的其他危险情况。
（4）高空作业现场应划出危险禁区，设置明显标志，严禁无关人员进入；若不设标志，则应有人在危险禁区外维持秩序，告知来往人员注意安全。
（5）若在高空作业使用各种工具，应将其装入工具袋中，不得随处放；若要放在其他部位则应放在不会掉下来的部位，并告诉在下面维持秩序或保护安全或其他相关人员所置放的地点。
（6）登高作业前，应先检查登高工具和安全工具，如梯子、安全带、脚手架、安全帽等。若有不安全的隐患，应加以改进或拒绝登高。
（7）所有高空作业的人员均不得穿硬底鞋。
（8）安全带一般应高挂低用，即将安全带绳端的钩子挂在高的地方，而人则在较低的地方作业。
（9）电焊工在2米以上的高空焊接时，必须找到适当的位置挂好安全带。确实无地方挂好安全带或无地方解决挂安全带的问题，应做好其他防护措施，确保安全操作。
（10）进行高空焊接应先将下面易燃、易爆物品移至安全地带，同时还要采取防护措施，确保所焊下的金属或火花不致伤人或引起火灾等事故。
（11）电焊工所用的焊条应装在焊条桶内，随取随用。用剩下的焊条头应装在铁盒中或找到适当的地方放好，待工作完毕后，一同拿下。
（12）高空作业人员不得从高空往地面抛掷物品，也不得从地面往高处抛掷物品，而应使用绳索、吊篮等较安全的措施传递物品。特殊情况下，若须从高空往地面投掷物品时，地面应有人看管，但以不伤害人和损坏设备为前提。
（13）高空作业所用的小型机具应找到适当位置放好并用绳索、铅丝等绑好。
（14）严禁高空作业时嬉戏打闹、打瞌睡或开小差。

15-02 餐厅卫生管理规定

餐厅卫生管理规定

一、楼面卫生规定
（1）地面不论采用何种材料，都应保持洁净，如大理石地面要天天清扫，定期打蜡上光。

（2）木地板地面要天天清扫，用油墩布擦，定期除去旧蜡，上新蜡并磨光。

（3）餐厅地面如铺地毯，每天应吸尘2～3次。如发现有汤汁造成的污渍时，立即用擦布沾上洗涤剂和清水反复擦拭，直至干净为止。

（4）墙壁及天花板要定期除尘，张贴的壁纸要定期用清水擦拭，以保证清洁美观。

（5）门窗玻璃要每周擦拭，雨天或风天及时擦拭。灯具及各种装饰品要定期彻底擦拭、清扫。

（6）随时清除垃圾、杂物，对餐厅周围的垃圾潲水要经常清洁，餐厅内不准堆放杂物。凡私人用品和扫帚、拖布、垃圾铲等要放在保管室，切忌堆放在顾客洗手的池边或厕所过道中。

（7）厕所要勤冲洗、勤打扫，做到无积尘、无异味。

（8）桌上的服务用品，如调味架等，每餐前应用干净的擦布认真擦拭，调味瓶不能有渍印，花瓶中的水要天天更换。

（9）餐后服务桌要认真清理，桌面要干净，备餐用具要摆放有序，码放整齐，特别要注意消灭蟑螂，并经常更换垫布或垫纸。

（10）备餐室要每天整理，并保持备餐调料柜、家具柜的干净整洁、井然有序。

（11）公共卫生区域，如附近的休息室、走廊等，要认真清扫。

二、清洁卫生检查

（1）工作人员清洁卫生检查，人为因素列为第一，员工每日必先做自我检查，保持身体和衣服清洁，同时各领班人员对所属员工举行复检，凡不合卫生规定的，应严格予以纠正。

（2）工作人员应接受定期健康检查，凡患有开放性肺结核、活动性砂眼、精神病、传染性皮肤病或其他传染病者，应即停止从业，经治愈后，方许再行从业。

（3）餐厅厨房卫生检查，每日清洁扫除彻底做好，不仅要求表面清新，尤以死角的角落处、橱柜、工作台下，用手电筒照射检视其是否整洁。

（4）按规定程序、方法检查餐具、杯具是否洗涤清洁。

（5）检查是否有蛛网、苍蝇、蟑螂、虫蚁、鼠类，并彻底清除。

（6）每天检查饮用水氯量，确认水质是否安全卫生。

（7）排水系统的沟渠、厕所、垃圾等均列入检查，以免有碍环境卫生。

（8）举行清洁大扫除，每周或每月举行1～3次，作为全面性的整理，以求整体经常符合卫生标准。

（9）检查成果，公布绩效，凡优良的个人或单位予以奖励，而不合清洁卫生标准的，予以警告并辅导限时改善，养成良好的卫生习惯。

15-03　员工着装及个人卫生管理规定

员工着装及个人卫生管理办法

一、目的

确保员工在工作期间着装整齐和讲究个人卫生，以符合相关法律法规要求，体现个人和所在部门及本公司的良好形象。

二、范围

适用于各餐厅（部门）全体工作人员的着装及其个人卫生。

三、职责

（1）质监部和各餐厅（部门）负责人负责对员工的着装、个人卫生等情况予以监督。

（2）各部门工作人员需遵照此办法执行。

四、着装规定

1. 工作牌

（1）工作人员上班期间必须佩戴工作牌。工作牌应写明该工作人员的编号或姓名等内容。

（2）工作牌应端正地佩戴在左胸上，不得藏进口袋中，不得反面朝外，应正面朝外并裸露在口袋外。

（3）工作牌若有遗失、破损或不能正常使用等情况时，应及时上报本部门负责人；本部门需及时予以更换。

（4）领取、补领或退还工作牌时，应在"员工工作、生活用品领取登记表"中登记。

2. 帽子

（1）上班期间，一线工作人员必须戴好工作帽，以免头发不慎掉进食品内，造成污染。

（2）戴工作帽时，应将帽檐的中线对准鼻尖，不得歪歪斜斜；刘海、头发应放进帽子中去，不得裸露在帽子外。帽子不得压得过低或抬得过高，而应使帽檐高于眉毛2厘米左右。

（3）工作帽不得随意放置在有油渍、水渍等易弄脏的地方，也不得随意放置在本部门操作场所。

3. 工作衣

（1）上班期间，工作人员必须穿工作衣，不得穿背心、裤衩等进出工作场所。

（2）工作衣不得敞开，工作衣上所有的纽扣（除风纪扣外）均需扣好；有拉链的应将拉链拉至齐胸处。

（3）有翻领的工作衣应将领子理顺好；有领结的应系好领结，并使较短的部分置于较长的部分之上，领结不得歪歪斜斜。

（4）从事餐厅服务或窗口服务期间，应将袖口的纽扣扣好，不得将袖口卷起来。

（5）工作衣的外部不得显露个人物品如纪念章、笔、纸、钥匙扣、项链等，服装的衣袋和裤袋中不得装过大、过厚的物品；从事窗口服务或餐厅服务期间，非经本部门负责人批准，不得携戴手机等物品。

（6）除更衣室外，其他地方不得随意放置工作衣，也不得将工作衣放置在易弄脏的地方。

（7）工作人员进入熟食间、裱花间及窗口服务时要二次更衣。

4. 鞋

（1）在各部门一线的工作人员必须穿本公司规定的防滑鞋上班；工作期间不得穿拖鞋、高跟鞋等易打滑鞋；一些易出现积水或易打滑的工作场所还应穿防滑、防湿的鞋类。

（2）鞋带必须系好，不得有较长的部分裸露在外，以免出现鞋带拖地而导致滑倒。

5. 围裙

（1）在操作间工作的一线工作人员在工作期间，必须系戴围裙，围裙采用不透水、无毒材料制作，以免食品受到污染。

（2）从事窗口服务工作的工作人员必须系好围裙，且其围裙必须无污渍、水渍等。

（3）从事生墩头、炒菜等工种的工作人员可以根据实际情况系戴皮质围裙，以防衣服弄脏。

6. 袖套

根据实际情况，在操作间工作和从事窗口服务期间戴好袖套。

7. 口罩

（1）从事熟食间加工和窗口服务的工作人员在工作前应将口罩戴好，工作期间不得随意脱下口罩。

（2）戴口罩时，应将鼻尖及口部完全遮牢；不得戴破损或有油渍、污渍、潮湿的口罩。

8. 工作用品补领

当工作衣、帽、围裙、袖套、口罩等有破损或遗失时，应及时向本部门负责人申请补领，各部门应及早提供所需物品。工作衣、帽、围裙、袖套、口罩等物品的领取、补领或退还应在"员工工作、生活用品领取登记表"中登记。

9. 工作人员离开的规定

工作人员离开餐厅必须更换工作衣。

五、个人卫生规定

（1）工作服。工作服应经常换洗，并定期消毒。不得穿潮湿，有油渍、污渍等的工作服上班，尤其是从事窗口服务和餐厅服务的工作人员。

（2）头发和胡须

① 头发应经常清洗，不得有油腻、污垢等现象出现。

② 男士不得留超过衣领的长发，不得留长鬓角，不得留超过0.2厘米长的胡须。女士不得留披肩发，若头发长到可盘起来的程度时，在工作时应将长发盘在工作帽中或将其用发卡夹牢。

（3）指甲

① 勤剪指甲，指甲长不得超过0.1厘米。

② 不得涂指甲油。

③ 指甲缝不得有明显的污垢。

（4）洗手

① 工作人员在上岗、进行窗口服务工作前必须洗手消毒。手接触不洁净的物品后，应及时清洗；清洗好的手，应自动沥干或用烘干机烘干，不得用抹布尤其是不干净的抹布抹干。

② 工作人员在上洗手间后应及时洗手。洗手应在洗手间内清洗，不得在操作间内的水龙头中清洗，以免水池或其他食品被污染。

③ 处理垃圾后，工作人员应及时洗手消毒。

④ 接触生鲜食品再加工熟食时，应根据第（1）点重新洗手。

（5）出现传染性肝炎、腹泻、呕吐、发热、咽喉疼痛、皮疹、耳炎、鼻炎、眼炎、伤寒、活动性肺结核等时，工作人员必须向本部门负责人汇报，并及时到医院就诊，由本部门负责人负责调离到不会导致食品污染的岗位或准假休息，直至康复。

（6）工作人员不得使用个人餐具和手去品尝餐厅内待出售的食品或其他制成品。不得使用餐厅内的用具洗澡、洗脚、洗脸、洗衣服等。

（7）工作期间，工作人员不得对着没加盖的食品尤其是熟食及其他制成品咳嗽、打喷嚏等。

（8）上班时，工作人员可以化淡妆，不得化浓妆。一线工作人员在操作期间不得戴戒指、手镯、手表等个人物品。

（9）发现手指、手掌等部位有破伤时，应包扎好，并戴好橡胶手套，以防止伤口感染和污染食品；必要时可向本部门负责人申请休息或调离到其他不会导致食品污染的岗位。

（10）在操作间和售菜窗口内，工作人员不得抽香烟、吃东西、随地吐痰等；若有外来人员入内抽香烟、吃东西、随地吐痰等，应及时制止。因炒菜等需品尝食品时，要用马勺打到小碗中品尝，品尝后的剩余汤汁或食物不得倒入锅中。

（11）工作人员应养成常洗澡的良好习惯。

（12）工作人员必须经卫生防疫部门体检合格并取得"健康证"以及经过卫生知识培训后方能上岗操作，不得无证上岗或先上岗后取证。

六、检查

对员工着装和个人卫生情况,各餐厅负责人或指定专人每日进行自查,质监部负责不定期进行抽查,发现有违反以上规定的,要及时指出,并给予纠正。

15-04 食品接触面卫生控制规程

食品接触面卫生控制规程

一、目的

为了保持设备、工器具产品接触面的清洁,预防因设备、工器具表面不洁给产品造成的污染。

二、适用范围

适用于厨房使用的所有与产品有接触的设备及工器具。

三、管理规定

管理规定见下表。

食品接触面卫生控制规定

谁	哪里	何时	措施	参照	记录
厨师助理	厨房	每餐作业开工前及结束后	按清洁作业规程清洗刀、菜板、铲、勺、锅、灶台。基本步骤如下 (1)清除残渣 (2)清水刷洗 (3)洗净后用洁净的抹布将余水擦干,刀、菜板、铲、勺置于干净的搁架上 (4)用有杀菌效果的洗涤剂将抹布洗净后晾干	厨房设备及工器具清洁作业规程	厨房卫生日检记录
厨房清洁工	厨房	每餐作业结束	清洗绞肉机、搅拌机、托盘、篮筐、洗菜池。基本步骤如下 (1)清除残渣 (2)清水冲洗 (3)用刷沾碱性洗涤剂刷洗 (4)清水冲净 (5)用洁净的抹布将余水擦干	厨房设备及工器具清洁作业规程	厨房卫生日检记录
清洁员	餐具清洁间	每餐服务结束	清洗、消毒所有用过餐具。基本步骤如下 (1)清除残渣 (2)清水冲洗 (3)置于刷洗池,用碱性洗涤剂刷洗 (4)清水冲净洗涤剂 (5)将水沥干 (6)置于消毒柜用蒸汽消毒,温度≥85℃,时间5秒 (7)消毒完后将餐具移入餐具存放间候用	厨房设备及工器具清洁作业规程	厨房卫生日检记录

15-05　人员卫生控制规程

人员卫生控制规程

一、目的

为了避免食品受到来自生产操作人员的污染。

二、适用范围

适用于厨房工作人员的日常卫生管理。

三、管理规定

管理规定见下表。

人员卫生控制规定

谁	哪里	何时	措施	参照	记录
人事主管	公司	招聘新员工时	查验应聘人员的健康体检证	《食品卫生法》	员工健康档案
厨房工作人员	厨房	每次工作前	（1）取下手表、首饰物品 （2）穿着洁净的工作服、帽，并将头发置入帽内。进入冷菜操作间的人员要戴口罩 （3）用具有杀菌效果的EK洗手液彻底清洗手部。洗手步骤如下 ① 清水湿手 ② 取洗手液 ③ 彻底擦洗手部（至手腕），时间不少于1秒 ④ 用清水将洗手液冲净 ⑤ 用消毒纸巾将手擦干（从事带水作业者可免此步）		卫生日检记录
厨房工作人员	厨房	从生品操作转熟品操作时	用EK洗手液将手洗净，或戴一次性手套		卫生日检记录
		去卫生间时	（1）进入卫生间前将工作服挂在门外的衣挂上 （2）如厕后必须用洗手液将手洗净后方可重新作业		卫生日检记录
质监员	厨房	每天	（1）巡查员工卫生守规情况 （2）每月对员工手部涂抹采样一次	微生物检验操作规程	卫生日检记录

15-06　器具设施、卫生清洁规程

器具设施、卫生清洁规程

一、目的

为确保器具、设施的干净、清洁，预防因其不洁而造成污染。

二、适用范围

适用于餐厅的各项器具及地面、天花板等。

三、管理规定

管理规定见下表。

器具、设施卫生清洁规定

清洁对象	方法与步骤	频率	责任人	审核验证	记录
餐具	（1）清除食物残渣 （2）用清水进行初步冲洗 （3）放入自动清洗机进行清洗消毒，清洗机的关键限值 ① 复合洗洁剂配制比例：1：10 ② 主洗温度不得低于55~65℃，后道过水温度不得低于82℃	每个使用周期结束	餐具清洗班操作工	（1）质检员每天进行卫生巡检 （2）每周对餐具的食物接触面做一次涂抹试验，检测细菌总数指标，取样数量不少于5个。具体操作参见"微生物检验规程"	（1）餐具清洗机运行记录 （2）卫生日检记录 （3）微生物检验报告
厨具	（1）清除食物残渣 （2）清水冲洗 （3）晾干	每班工作结束	厨师助理	质检员每天进行卫生巡检	卫生日检记录
篮筐	（1）清除食物残渣 （2）清水冲洗 （3）晾干	每班工作结束	清员	质检员每天进行卫生巡检	卫生日检记录
厨房间地面	（1）将地面扫干净 （2）用拖把沾用漂白粉精配制的消毒液（1：10）拖地	每天下班后	清洁员	质检员每天进行卫生巡检	卫生日检记录
厨房间天花板	清扫	每周一次	清洁员	质检员每天进行卫生巡检	卫生日检记录
食品分装间空气熏蒸	（1）在无作业人员的情况下，关闭门窗 （2）按14毫升/立方米的比例取用浓度为10%的过氧乙酸进行熏蒸 （3）熏蒸作用时间1~2小时	每周两次	清洁员	（1）质检员每天进行卫生巡检 （2）每周做一次空气沉降菌检测	（1）卫生日检记录 （2）微生物检验告

15-07　厨房卫生操作规范

厨房卫生操作规范

一、调味料柜

（1）清理柜中存放的调料或罐头，检查是否过期，有无膨胀，发现有问题的应及时把它们拿出来。

（2）用湿布擦洗柜内，如有污物即用清洗剂擦净。

（3）罐头和固体调料应该分别放入，罐头类一定要用湿布擦去尘土，固体调料（如盐、味精、胡椒等）要放在不锈钢盘中并检查有无变质、生虫。

（4）标准：码放整齐，无杂物，清洁。

二、配菜柜

（1）及时清除配菜台处的一切杂物。

（2）用干布随时擦拭墩面、刀和配菜台上的水迹、血迹、污物等。

（3）保证配菜用的料罐内用料新鲜，用水泡的配料要经常换水，料罐要经常倒换，并用洗涤剂刷干净，然后用清水冲净。

（4）原料换水后，加封保鲜纸，放在大的不锈钢盘中，置入冰箱保存。

（5）标准：料罐干净、整齐，用料新鲜卫生，菜台利落无油垢、无血迹、无水迹，无私人用品。

三、锅

（1）将锅用大火烧至能见红。

（2）放入清水池中用凉水冲。

（3）用刷子刷净锅内的黑糊渣。

（4）标准：干净，没糊点，锅沿没黑灰。

四、灶台

（1）关掉所有的火。

（2）在灶台面浇洗涤剂水后，用刷子刷灶台上的每个角落和火眼周围。

（3）用清水冲至灶台上没有泡沫；灶台靠墙的挡板、开关处及灶箱的油垢一并清理干净。

（4）标准：灶台干净无油垢，熄火时无黑烟。

五、漏水槽

（1）用刷子将槽内的杂物归置漏斗上，提漏斗，将杂物倒入垃圾桶，安好漏斗。

（2）倒入少许洗涤剂，用刷子刷洗整个槽，再用清水冲净。

（3）标准：无杂物、无油垢、水流通畅。

六、不锈钢器具

（1）将器具放在水池内，倒入洗涤剂，用百洁布擦洗油垢和杂物。

（2）用清水冲洗干净至没有泡沫，再用干布擦干。

（3）标准：器具光亮，无油垢、水迹。

七、调料架

（1）将调料罐移至一边，用布沾洗涤剂水将调料架和不锈钢盘洗净、擦干。

（2）把调料罐逐一清理，把余下的固态调料倒入洗净并擦干的料罐，把液态的调料用细箩去掉杂质，倒入洗净并擦干的料罐。

（3）移回原处，码放整齐。

（4）标准：固态调料放在液态调料后面，操作台干净无杂物，调料之间不混杂，料罐光亮。

八、化冻池

（1）检查化冻池的地漏是否通畅，捡去杂物。

（2）用湿布沾去污粉将水龙头等擦洗干净。

（3）用清水冲净，干布擦干。

（4）标准：干净，光亮，无油、杂物；海、禽、肉类分池化冻。

九、冷冻冰箱

（1）开门，清理出前日剩余原料。

（2）用洗涤剂水擦洗干净密封皮条、排风口。

（3）清除冰箱里面底部的污物、菜汤及油污。

（4）用清水擦干净所有原料。

（5）未用的原料重新更换保鲜纸。

（6）按照海、禽、肉分类，原料和半成品分类，依次码放在冰箱内，层次分明，不应堆放。

（7）外部擦至无油、光亮。

（8）标准：整齐、清洁、机器运转正常，风叶片干净，水产品和禽类、肉类原料分开码放，层次分明，密封皮条无油泥、血水异味，不得堆放，注意要放托盘并注意除霜。

十、恒温冰箱

（1）开冰箱门，将目前的剩余原料取出。

（2）需用水泡的原料要换水，原料重新换盘加保鲜纸。

（3）用湿布擦洗冰箱内壁、货架及风叶片。

（4）用清水冲洗掉冰箱的污垢、血水，并擦干。

（5）擦洗密封皮条，使其无油污、霉点。

（6）将整理后的原料按照海、禽、肉分类，原材料和半成品分类放入冰箱，依次码放，不要堆放。

（7）冰箱外用洗涤剂水擦、用清水擦洗后再用干布擦干。

（8）标准：内外整齐、清洁，生熟分开，荤素原料分开，机器运转正常，风叶片干净；冰箱内无罐头制品和私人物品。

十一、油古子

（1）观察剩余的油是否变质。

（2）将有用的剩油过细箩，油底倒掉，过好的油倒入古子里。

（3）脏油古子用洗涤剂洗净后，用布擦干。

（4）标准：光亮、干净，油里无沉淀物，无异味。

十二、不锈钢台

（1）用温布沾洗涤剂擦洗。

（2）用清水反复擦洗上面各部位的尘土。

（3）桌布下部的架子和腿部一样用干布擦干净、光亮。

（4）标准：无水迹、污物、油污，光亮，不粘手。

十三、灭蝇灯

（1）关掉电源。

（2）用干布掸去灯网内的尘土。

（3）用湿布擦净上面各部位的尘土，待其干后，接通电源。

（4）标准：灯网内无杂物和尘土，无死蝇，使用正常。

十四、墙壁

（1）用湿布沾洗涤剂从上至下擦洗墙壁。

（2）细擦瓷砖的接茬。

（3）用湿布沾清水反复2~3次擦净并擦干。

（4）标准：光亮、清洁，无水迹、油泥，不粘手。

十五、地面

（1）用湿墩布沾洗涤剂水，从厨房的一端横向擦至另一端。

（2）用清水洗干净墩布，反复擦两次。

（3）标准：地面光亮、无油污、杂物，不滑，无水迹、烟头。

十六、水池

（1）捡去里面杂物。

（2）用洗涤剂水或去污粉刷洗。

（3）用清水冲净，外部用干布擦干。

（4）标准：无油迹、无异味。

十七、干货储存柜

（1）把柜内外用洗涤剂水擦拭干净。

（2）将干货原料码放整齐，有污物的去掉。

（3）检查干货原料是否有虫。

（4）标准：无变质原料，干净、整齐、清洁。

十八、炊具架

（1）将所有炊具放到一边，用湿布沾洗涤剂水将架子从上至下擦洗干净。

（2）将干净的炊具按勺、漏勺、铲等放在上面，漏盆、笋放在中层，油古子放在下层进行摆放。

（3）标准：摆放整齐干净。

十九、餐具（汽锅、盘、碗）

（1）每天将餐具放入水池内，倒入洗涤剂，用百洁布擦洗，从而去掉杂物和尘土。

（2）用清水洗净，洗碗机内高温消毒至干爽。

（3）放入餐具柜架。

（4）标准：光亮、整洁、无破损、无尘土、无杂物、无水迹，码放整齐。

二十、蒸箱

（1）关好蒸汽阀门。

（2）取出的屉架，放入洗涤剂水中刷洗干净后，用清水冲净。

（3）用干布擦干净蒸箱内壁的油污。

（4）清除底部杂物，放入蒸屉架，关好门待用。

（5）标准：箱内干净，无杂物、污迹，开关阀门使用有效，不漏气。

二十一、鸡蛋筐

（1）生鸡蛋洗净，无鸡粪、草棍。

（2）塑料筐干净。

（3）托盘勤换无蛋汤。

（4）标准：干净。

二十二、油烟罩

（1）先用湿布沾洗涤剂从上至下把油烟罩内壁擦洗干净，油垢较厚处用小刀轻轻刮掉，再用洗涤剂水擦洗。

（2）用干净的湿布反复擦至没有油污。

（3）继续擦洗烟罩的外壁。

（4）标准：烟罩内外光亮，罩内灯光明亮，无油迹。

二十三、仓库

（1）将原料先取出放在一边，用湿布将货架擦干净。

（2）把罐头类擦干净，检查是否依次整齐地码在了货架上。

（3）检查干货原料无生虫、霉变后，放在干净的纸箱里。

（4）检查盐、味精、淀粉和面粉以及液体调料等，将其放在擦干净的不锈钢盘内；松子等零散原料经检查无变质后，集中在一起放在容器内保管。

（5）标准：码放整齐、干净、利落，货架无灰尘，不得存放私人物品，地面无杂物，无烟头。

二十四、刀

（1）将刀在油石上磨亮、磨快后，用清水冲净。

（2）用干布擦干后保存在箱内，不得乱放，保持通风。

（3）标准：刀锋利，刀面无锈迹。

二十五、墩子

（1）每天将墩子放入池中，热水冲洗。

（2）用大锅沸水煮20分钟。

（3）擦干后竖放，保持通风。

（4）标准：墩面干净、平整、无霉迹，不得落地存放。

二十六、货车

（1）用湿布沾洗涤剂水从上至下擦干净车身各部位，用前用后要保洁。

（2）标准：车面光亮，无油泥、污迹，车轮无油泥，转动灵活。

二十七、不锈钢柜子

（1）取出柜内物品。

（2）用温洗涤水擦洗四壁及角落，再用清水擦净擦干。

（3）把要放的东西整理利落、干净，然后依次放入柜内。

（4）把门里外及柜子外部、底部、柜腿依次用干布擦去油污，再用清水擦净后，用干布把碟外部擦至光亮。

（5）标准：柜内无杂物，无私人物品，干净、整洁，外部光亮、干爽。

二十八、烤鸭间

（1）每天清理烤鸭炉。

（2）烤鸭要挂在鸭架上，下面垫托盘接血水。

（3）烤鸭时鸭坯不得贴墙挂。

（4）冰箱内鸭坯与鸭酱、鸭架、黄瓜、葱分开存放。

（5）鸭架和垃圾及时清理。

（6）在存放的冻鸭化冻时不得拆箱，不得将鸭子直接放在地上。

（7）不用的纸箱及时清理干净。

（8）麦芽糖加盖防尘、防虫。

二十九、蔬菜筐

（1）每天清理，保持蔬菜新鲜，无腐烂变质。

（2）塑料筐干净，托盘干净。

15-08　加工间卫生操作规范

加工间卫生操作规范

一、不锈钢桌子
（1）用加入"洗涤灵"的水将桌面和桌腿擦净。
（2）用清水擦净。
（3）用干布擦一遍，使桌子各部位没有油迹。
（4）标准：桌面光亮，用手摸各部位不粘手。

二、柜子
（1）用洗涤剂水先从内部再到表面擦洗一遍。
（2）清水冲洗，使内部不含任何杂物。
（3）擦干。
（4）标准：柜子里干净，表面光亮；柜子里不乱放杂物和私人物品。

三、水池子
（1）捡去里面杂物。
（2）用洗涤灵水或去污粉刷洗。
（3）用清水冲净，外部用布擦干。
（4）标准：没有油迹，没有异味，下水管道通畅。

四、鱼缸
（1）将鱼缸的玻璃用无油的湿布擦净，鱼缸里的水要经常换。
（2）标准：玻璃晶莹透亮，无异味，水清澈透明。

五、绞肉机、切片机
（1）两种机器用完后，将机头和刀片拆下来。
（2）用洗涤剂水冲洗。
（3）用清水冲洗干净。
（4）标准：机器内不留残余物，无杂物，外表干净，无油、无血渍和其他脏东西。

六、墙面
（1）用湿布沾洗涤剂，从上至下擦洗墙壁。
（2）擦洗瓷砖的接茬处。
（3）用湿布沾清水反复擦2～3次，擦净。
（4）擦干。
（5）标准：光亮清洁，无水渍、油泥，不粘手。

七、地面
（1）用湿墩布沾上温水冲制的洗涤剂水，从厨房的一端横向擦至厨房的另一端。
（2）用清水洗干净墩布反复擦两次。

（3）标准：地面光亮，无油污和杂物，不滑、无水迹、无烟头。

八、冷库

（1）用洗涤剂水擦净冷库货架。

（2）擦净冷库的风叶片。

（3）地面用洗涤剂水冲刷后，再用墩布擦干。

（4）各种原材料和半成品须加封保鲜纸。

（5）水产品、肉类、禽类、蛋类、蔬菜类等各种原料和半成品依次分开码好。

（6）标准：整齐清洁，货架和地面无血水，风叶片干净，无异味，机器运转正常。物品不能压在一起，以防冷冻不透，物品变质。不得落地堆放。

九、磨浆机

（1）将磨浆机用水刷洗后，用清水冲净。

（2）出浆后的锅及机器用百洁布和水擦洗，清水冲净后待用。

（3）标准：锅内及机器上不留残余及污点。

十、蔬菜库

（1）用湿布和洗涤剂水擦洗库内铁架子。

（2）随时擦净地面。

（3）将洗净的蔬菜与未洗净的蔬菜，分开摆放整齐。

（4）标准：库内干净整洁，无异味。注意先进先出。

十一、菜墩、砧板

（1）用前和用后用洗涤剂、板刷将墩、板面刷至无油，用清水冲净。用时用万分之三的优氯净消毒。

（2）用后刷洗干净并竖放在通风处。

（3）每星期至少三次把墩子放入蒸箱内或汽锅中蒸煮20分钟。

（4）标准：干净、无污、无油，无霉迹。

十二、刀具

（1）所有刀具应随时磨亮，去锈迹，用时消毒。

（2）用后清洗擦干，放在干燥通风的专用地点。

（3）标准：光亮、无锈、无油、无污物。

十三、鱼池

（1）定期把鱼池内外用洗涤剂水擦干净，保证无油。

（2）用清水冲洗干净。

（3）标准：干净无油、无异味、无污物。

十四、海参桶

（1）外部用无油的湿布擦干净。

（2）桶内常换水。

（3）标准：干净无杂物，注意先进先出的原则。

十五、下水槽

（1）随时捡出槽内污物。

（2）用去油剂刷后再用热水冲净。

（3）每天打开，把槽内清洗干净。

（4）标准：无臭味、异味，无油、无杂物，下水通畅。

15-09　面点间卫生操作规范

面点间卫生操作规范

一、冰箱

（1）开门，清理出前日剩余原料，擦净冰箱内部及货架、冰箱密封皮条和通风口。

（2）放入冰箱内的容器必须擦干净，所装的食品应加封保鲜纸，底部不能有汤、水等杂物。

（3）冰箱外表用洗涤剂擦洗，无油污后用干布擦光亮。

（4）做好消毒工作。

（5）标准：外表光亮无油污，内部干净无油污、霉点，码放整齐，食品不堆放，无异味。

二、烤箱

（1）把烤箱擦干净，重度不洁用洗涤剂水清洗，用干布擦干。

（2）烤箱用完冷却后，把烤箱内清理干净。

（3）标准：内无杂物，外表光亮，把手光亮。

三、大理石台面

（1）用前要用湿布把上面擦干净，用万分之三的优氯净消毒液消毒。

（2）用后把杂物清理干净，用洗涤剂清洗去除油污，用水擦洗光洁，随时保持周围及底部的光亮，无污点；把底部的东西码放整齐。

（3）标准：周围和底部干净、光亮。

四、发箱

（1）每日清洁发箱内及架子，外表擦至光亮。

（2）发箱内的水每次用完都要更换一下。

（3）标准：干净，光亮。

五、水池

（1）捡去水池内的杂物，用洗涤剂去掉油污。

(2)用洗涤剂擦洗台面,再擦柜子内、门、底部、柜角,保证无油污,无尘土。

(3)标准:无杂物及堵塞,干净。

六、不锈钢台子

(1)每天用洗涤剂擦洗台面、底部及台子腿,擦去油污,用清水擦洗并抹干。

(2)标准:干净、光亮、无油污、尘土。

七、案板

(1)工作前要用湿布将案板清理干净,去掉案板上的杂物,以便于操作。

(2)使用原料要码放整齐,剩余物品需及时清理。

(3)工作完成后,用湿布沾水将案面擦洗干净。

(4)标准:干净,无杂物,无面迹。

八、工具抽屉

(1)所有面棍及用具须用温水擦拭干净后才可放入抽屉。

(2)标准:整齐干净,无污迹、杂物。

九、不锈钢货架

(1)用温水刷净饺子板。

(2)两个板对放,码放整齐。

(3)用去油剂擦净油桶表面。

(4)用温水擦净货架表面。

(5)标准:饺子板干净;油桶、货架干净光亮,无杂物。

十、不锈钢案及抽屉

(1)工作前将案面用清水擦干净,下层架面不可放杂物。

(2)抽屉内用清水或洗涤剂经常擦净。

(3)盛放玉米粉的容器表面经常用水擦净,打春卷皮的面粉袋应放在容器内,表面用布擦净;用湿布擦净抽屉里外,用干布擦干。

(4)标准:干净,整齐,无面粉,无杂物。

十一、菜墩

(1)保持墩面干净,用前和用后用洗涤灵刷洗至无油,用清水洗净。

(2)用万分之三优氯净消毒;用后竖放在通风处。

(3)标准:无油、干净、无霉迹。

十二、调料罐

(1)调料罐每天清洗一次,吹干后装入调料。

(2)随时保持罐的清洁,不用时把盖子盖好,防止落入杂物。

(3)标准:调料分类、不变质,干净整洁。

十三、灶台煎扒炉

(1)操作前用洗涤剂将油锅刷至无油。

（2）用后剩油倒入油古子中，油古子要求每天用洗涤剂清洗干净，无杂物。

（3）手勺、漏勺应洗干净，整齐放好。

（4）煎扒炉使用后应用温水将表面擦干净。

（5）标准：干净，整洁，无杂物，码放整齐。

十四、汽锅

（1）使用前用温水刷净。

（2）使用后用水冲洗干净。

（3）标准：无米粒、污迹，明亮。

十五、地灶

（1）使用前冲洗干净。

（2）使用中码放整齐，不散落米粒。

（3）使用后用水冲洗干净。

（4）标准：无米粒，干净。

十六、笼屉货架

（1）盛米饭的笼屉表面须保持干净，无米粒；用清水擦净。

（2）把笼屉整齐码放在货架上。

（3）标准：无米粒。

十七、操作案板架

（1）工作前用清水擦净操作案板架，工作时随时保持整洁。

（2）案秤、米盆、搅刀、盆内外使用前后均应擦净。

（3）标准：干净，无面粉，无污粉。

十八、和面机、压面机

（1）使用前用清水擦净设备表面，刷净面桶。

（2）使用中应注意避免将粉及杂物散落到各处。

（3）使用后将设备用湿布擦净。

（4）标准：干净，无面粉、无污粉。

十九、货车

（1）使用前将车擦净，用去污剂从上到下擦去油污，再用清水擦净。

（2）车上的容器清理干净后放回原处，同时把车用湿布擦净。

（3）标准：干净，无污物，光亮。

二十、灶台

（1）使用前要清理干净，把锅、手勺、漏勺等刷洗干净，捡去灶台上的杂物，用去油剂把灶台刷一下，用水冲净。

（2）使用中注意保洁，使用后进行清理。

（3）标准：无杂物，整洁，光亮。

二十一、操作台及下面货架

(1) 使用前后将台面及下面先用湿布擦拭,后用干布擦干,将容器放整齐。

(2) 标准:干净整齐,无杂物,无油泥。

二十二、库房

(1) 库房内地面要每天擦净,墙上无油污。

(2) 随时将货架及所有桶擦净,货物摆放整齐,大笼屉整齐地码放在货架上,小笼屉放入笸箩内。

(3) 标准:整齐、干净、光亮,无杂物,无私人用品。

Part 3 餐饮企业管理表格

第16章　楼面服务管理表格

16-01　点菜单

点菜单

日期		台号		人数		服务员	
凉菜							台号： 编号：
主食、小吃							台号： 编号：
烧、汤、蒸菜							台号： 编号：
炒菜							台号： 编号：
酒水							台号： 编号：
金额总计		¥					
实收金额		仟	佰	拾	元	角	分

注：不作报销凭证。

说明：本单共四联，第一联收银员用（白色）；第二联传菜员用（粉红色）；第三联厨房用（草绿色）；第四联服务员用（蓝色）。

16-02　加菜单

加菜单

日　期	服务员	人　数	台　号

数　量	项　目	金　额

说明：加菜单分为白色、粉红色、草绿色、蓝色一套四联单。白色联交收银员；粉红色联交传菜员；草绿色联交厨房；蓝色联留服务员交财务。

16-03　酒水单

酒水单

日　期	服务员	人　数	台　号

数　量	项　目	金　额

说明：酒水单分为白色、粉红色、草绿色一套三联单。白色联、草绿色联留收银台；粉红色联交吧台。

16-04　茶点单

茶点单

日　期	服务员	人　数	台　号

品种	单价	数量	金额

说明：本单共三联。第一联收银台用（白色）；第二联为小吃房用（粉红色）；第三联交吧台（草绿色）。

16-05　订餐单

订餐单

年　月　日

宾客姓名	用餐时间	人数	台号

用餐标准：

有何特殊要求：

处理情况　　　承办人：

16-06　餐饮工作通知单

餐饮工作通知单

分送单位：1.总经理、副总
　　　　　2.酒吧、厨房、柜台经理　　　制表单位：餐饮部＿＿＿＿＿＿
　　　　　3.财务组

年　月　日

顾客公司行号：＿＿＿＿＿＿＿＿＿　　人　　数：＿＿＿＿＿＿＿＿
地　　　址：＿＿＿＿＿＿＿＿＿＿　　电　　话：＿＿＿＿＿＿＿＿
项　　　目：＿＿＿＿＿＿＿＿＿＿　　场　　所：＿＿＿＿＿＿＿＿
Day＿＿＿＿＿＿Date＿＿＿＿＿＿　　时　　间：＿＿＿＿＿＿＿＿

工作人员 价格 租金 服务费　　税 ％　　％	领班	
酒　吧 饮　料 开　费 供应时间 其　他		供应时间：＿＿＿＿＿＿
安排者检查	备注	布置

16-07　餐饮部订席记录表

餐饮部订席记录表

年　月　日

订席日期	时间	顾客姓名	地址电话	人数	性质	场地	价格	接洽人	备注

（此为餐饮部订席专用，每日一张，合订成本，随时查阅记录）

16-08　退菜换菜单

退菜换菜单

桌号：　　　　　服务员：　　　　　　　　　　　　　　　年　月　日

时间	菜名	退菜换菜原因	前厅、厨房审核

备注：

说明：本单分两联，第一联白色，送收银台；第二联黄色，送厨房。

16-09　需用餐具物品清单

需用餐具物品清单

桌号		人数		服务员		餐具物品到位时间
瓷器：						
玻璃器皿类：						
不锈钢、金银器皿类：						
布件类：						
桌椅类：						
其他类：						

16-10 宾客意见表

宾客意见表

尊敬的贵宾,感谢您光临××餐厅。为了不断地提高我们的菜品质量,更好地做好服务工作,请让我们占用您一分钟的时间,希望您留下宝贵的意见,谢谢!

项目	内容	很好	一般	较差
菜品	口味			
	数量			
	上菜速度			
服务	规范			
	微笑			
	用餐环境			
其他				

嘉宾姓名: 　　　　　　　　　　　日期:

16-11 餐厅内部餐具借用单

餐厅内部餐具借用单

借用部门:

品名	数量	借用日期	归还日期	备注

借用人: 　　　　　　　　　　　归还人:

16-12 楼面工作周报表

楼面工作周报表

经营状况 （上座率）	区域 时间	大厅	一楼包间	二楼包间
	午			
	晚			

服务项目	质量	
	服务	
	分量	
	速度	
	新菜	
	其他	
顾客意见		
重大事件		
本周工作总结		
下周计划		
备注		

时间： 年 月 日

16-13 团体餐临时通知单

团体餐临时通知单

团体名称		外宾人数		内宾人数	
餐　位		标准		付款方式	
备注：					

接受人：

16-14 楼面服务质量检查表

楼面服务质量检查表

检查人： 　　　　　　　　　　　年　　月　　日

检查项目	检查内容	等级			
		优	良	中	差
一、用餐环境	1.地面是否清洁，无积灰				
	2.墙面有无污痕或破损处				
	3.门、窗是否干净，无灰尘				
	4.餐桌、座椅是否摆放整齐，无油污、无水渍、无破损				
	5.工作台中的餐具、物品是否准备整齐，留足备用品				
	6.盆景花卉是否有枯叶出现，叶面是否无灰尘				
	7.装饰物、相框是否破损、积尘				
	8.灯光照明是否正常，灯泡有无破损，是否需要更换或修理				
	9.餐厅通道有无障碍物				
	10.菜单是否有缺页、破损的情况				
	11.背景音乐是否符合用餐气氛，音量是否过大或过小				
	12.整个餐厅是否干净、有序				
二、仪容仪表	1.服务人员是否按餐厅规定着工作装				
	2.工作制服是否干净、无皱褶、无破损				
	3.服务人员是否将工作牌端正地佩戴于左胸前				
	4.女服务员是否化淡妆				
	5.女服务员是否将头发束于脑后				
	6.男服务员是否将头发留在耳后				
	7.男服务员是否剃干净胡须				
	8.指甲是否修剪过，不露出指头之外				
	9.男服务员是否穿深色鞋袜				
	10.女服务员是否穿肉色长袜，线袜有无滑丝或破损				
三、服务规程	1.迎送客人是否使用礼貌用语				
	2.对客人是否以礼相待				
	3.在客人入座时，是否为客人端茶送巾				
	4.客人点菜时，是否向客人做菜品介绍及餐厅特色菜、风味菜的推荐				

续表

检查项目	检查内容	等级			
		优	良	中	差
三、服务规程	5.客人点菜完毕，是否复述，并询问客人有何特殊的要求				
	6.斟酒是否符合操作程序				
	7.能否熟练地使用托盘为客人送食品				
	8.为客人上菜时，是否向客人介绍菜名				
	9.能否迅速、准确地为客人切分整鱼、整鸡、整鸭等菜				
	10.是否及时、准确地更换烟灰缸				
	11.撤换餐具时，客人是否满意				
	12.结账是否准确无误				

第17章 宴会管理表格

17-01 宴会洽谈表

宴会洽谈表

客　　户：	客户代表：
联系电话：	联系电话：
联系地址：	联系地址：
宴会类别：	宴会时间：
宴会人数：　　桌，人。	宴会场地：
宴会标准： 菜品_____　价格_____元； 饮料_____　价格_____元； 酒水_____　价格_____元； 其他_____　价格_____元； 共计：　　　　　　　　　　元。	备注： 餐厅经办人：_____

17-02 一般性小型宴会预订单

一般性小型宴会预订单

宴会日期		时间	
联系人姓名		电话	
地址			
人数或桌数		每人（台）标准	
有何忌食			
宴会厅要求			
付款方式		预订金	
处理情况			
预订日期：		承办人：	

17-03 大型、中型宴会预订单

大型、中型宴会预订单

预订日期		预订人姓名	
地址		电话	
单位		地址	
宴会名称		宴会类别	
预算人数		保证人桌数	
宴会费用标准		食品人均费用	
		酒水人均费用	
具体要求	宴会菜单		酒水	
	宴会布置	台型 主桌型 场地 设备		
确认签字		结账方式		预收定金	
处理			承办人		

17-04 宴会合约书

宴会合约书

宴会日期：　　年　月　日

宾客姓名：＿＿＿＿＿＿＿＿＿＿　　联系电话及地址：＿＿＿＿＿＿＿＿＿＿
付款人姓名：＿＿＿＿＿＿＿＿＿　　联系电话及地址：＿＿＿＿＿＿＿＿＿＿
租用餐厅：＿＿＿＿＿＿＿＿＿＿
服务费用：＿＿＿＿＿＿＿＿＿＿
订餐桌数：＿＿＿＿＿＿＿＿＿＿　　保证人数：＿＿＿＿＿＿＿＿＿＿
餐价合计：＿＿＿＿＿＿＿＿＿＿　　定金：＿＿＿＿＿＿＿＿＿＿
付款方式：＿＿＿＿＿＿＿＿＿＿
菜单内容：＿＿＿＿＿＿＿＿＿＿＿＿＿＿＿＿＿＿＿＿＿＿＿＿＿＿＿＿＿
　　　　　＿＿＿＿＿＿＿＿＿＿＿＿＿＿＿＿＿＿＿＿＿＿＿＿＿＿＿＿＿
宴会摆设及相关事项：＿＿＿＿＿＿＿＿＿＿＿＿＿＿＿＿＿＿＿＿＿＿＿
　　　　　　　　　　＿＿＿＿＿＿＿＿＿＿＿＿＿＿＿＿＿＿＿＿＿＿＿
　　　　　　　　　　＿＿＿＿＿＿＿＿＿＿＿＿＿＿＿＿＿＿＿＿＿＿＿
餐厅：
宾客签名：　　　　　　　　　　　　　　　　　　年　月　日

17-05　宴会订单（工作人员用）

宴会订单（工作人员用）

客人名称		公司名		电话	
地址					
宴会性质			日期与时间		
地点					
预算人数			保证人数		
结账方式					
每位价目（食物）			餐单		
每席价目（食物）					
每位价目（饮品）					
每席价目（饮品）					
酒水					
摆设和服务要求					
设备要求					
其他安排及收费					
指示牌					
联络人			电话		
备注					

17-06　宴会预订周汇总表

宴会预订周汇总表

日期 星期	时间	地点	主办单位	重要客人	人数	标准	酒水	工作餐	特殊要求	变更情况	联系人
月 日 星期一											
月 日 星期二											
……											
月 日 星期六											
月 日 星期日											
备注											

17-07　宴会订单记录表

宴会订单记录表

编号：

预订人名称		电话		菜单
主办单位		主办人		
宴会人数		重要客人		
宴会日期		时间		
每人标准		场租		
形式		休息室		
地点		司陪		
酒水要求		乐队		
烈性酒		音响		
葡萄酒		麦克风		
软饮料		鲜花		
台型		特殊要求		
付款方式		接洽人签字		
接洽日期		经手人		

17-08　宴会变更通知单

宴会变更通知单

发文日期：	年　　月　　日		
宴会名称：			
日期：		场地：	
联络人：		电话：	
变更项目　　　　原案　　　　修订为 日期 时间 人数/桌数 场地 餐价			
□其他变更项目		□增加项目	
宴会销售组：			
□总经理	□餐饮部	□宴会部	□财务部	□工程部
□西　厨	□信用部	□饮务部	□餐务部	□保安部
□采购部	□中　厨	□花　房	□美工冰雕	□前厅部

17-09　宾客意见调查表

宾客意见调查表

亲爱的客户：
　　感谢您使用××酒楼国际宴会厅，希望我们的各项设施和服务确实让您无后顾之忧。现在占用您一分钟时间，我们很想知道您对本酒楼宴会厅的满意程度，您珍贵的意见将是我们改进的目标。
　　顾客姓名：　　　　　　　　　公司名称：
　　联络电话：　　　　　　　　　联络地址：
　　宴会日期：　　　　　　　　　宴会类型：

　　请在□打√：

	十分满意	满意	不满意
订席接待	□	□	□
服务品质	□	□	□
服务态度	□	□	□
食物品质	□	□	□
场地设施	□	□	□
整体满意度	□	□	□

　　其他建议：

　　您是否会再度光临，或将本宴会推荐给您的亲友？
　　□十分乐意　　　　□可以考虑　　　　□不会
　　感谢您的批评与指教，××酒楼竭诚欢迎您再度光临。

宴会部经理

17-10　宴会服务工作安排表

宴会服务工作安排表

年　月　日

项目	台号	值台服务员	传菜员	宴会负责人
午餐				
晚餐				
备注				

17-11 宴会服务人员清洁卫生安排表

宴会服务人员清洁卫生安排表

年　月　日

姓名	项目	要求	结果
	地毯	无渣、无灰尘，干净	
	窗台、窗户	擦洗干净，无灰尘，洁净明亮	
	花台	保持清洁，摆放整齐	
	托盘	干净，摆放整齐，点清数量	
	吧台	干净，整洁	
	门、卫生间	保持整洁，无烟头	

第18章　厨房管理表格

18-01　菜品档案表

菜品档案表

品名		菜系	类别	味型	烹制方法	
主　料						
辅　料						
调　料						图片
制作过程						
操作要领						
成菜特点						
由　来						
成本核算						
毛利率/%		建议售价		制作人		经理审批

18-02　定人定菜定岗表

定人定菜定岗表

姓　名	负责菜品	姓　名	负责菜品

说明：餐厅的菜品少则几十道，多则几百道。如果让每个厨师都掌握所有菜品的话，势必有难度，因此可将本酒楼的特色菜定人定岗。

18-03 厨房经理每日检查表

厨房经理每日检查表

厨房经理_____　　　　　检查时间：　　年　　月　　日

分类	检查内容	优	中	差
各岗位必查内容	按要求验收购进物品质量、数量			
	计划进货，保证供应			
	禁购标识不合法的原材料			
	厨房设备、设施是否完好，安全			
	员工工衣、厨帽是否完整、洁净			
	重点菜品、新推菜品、汤料的抽检合格率			
	严防不合格菜品出堂			
	下班后各加工间安全、卫生检查			
	原材料加工是否合理，质量是否新鲜			
	菜品的分量是否准确，装盘是否美观			
	下班后各原材料、食品的保管和遮盖，严防异物掉入			
调料	各种调料新鲜，准备充足，整体清洁卫生			
	各种汤料按标准投料			
	掌握各种汤料熬制火候			
	燃、灶、锅具的安全使用及完好			
	下班后各种汤料遮盖，严防异物掉入，各种调料按要求保管			
	各种用具摆放有序			
小吃	小吃的加工符合卫生要求			
	小吃品的色泽一致、大小均匀，符合出堂要求			
	小吃要求新鲜、无异味			
	加工间用具摆放整洁			
	冰柜食品按要求遮盖保管，摆放有序，冰柜运转正常，达到所需温度			
粗加工	严禁对不合格产品进行加工			
	各种原材料摆放整齐、分类明确			
	各种原材料整理、清洁有序			
	加工后各种原材料干净、无异味			
	符合精加工要求，按要求保管和遮盖，严防异物掉入			

续表

分类	检查内容	优	中	差
精加工	各种原材料按要求进行加工			
	不同原材料的刀工处理			
	严禁对不合格产品进行加工			
	冰柜食品摆放、进出有序，无血水，无异味			
	正确使用各种机具及机具清洁卫生的保持			
配菜员	菜品清洁卫生，符合出堂要求			
	各种菜品分类摆放整齐，按特性分类保管			
	各类用具摆放整齐，清洁卫生			
	菜品装盘分量按标准执行			

18-04　厨房成本计算表

厨房成本计算表

品名	单位	进价	净料率	净率成本	分量	成本价	售价	毛利率

18-05　厨房菜品验收记录表

厨房菜品验收记录表

日期	品名	计划数	实收数	备注

18-06 厨房仓库设备安全例检项目表

厨房仓库设备安全例检项目表

检查填表人：　　　　　检查日期/时间：年　月　日

分类	检查事项	正常	故障	备注	分类	检查事项	正常	故障	备注	分类	检查事项	正常	故障	备注
门	门牌				天然气	分段控制				仓库	货架摆放位置			
门	螺丝				天然气	管道两端连接				仓库	货物摆放距离			
门	把手、锁				天然气	固定卡子				仓库	是否分类摆放			
地面	清洁				天然气	开关阀门				仓库	柜架间通道距离			
地面	裂痕				天然气	高压连接皮管				仓库	货物摆放标准			
地面	平面光滑				厨具	刀具摆放				仓库	是否放置消防器材			
工作台	清洁				厨具	墩子摆放				仓库	排气系统			
工作台	裂痕				厨具	餐具摆放				仓库	应急照明			
工作台	平面光滑				碗柜	餐具（盘子）摆放				仓库	灯光照明系统			
开水器	整机外观				碗柜	餐具（不锈钢）摆放				仓库	电源线路系统			
开水器	运行情况				碗柜	碗柜隔断				仓库	灯具插座系统			
豆浆机	整机外观				碗柜	碗柜滑门				仓库	开关使用情况			
豆浆机	运行情况				洗碗间	洗碗槽整体外观				仓库	有无危险物品存放			
切肉机	整机外观				洗碗间	开关阀门				仓库	有无住宿设施			
切肉机	运行情况				洗碗间	热水器外观				仓库	有无配电开关、箱			
制冰机	整机外观				洗碗间	热水器运行情况				仓库	仓库门			
制冰机	运行情况				洗碗间	排水管道				仓库	仓库窗			
热水器	整机外观				洗碗间	地沟清洁				仓库	门锁			
热水器	运行情况				洗碗间	地板清洁				仓库	有无安全隐患			

18-07 物资申购单

物资申购单

申请部门			申购原因		批准意见：
物资品名	规格型号	单价	数量		
			申请	批准	
					批准人：
合计：					

主管：　　　　　申请人：　　　　　日期：年　月　日

18-08 菜品分量表

菜品分量表

品名	分量/（克/份）	餐具规格	摆盘要求

18-09 锅底分量表（克）

锅底分量表（克）

锅型	味型	底料	红油	清汤	鸡精	姜	蒜	辣椒	花椒	备注

18-10　菜品出堂分量抽查表

菜品出堂分量抽查表

抽查时间：　　　　　　　抽查人：

日期	品名	分量	盘型	刀工	卫生	摆盘要求	处理办法

18-11　管理人员值班记录表

管理人员值班记录表

日期	大堂状况	厨房状况	物品	离店时间	值班人	备注

备注：表格中"大堂状况、厨房状况、物品"请用"正常"或"不正常"填写，如有不正常因素，将情况填入备注栏。

18-12　厨房设施、设备清洁检查项目

厨房设施、设备清洁检查项目

日期：　　　　　　　填写人：

分工	品名	检查内容	优	中	差	备注
厨房经理或领班	门	完好、无灰尘、油垢				
	风幕机	正常运行、扇叶无油灰				
	制度挂件	完好、干净、字迹清晰				
	整体地面	物品摆放整齐、无残渣、油垢				
	整体墙壁	洁净、光亮、无乱张贴现象				
	下水道	无积油、残渣、水垢				

续表

分工	品名	检查内容	优	中	差	备注
厨房经理或领班	灭蚊器	无油灰、少死蝇虫，能正常运作				
	提示牌	张贴整齐、字迹完整清晰				
	抽油烟机	表面无油垢、运行正常				
	排风扇	无过多油垢、运行正常				
	茶桶	表面清洁、光亮、内无茶垢				
	开水器	运行正常、表面洁净、内无过多水垢				
	电风扇	运转正常、无油灰				
调料师	桶具	表面洁净、锅身少黑垢				
	调料钵	钵外干净、钵内调料以上位置干净				
	弹簧秤	称量准确、干净				
	遮盖纱布	完整、洁净、无异味				
	汤锅	完好、干净、无凹凸不平现象				
	餐用具	（勺、铞瓢、漏瓢）等清洁、完好				
小吃师	冰柜	表面干净无迹垢，内壁无血水、异味				
	保鲜柜	表面干净无迹垢，内壁无血水、异味				
	洗涤盆	完好、干净、无水垢				
	灶具	完好、无油污				
	蒸屉	完好、无油污				
	铞锅	完好、无油污				
	案板	完好、洁净、无迹垢				
	用具	所有小件用具完好、干净				
煮饭工	灶具	完好、无油污				
	铁锅	完好、锅外少油垢				
	饭甑子	干净、无异味，蒸盖完好				
	豆浆机	表面清洁、内无残渣				
	电饭煲	完好				
	调味钵/瓶	表面干净、加盖				
	用具类	所有小件用具完好、干净				
精加工	工作台	面、隔层、脚架等，物品摆放整齐，清洁无积水				
	菜墩	铲洗干净，下班后竖立通风				
	菜刀	无锈，下班后上油或擦干水分后毛巾包好				

续表

分工	品名	检查内容	优	中	差	备注
精加工	毛巾	随时清洁干净，无异味，晾好通风				
	洗涤盆	随时干净，下班后盆内无残渣、污水				
	切片机	表面干净、无积水，刀片上油				
	制冰机	表面干净、内无积水或残渣				
	卧式冰柜	表面干净无迹垢，内壁无血水、异味				
配菜间	立式冰柜	表面干净无迹垢，内壁无血水、异味				
	餐盘	清洗干净，无（油、水）垢				
	纱布	完整、洁净、无异味				
	筐、篓、桶	（缝、格、底部）清洗干净、无污垢				
粗加工	洗菜台	表面干净，下班后台面（内）无残渣				
	筐、篓、桶	（缝、格、底部）清洗干净、无污垢				
	台秤	称量准确，干净、无污垢				
	用具	随时保持干净，完好				
洗碗工	洗涤台	随时保持干净，下班后台内无残渣				
	筐、篓、桶	（缝、格、底部）清洗干净、无污垢				
	碗架	遮盖完好、无灰尘、摆放整齐				
	垃圾桶	桶（面、盖）随时清洁、遮盖好				
	涮水桶	桶（面、盖）随时清洁、遮盖好				
	小饭甑子	保持完好、干净无异味				
库房	货架	整齐、完好、无积灰				
	通风	通风良好，保持无刺激性异味				
	标识牌	张贴整齐、字迹清晰、无缺项				
	物品摆放	摆放整齐、分类存放、无积灰和过期产品				

填写说明：1.此表用于厨房经理或领班每日检查完毕后填写。
2.如有不合格事项或造成的原因填写于备注栏内。
3.对每位员工必须进行详细培训后做出要求。

18-13　退菜登记、分析表

退菜登记、分析表

_____年____月

日期	桌号	退菜菜名	退菜原因及说明	责任人签认	处理结果

| 厨师长签字 | | 店长签字 | | 总经理签字 | |

说明：为减少餐厅的退菜，提高出品质量，应做好菜品的退菜登记和分析。由厨师长、店长共同确认导致退菜的责任人，并请责任人在"责任人签认"栏签字。

第19章 食品卫生安全管理表格

19-01 食品检验、入库登记表

食品检验、入库登记表

日期	购入商品	数量/公斤	单价/元	金额/元	供货厂家	是否证照齐全	生产日期	保质期	联系人	电话	经手人

19-02 热菜烹调中心温度测试记录表

热菜烹调中心温度测试记录表

日期	菜品	温度	测量人签字	日期	菜品	温度	测量人签字

注：菜品温度由厨房专人负责测量并记录。违者每次考核____分/次。

19-03　冷荤间消毒、温度检测记录表

冷荤间消毒、温度检测记录表

负责人：　　　　　　　　监管人：　　　　　　　　　　　　　　年　月

日期	消毒液		紫外线灯		温度		记录人	备注
	配制时间	测试时间	消毒起止时间	累计时间	室温	冷藏温度		
1								
2								
3								
4								
…								

备注：此表由冷荤间负责人填写，未签字填写按绩效考核　分/次。

19-04　外卖窗口消毒记录表

外卖窗口消毒记录表

　　　　　　　　　　　　　　　　　　　　　　　　　　　　年　月

日期	消毒液			紫外线灯		操作人	检查人	备注
	有/无	配比	擦拭否	有/无	消毒时间			

19-05　化学消毒液浓度测试记录表

化学消毒液浓度测试记录表

　　　　　　　　　　　　　　　　　　　　　　　　　　　　年　月

日期	品名	配比浓度	消毒液用量	用水量	操作人	检查人	备注

19-06　热力消毒温度、时间记录表

热力消毒温度、时间记录表

日期	物品名称	消毒方式（煮沸、蒸汽、红外线、紫外线）	消毒温度	消毒开始时间	消毒结束时间	操作人	检查人	备注

19-07　餐饮具消毒效果感官检查表

餐饮具消毒效果感官检查表

检查日期	检查地点	餐饮具名称	餐饮具数量	光	洁	涩	干	检查人

19-08　食品留样记录表

食品留样记录表

记录人：　　负责人：　　监管人：　　　　年　月

日期	菜品	样杯是否消毒	留样人签字	日期	菜品	样杯是否消毒	留样人签字

注：菜品留样由前厅专人负责，保持48小时。每餐必须认真记录填写，违者每次考核__分/次。

19-09　餐前卫生工作检查表

餐前卫生工作检查表

岗位	菜品准备数量	菜品准备质量	原料、菜品卫生	岗位卫生	个人卫生	完成时间	负责人签字	备注
瓦罐区								
炒锅区								
材料准备区								
砂锅区								
凉菜区								
炉子区								

说明：餐前准备工作做得是否完善，关系到高峰期的出品品质和出品速度。因此厨师长应认真督促做好餐前准备工作，并检查落实。

19-10　厨房卫生检查表

厨房卫生检查表

序号	检查项目内容	检查人	抽查人	结果	责任人	如何处理
1	作业中操作台面是否干净、整洁，原料放置是否有序					
2	作业中墩、刀、抹布是否清洁卫生					
3	凉菜、粥档及厨房内门窗、墙面是否干净，无油污、水渍					
4	作业中的地面是否干净整洁、无垃圾、无杂物					
5	作业中的下脚料是否存放完好，废料是否随手放进垃圾桶					
6	菜肴出品是否有专用抹布、筷子					
7	各种盛放菜肴的器皿是否完好干净、无油渍、无水渍					
8	工作中员工入厕后是否洗手					
9	冰箱存放的原料是否合理，生熟是否分开，无腐烂变质					

续表

序号	检查项目内容	检查人	抽查人	结果	责任人	如何处理
10	菜肴出品是否认真检查,确保菜肴中无异物,无量缺现象					
11	盘饰用品是否干净卫生,摆放是否合理,有美化效果					
12	盛装菜肴的盘边是否干净卫生,无水迹、油污,无手印					
13	备用餐具是否干净,无污迹、水迹,无杂物					
14	每菜出品后,站厨师傅是否清理灶面卫生					
15	收台后操作台是否干净整洁,无污迹,无杂物,工具摆放是否有序					
16	收档后墙面、地面是否干净,无杂物、无污迹					
17	油烟机排风罩、玻璃、冰箱冰柜是否干净、卫生,无污迹,无油渍					
18	收档后的各种用具是否洗刷干净,摆放是否合理有序					
合理化建议						
急需解决问题						

19-11　原料加工区域卫生检查表

原料加工区域卫生检查表

区域	检查项目	是	否	检查人
原料加工区	地面是否平整、光滑,有无积水			
	下水道上的铁盖板是否都俱全			
	水池是否畅通,水龙头是否漏水或损坏			
	垃圾箱是否有盖,是否每天有专人倾倒和洗刷			
	工作台、货架是否摆放平稳			
	砧板是否每天清洁并摆放好			
	各种加工设备是否已清洁、保养			
	电灯光照是否全面,亮度如何,灯的高度如何			
	员工的各种刀具是否安全存放			

续表

区域	检查项目	是	否	检查人
烹调操作区域	厨房地面是否平整、清洁、干燥			
	各种煤气炉灶的阀门、开关是否漏气			
	电器设备是否有专用插座，电线容量是否够用			
	设备是否接通地线；开关、插座有无漏电现象			
	电器开关、插座是否安装在使用较方便处			
	员工是否学会操作各种机械设备；是否遵守安全操作程序			
	员工是否按照规定的着装上班			
	厨房过道上有无障碍物			
	各种厨房用具是否安全摆放到位			
	员工是否知晓清洁剂的使用；是否有专柜存放			
	烹调操作间的电灯有无安全罩，光照度够不够			
	厨房门窗是否开启自如，有无松动或掉落可能			
	厨房到餐厅过道门是否完好，进出是否分开走			
	每位员工对消防器材是否熟悉、会用，是否定期进行检查			
	厨房煤气阀、煤气罐附近是否有醒目防火标记			
	厨房阀门、开关、插头等是否有专人负责检查			
	有无医疗箱，常见刀伤、跌伤等药品是否齐备			
	厨房的各种钥匙是否有专人保管			

厨师长： 日期： 年 月 日

19-12 厨房收尾卫生工作检查明细表

厨房收尾卫生检查明细表

岗位	检查内容	处理完好	处理不当	检查人	备注
粗工加	原料入库				
	垃圾处理				
	工具到位				
	场地清洁（包括下水道）				
	水、电关闭；门、窗关闭				

续表

岗位	检查内容	处理完好	处理不当	检查人	备注
切配	涨发原料换水				
	原料入库				
	餐具、用具归位；菜墩、抹布处理				
	场地清洁				
	水、电关闭				
炉灶	汁、糊入库				
	调料收藏				
	用具归位				
	油锅、汤汁处理				
	菜墩、抹布处理				
	炉灶、笼锅、油锅、烤箱清洁				
	场地清洁				
	水、电、气阀关闭				
瓦罐	原料收藏				
	用具归位				
	瓦罐、炖缸等整洁				
	菜墩、抹布处理				
	水、气、油、阀门关闭				
	场地清洁				
	门、窗关闭				
冷菜	原料入库				
	调味入库				
	用具归位				
	菜墩、抹布处理				
	场地清洁				
	水、电关闭，门、窗关闭				

厨师长： 日期： 年 月 日

19-13　上班清洁自查表

上班清洁自查表

值班经理：

工作项目	周日	周一	周二	周三	周四	周五	周六
1.擦拭店内玻璃及镜面							
2.擦拭灯罩内、外侧							
3.擦拭画框及镜面							
4.整理废纸箱及前、后镜							
5.保养花木、浇水、擦叶及剪黄叶							
6.擦拭花盆及盆座							
7.擦拭铜条							
8.擦拭所有木制家具							
9.清洁大门口、楼梯、地毯及人行道							
10.清洁沙发、墙缝或窗缝的垃圾							
11.扫地、拖地及清理垃圾							

19-14　清洁工作安排表

清洁工作安排表

姓名					
日期					
清洁项目					
考核					
日期					
清洁项目					
考核					

19-15 餐厅卫生工作考核表

餐厅卫生工作考核表

项目	标准	分数	得分	备注
转盘	光亮、无油迹、运转灵活、摆放餐桌中央			
不锈钢餐具	餐具光亮、无油迹、无异味、无指纹、分类堆放			
筷子	清洁卫生、不变形、无异味			
毛巾	无破损、无油迹、无异味、堆放整齐			
口布	无破损、无污迹、洗烫平整、无异味、堆放整齐,开餐前根据要求叠好口布花			
台布	无破损、无污迹、洗烫平整、按尺寸分类存放,铺台时中线对主宾			
桌裙	无破损、叠痕清晰			
工作柜	无破损、柜内清洁卫生、物品堆放整齐合理,不放私人物品,柜门关闭正常			
抽屉	无破损、抽拉灵活,抽屉内物品摆放整齐合理,不放私人物品			
桌子	无破损、无晃动、清洁			
椅子	不晃动、光亮无尘、无油迹杂屑、清洁卫生			
菜单	清洁平整,无油迹、无缺页、无卷边			
门	无脱漆、无污迹、无灰尘、光亮清洁			
窗	无污迹、无灰尘、无蜘蛛网			
墙	无污迹、无灰尘、无蜘蛛网、无脏迹、无破损			
地毯	无破损、无开裂、无杂物、平整清洁			
大理石	无油污、无死角、不油腻、无杂物、干燥光亮			
电灯	灯罩、灯架清洁,无油灰、无蜘蛛网、光亮			
瓷器	清洁干燥、无缺口、无破损			
玻璃器皿	光亮透明、无油迹、无指纹、无破损			
生啤机	清洁干净、无脏迹			
制冰机	清洁干净、无脏迹			
各类用具	清洁干净、分类放置			
风口	无灰尘、清洁卫生、无杂物			

19-16 清洁卫生评分表

清洁卫生评分表

评分部门：		评分员：	日期：		时间：	
评分项目		最高分数	评分		备注	
一般安全		15				
消防器具		10				
走道通路		15				
餐厅区域整洁		15				
厨房区域整洁		15				
设备维护状况		15				
办公桌椅及办公室整洁		15				
环境整洁		15				
建议及评语						

第20章　财务管理表格

20-01　酒楼饭馆签账单

酒楼饭馆签账单

单号码：　　　　　　　　　　　　编号：

\multicolumn{3}{c}{签　账　单}		
金额 Total	人民币　RMB	万　仟　佰　拾　元整
公司 Company		
地址 Address		
签名 Name		
日期 Date		年　月　日
备注 Remarks		

20-02　顾客签账单

顾客签账单

姓名/公司名称	
联系电话	
统一编号	
住　址	
消费金额	
消费日期	
是否已取发票	
签账人签名	
备注	

20-03 酒楼饭馆日报表

酒楼饭馆日报表

年　月　日　　　　　　　　　　　　　　　　编号：

三联单号码	餐点	饮料	服务费	小费	税金	折扣		招待	合计	现金	信用卡	应收账款	备注
						餐点	饮料						

制表：

20-04 每日食物成本计算表

每日食物成本计算表

日期	库房存货	本日采购	已调理食物	销售额	成本率/%

20-05 饮料库存表

饮料库存表

月初库存额
月初酒楼饭馆、酒吧存货额 本月采购额 月末库存额 月末酒楼饭馆、酒吧存货额 本月饮料消耗总额
转调入食品原料 转食品饮料成本 招待饮品 员工用餐 赠客饮料 其他杂项扣除 本月饮料成本净额
饮料营业收入
标准成本率
实际成本率

20-06 菜单成本控制表

菜单成本控制表

编号	菜肴名称	适令季节	净料成本	期望毛利率	售价	实际毛利率	备注

20-07 厨房菜点定额成本表

厨房菜点定额成本表

分类产品 \ 规格标准		净料重量/克	净料单价/元	净料成本/元	毛量参考单价/元	平均单价/元	成本额
主料名称							
配料名称							
附加品名称							
总成本额							
备注	附录						
	注						
	填表日期						

20-08 服务员劳效统计表

服务员劳效统计表

序号	姓名	区域	销售收入					
			总收入	凉菜	热菜	点心	酒水	其他
	合计							

说明：由收银员负责统计，由财务部经理或主管监督检查此项工作的落实情况。统计表每天一份签字上交，每月汇总进行分类统计。

20-09 厨师劳效统计表

厨师劳效统计表

序号	姓名	区域	销售收入					
			总收入	份数	第1位菜品	第2位菜品	第3位菜品	第4位菜品
	合计							

说明：由收银员负责统计，由财务部经理或主管监督检查此项工作的落实情况。统计表每天一份签字上交，每月汇总进行分类统计。

20-10 烟、酒、饮料日销售统计表

烟、酒、饮料日销售统计表

类别	品名	进货量	销售量	存货量	销售收入
烟					
酒					
饮料					

说明：由餐厅吧台负责此项工作，餐厅经理监督检查，每天结算，每月汇总，并由吧台领班进行销售情况的分析。

20-11 餐具、酒具、清洁用品费用统计表

餐具、酒具、清洁用品费用统计表

序号	用具名称	上月盘存数	本月实际数	破损量	破损比率	单价	总价
合计							

说明：(1) 餐具由洗碗组负责统计；茶、酒、银器具由服务组负责统计；由餐厅经理负责监督检查。清洁用品由后勤库房物料库管员统计，由后勤主管负责监督。

（2）餐、酒用具每月月底盘点一次，小型餐具每月破损率为5%，大型餐具每月破损率为5%。超出此比例给予罚款，低于该比例给予奖励。

20-12 营业状态记录表

营业状态记录表

项目	本日	本周	本月
交易次数			
平均交易额			
销售净额			
零用金使用			
现金盈亏			
部分退货			
整单退货			
用餐成本			
促销成本			
应存款			
备注			

20-13　营业收支日报表

营业收支日报表

编制单位：　　　　　　　　年　月　日　　　　　　　　单位：元

序号	项目	昨日结存金额	本日收入金额	本日支出金额	本日结存金额
1	库存现金				
2	银行存款（账户）				
3	活期存折（账总）				
4	活期存折（账总）				
5	合计				
	收付说明				

序号	本日收入明细	金额	结至本日累计	资金流		存卡（折）
			收入金额	存行		
				本日存行	结至本日累计	
1	营业收入					
2	房租收入					
3	提现					
4	尾数收入					
	小计					

序号	本日支出明细	金额	结至本日累计 支出金额	明细情况说明
1	工资			
2	办公费			
3	邮电费			
4	物料费			
5	差旅费			
6	卫生费			
7	水电费			
8	租赁费			
9	交际应酬费			
10	燃料费			
11	修理费			
12	促销费			
13	贵宾券			
14	原材料			
15	其他			
	小计			

单位经理：　　　　　　　　复核：　　　　　　　　制表人：

20-14　现金记录袋样式

现金记录袋样式

正面：
星期_____，值班经理_____，营业收入_____

时间	1线	2线	3线	合计	经理
合计					
姓名					存款：
时间					零用金：
金额					盈亏：
盈亏					经理：

背面：
保险柜记录

经理	时间	找零金	零用金	其他

存款记录

时间	准备人	存款人	金额

第21章 食材采购与储存管理

21-01 食品原料采购规格书

食品原料采购规格书

原料名称	原料用途	感官描述	技术指标	检验程序	彩色照片
备注	有关对原料的特殊要求等					

21-02 供应商评估表

供应商评估表

文件编号：

名称			
地址		联系方式	
评审内容	证件		评审人/日期：
	商誉		评审人/日期：
	性价比		评审人/日期：
	服务		评审人/日期：
	品种适应性		评审人/日期：
	其他		评审人/日期：
确认	各部门负责人/日期：		
评审结论	采购部负责人/日期：		
	质监部负责人/日期：		
	总经理/日期：		
备注			

21-03 合格供应商名录

合格供应商名录

序号	供应商名称	产品类型	联系方式	登记人/日期	审批人/日期

21-04 供应商考核表

供应商考核表

部门：　　　　　　年度/月份：

序号	供应商名称	产品类型	交易批次	合格批次	质量40分	价格30分	交货及时20分	服务态度10分	总分	备注

21-05 供应商异常情况登记表

供应商异常情况登记表

序号	发生日期	供应商名称	产品类型	异常情况	处理措施	登记人/日期	审批人/日期

21-06 食品原料进货申购单

食品原料进货申购单

单位			年　月　日	
请提前三天填写好进货单				
品名	数量	规格	备注	

21-07 市场订货单

市场订货单

年　月　日

原料名称	现存量	应备量	已订量	需购量	市场报价/（元/千克）		
					甲	乙	丙
肉类							
禽类							
鱼类海鲜							
果蔬类							
干制品							

食品原料管理员：　　　　　厨师长：　　　　　采购主管：

21-08 采购定量卡

采购定量卡

年　月　日

原料名称	最高储备量	现存量	需购量

21-09 收货单

收货单

收　货　单

年　月　日

经手人：
管理员：
单价及小计审核：

同意付款：

21-10 鲜货类食品原料双联标签

鲜货类食品原料双联标签

进货日期： 供货单位： 品名： 重量：　　　　单价： 合计金额： 发货日期： 编号：	进货日期： 供货单位： 品名： 重量：　　　　单价： 合计金额： 发货日期： 编号：

21-11　食品原料验收单

食品原料验收单

日期	食品名称	数量	食品数量	入冰库（冰箱）质量	出冰库（冰箱）质量	食品质量差情况处理	厨师长签名

21-12　验收报告表

验收报告表

来源： 编号：			订货日期： 收货日期：						
物品名称	数量		规格厂牌	单位	价格	金额	备注（有关质量）	验收员签字
	订货	实收						

21-13　食品原料验收进货日报表

食品原料验收进货日报表

品名	单位	数量	单价	金额	进货方式		
					直接	仓库	杂项
合计							

填表人：　　　　　　　　　　　　　填表时间：

21-14 进货日报表

进货日报表

年　月　日　　　　　　　　　　　　　　　　　　编号：

品名	单位	数量	单价	金额	直接进料	仓库进料	杂项进料	备注
合计								

单位主管：　　　　　　　会计：　　　　　　　制表人：

21-15 退货通知单

退货通知单

编号：	编号：
发自：	交至（供货单位）：
发票号：	开具发票日期：
退货理由：	总计金额：
送货人（签字）：	受理人（签字）：

21-16 原料领用单

原料领用单

领用部门：　　　　　　　　　年　月　日　　　　　　编号：

品名	规格	单位	数量		金额	
			请领数	实领数	单价	小计
	合计					
备注						

领料人：　　　　　　　　厨师长：　　　　　　　仓库保管员：

21-17 货品盘存明细表

货品盘存明细表

　　年　月　日至　　年　月　日止　　　　第　号第　页

品名	单位	上期结存数量	本期购入数量	本期发出数量	本期结存												备注
					数量	单价					金额						
						百	十	元	角	分	万	千	百	十	元	角	分	

21-18 永续盘存卡

永续盘存卡

永续盘存卡				
编号：				
品名：			最高储备量：	
规格：				
单价：			订货点量：	
日期	订货单号	进货量	发货量	现存量

第22章 餐厅酒水管理

22-01 酒水单

酒 水 单

序号_____

台号_____   经手人_____

品　名	数　量	金　额
合计		

22-02 酒水提取单

酒水提取单

酒吧名称：　　　　　　　　　　　　　　日期：

编号	酒水名称	数量	已发出	成本		预算卖价	
				每单位金额	总额	每单位金额	总额

填表人：　　　　　批准：　　　　　发货：　　　　　收货：

22-03　每日酒水清算单

每日酒水清算单

日期：　　　　　　　　　　　　　　　　　　　　楼层：

序号＼种类									

填表人：_____

上存									
加入									
消去									
存入									

22-04　酒吧部销售日报表

酒吧部销售日报表

单位：　　　　　　　　　　　　　　　　　　　月　日　星期

代号	酒名	数量						销售金额		成本金额	
		上日结存	本日结存	合计	本日用品售出消耗	用量小计	本日结存	单价	合计	单价	合计
鸡尾酒售出量	鸡尾酒名	杯数	单价	合计	鸡尾酒名		杯数	单价	合计		
销售成本	金额										
	百分比										
销售收入	金额										
	百分比										

经理：　　　　　　　　　　　填报人：

22-05 宴会酒吧饮料单

宴会酒吧饮料单

主办单位：　　　　　　　　　　　　　　日期：
主办地点：　　　　　　　　　　　　　　酒吧付货员：

饮料名称	数量	最初发料	增发数量	退回数量	耗用数量	单位成本	总成本

申请人：　　　　　　发料人：　　　　　　领料人：　　　　　　回收人：

22-06 酒吧一周消耗单

酒吧一周消耗单

楼层：　　　　　　　　　　　　　　　　服务员：

品种＼数量＼星期	周一	周二	周三	周四	周五	总计
合计						

22-07 酒吧盘存日报表

酒吧盘存日报表

酒吧：_____   日期：_____

序号	品　名	单位	开吧	领货	销售	调拨	收吧	备注

填表人：　　　　　　　　　　　　　　　　　　制表人：

（第一联：财务部　　　　第二联：仓库　　　　第三联：酒吧）

22-08 酒吧每日交接表

酒吧每日交接表

1.酒吧内卫生是否搞好	是		否	
2.酒吧内电源是否关闭	是		否	
3.酒吧内柜子是否锁好	是		否	
4.酒吧内的啤酒数量：				
5.酒吧内的水果数量：				
酒吧签名： 保安签名： 酒吧接待员签名：	备　注			

22-09 饮料验收日报表

饮料验收日报表

年 月 日

供应单位	饮料名称	每箱瓶数	每瓶容量	每瓶成本	每箱成本	小计

分 类				
果酒	烈酒	淡色啤酒	啤酒	调酒剂

酒水管理员：
验 收 员：

22-10 饮料领料单

饮料领料单

班次：　　　　　　　　　　日　期：
酒吧：　　　　　　　　　　付货员：

饮料名称	瓶数	每瓶容量	单价	小计

总瓶数：
总成本：
审批人：　　　　　　　　发料人：　　　　　　　　领料人：

第23章 餐具管理表格

23-01 餐具盘存表

餐具盘存表

序号	餐具类别	餐具名称	上月实际数	本月盘存数	破损量	破损比率
	合计					

23-02 餐具统计表

餐具统计表

序号	餐具名称	上月盘存数	本月实际数	破损量	破损比率	单价	总价
	合计						

说明：

（1）餐具由洗碗组负责统计；酒楼经理负责监督检查。

（2）餐具每月月底盘点一次，餐具每月破损率为5%。超出此比例给予罚款，低于该比例给予奖励。

23-03 餐具签领单

餐具签领单

序号	餐具类别	餐具名称	申领数	实领数	领用人	备注

23-04 餐具存库目录统计表

餐具存库目录统计表

日期	存量	入	出	遗失	破损	总计

Part 4 餐饮企业管理文本

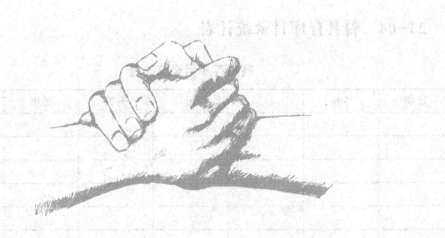

第24章 餐厅开业管理文本

24-01 餐厅开业前期筹备工作计划

餐厅开业前期筹备工作计划

一、餐厅开业前期的工作计划纲领

1. 确定餐厅各区域主要功能及布局

根据酒楼总体建筑布置和市场定位，对营业区域要进行详细的功能定位。在进行区域分布时，要合理考虑餐厅各项管理流程，如送餐线路、服务流程的合理性、厨房工作流程的合理性、餐具收拾和洗涤的流程、足够的仓储场所和备餐间，尤其是多功能宴会厅要留有充足的餐桌的场地。

2. 设计餐厅组织机构

要科学、合理地设计组织机构，餐厅经理要综合考虑各种相关因素，如：饭店的规模、档次、建筑布局、设施设备、市场定位、经营方针和管理目标等。

3. 制定物品采购清单

饭店开业前事务繁多，经营物品的采购是一项非常耗费精力的工作，仅靠采购部去完成此项任务难度很大，各经营部门应协助其共同完成。无论是采购部还是餐厅部，在制定餐厅采购清单时，都应考虑到以下一些问题。

（1）本餐厅的建筑特点。采购的物品种类和数量与建筑的特点有着密切的关系。

（2）行业标准和市场定位。

（3）本餐厅的设计标准及目标市场定位。餐厅总经理应从本饭店的实际出发，根据设计的档次标准，同时还应根据本饭店的目标市场定位情况，考虑目标客源市场对餐饮用品的配备需求。如高档宴会的布置需要、婚宴市场的产品。

（4）行业发展趋势。餐厅总经理应密切关注本行业的发展趋势，在物品配备方面应有一定的超前意识，不能过于传统和保守。

（5）其他情况。在制定物资采购清单时，有关部门和人员还应考虑其他相关因素，如：餐厅上座率、餐厅的资金状况等。采购清单的设计必须规范，通常应包括下列栏目：部门、编号、物品名称、规格、单位、数量、参考供货单位、备注等。此外，餐厅在制定采购清单的同时，就需确定有关物品的配备标准。

4. 协助采购

这项工作对餐厅的开业及开业后的运营工作影响较大,餐厅总经理应密切关注并适当参与采购工作。这不仅可以减轻采购部经理的负担,而且还能在很大程度上确保所购物品符合要求。餐厅总经理要定期对照采购清单,检查各项物品的到位情况,而且检查的频率,应随着开业的临近而逐渐增高。

5. 参与制服的设计与制作

餐厅的岗位较多,而且风格各异,中餐厅分为零点餐厅、宴会厅、包厢、风味餐厅等;为营造较好的服务氛围,在制服的款式、面料方面要加以区分。

6. 编写部门运转手册《管理实务》

运转手册,是部门的工作指南,也是部门员工培训和考核的依据。一般来说,运转手册可包括岗位职责、工作程序、规章制度及运转表格等部分。

7. 参与员工的招聘

通常,餐厅的员工招聘与培训,需由人力资源部和餐厅总经理共同负责。在员工招聘过程中,人力资源部根据饭店工作的一般要求,对应聘者进行初步筛选,而餐厅总经理则负责把好录取关。

8. 抓好开业前培训工作

开业前培训是餐饮部开业前的一项主要任务,餐厅总经理需从本餐厅的实际出发,制订切实可行的部门培训计划,选择和培训部门培训员,指导其编写具体的授课计划,督导培训计划的实施,并确保培训工作达到预期的效果。

一般培训计划以倒计时的方式编定。由部门安排培训,餐厅培训的主要内容如下。

(1)餐饮的基础理论知识。
(2)基本功练习。
(3)餐饮服务规范流程的训练。
(4)酒店主菜单培训。
(5)培训团队的凝聚力,可在培训期间穿插一些团队合作的学习和训练等。

培训结束,可组织一次大型的培训成果汇报会,也可从中发现一些优秀服务人员。

9. 建立餐饮档案

开业前,即开始建立餐饮档案,对日后的餐厅管理具有特别重要的意义。很多酒楼就因在此期间忽视该项工作,而失去了收集大量第一手资料的机会。最好能与最初确定餐厅定位和功能划分的人进行一次沟通,领会他们对餐厅设计的意图。

10. 参与餐厅验收

餐厅的验收,一般由投资人、副总经理、工程部经理、餐厅总经理等共同参加。参与餐厅的验收,能在很大程度上确保餐厅装潢的质量达到饭店所要求的标准。在参与验收前,应根据本餐厅的情况设计一份餐厅验收检查表,并对参与的部门人员进行讲解。验收后，要留存一份检查表，以便日后的跟踪检查。

11. 开业前开荒卫生工作

开业前开荒卫生工作的成功与否，直接影响着对餐厅成品的保护。很多餐厅就因对此项工作的忽视，而留下永久的遗憾。餐厅应在开业前与最高管理层及相关负责部门，共同确定部门清洁计划，展开全面的清洁工作。

12. 餐厅的模拟运转

餐厅在各项准备工作基本到位后，即可进行模拟运转。这既是对准备工作的检验，又能为正式的运营打下坚实的基础。

二、餐厅开业详细准备计划

（一）开业前第____周

餐厅总经理到位后，与工程承包商联系，餐厅总经理必须建立这种沟通渠道，以便日后发现问题时的联络。

（二）开业前第____周至第____周

（1）参与选择制服的用料和式样。

（2）了解餐厅的营业项目、餐位数等。

（3）了解餐厅的其他配套设施的配置。

（4）熟悉所有区域的设计蓝图并实地察看。

（5）了解有关的订单与现有财产的清单。

（6）了解所有已经落实的订单，补充尚未落实的订单。

（7）确保所有订购物品都能在开业一个月前到位，并与总经理及相关部门商定开业前主要物品的储存与控制方法，建立订货的验收、入库与查询的工作程序。

（8）检查是否有必需的设备、服务设施被遗漏，在补全的同时，要确保开支不超出预算。

（9）确定组织结构、人员定编、运作模式。

（10）确定餐厅经营的主菜系。

（11）编印岗位职务说明书、工作流程、工作标准、管理制度、运转表格等。

（12）落实员工招聘事宜。

（三）开业前第____周至第____周

（1）按照餐厅的设计要求，确定餐厅各区域的布置标准。

（2）制定餐厅的物品库存等一系列的标准和制度。

（3）制订餐厅工作钥匙的使用和管理计划。

（4）制定餐厅的卫生、安全管理制度。

（5）制定清洁剂等化学药品的领发和使用程序。

（6）制定餐厅设施、设备的检查、报修程序。

（7）建立餐厅质量管理制度。

（8）制订开业前员工培训计划。

（四）开业前第____周至第____周

（1）审查后勤组洗碗机等设计方案、审查厨房设备方案。

（2）与清洁用品供应商联系，使其至少能在开业前一个月将所有必需品供应到位。

（3）准备一份餐厅检查验收单，以供验收时使用。

（4）核定餐厅员工的工资报酬及福利待遇。

（5）核定所有餐具、茶具、服务用品、布草、清洁用品、服务设施等物品的配备标准。

（6）实施开业前员工培训计划。

（7）与总经理商定员工食堂的开支方案。

（五）开业前第____周

（1）展开原材料市场调查分析；制定原料供应方案和程序。

（2）与厨师长一起着手制定菜单。菜单的制定是对餐厅整体经营思路的体现，也是餐厅出品档次的体现，要经过反复讨论，基本方案制定好后报总经理。菜单设计程序如下：

① 明确当地的饮食习惯（依据市场调查分析报告）。

② 经营思路的目标客户群。

③ 原料供应方案。

④ 厨师队伍的实力。

⑤ 综合制定菜单。

⑥ 印刷，要求开业一周前印刷品到位。

（3）确定酒水、饮料的供应方案；与财务部一起合理定价，报总经理。

（4）各种印刷品如筷套、牙签套、酒水单等设计印刷。

（5）与财务部联系制定结账程序并安排两个课时以上的培训。

（6）邀请财务部予以财务管理制定培训。

（7）与保安及车场管理制定安全管理制度。

（8）与布草商制定布草送洗程序。

（9）与前厅管理制定反馈程序。

（10）与销售部联系建立宴会工作程序。

（11）建立餐厅部的文档管理程序。

（12）继续实施员工培训计划。对餐饮服务基本功进行测试，不合格的要强化训练。

（六）开业前第____周

（1）与财务部合作，根据预计的需求量，建立一套布件、餐具、酒水等客用品的总库存标准。

（2）核定所有餐厅设施的交付、接收日期。

（3）准备足够的用品，供开业前清洁使用。

（4）确定各库房物品存放标准。

（5）确保所有餐厅物品按规范和标准上架存放。

（6）与总经理及相关部门一起重新审定有关家具、设备的数量和质量，做出确认和修改。

（7）与财务经理一起准备一份详细的货物储存与控制程序，以确保开业前各项开支的准确、可靠、合理。

（8）继续实施员工培训计划。

（七）开业前第____周

（1）与工程部经理一起全面核实厨房设备安装到位情况。

（2）正式确定餐厅的组织机构。

（3）确定营业时间。

（4）对各营业区域餐位进行全面的统计。

（5）根据工作和其他规格要求，制定出人员分配方案。

（6）按清单与工程负责人一起验收，验收重点：装修、设备用品的采购、人员的配置、卫生工作。

（7）拟订餐厅消费的相关规定。

（8）编制餐厅基本情况表（应知应会）。

（9）着手准备餐厅的第一次清洁工作（招收专业人员或临时工）。

（八）开业前第____周

（1）全面清理餐厅区域，进入模拟营业状态。

（2）厨房设备调试。

（3）主菜单样品菜的标准化工作。

（4）准备模拟开业的筹备工作：确定模拟开业的时间，明确模拟开业的目的，召开餐厅会议，强调模拟开业的重要性，取得全员统一。

三、开业前的试运行

开业前的试运行往往是餐厅最忙、最易出现问题的阶段。对此阶段工作特点及问题的研究，有利于减少问题的出现，确保饭店从开业前的准备到正常营业的顺利过渡。餐厅总经理在开业前试运行期间，应特别注意以下问题。

（1）持积极的态度。在餐厅进入试营业阶段，很多问题会显露出来。对此，部分餐厅管理人员会表现出急躁情绪，过多地指责下属。正确的方法是持积极的态度，即少抱怨下属，多对他们进行鼓励，帮助其找出解决问题的方法。在与其他部门的沟通中，不应把注意力集中在追究谁的责任上，而应研究问题如何解决。

（2）经常检查物资的到位情况。前文已谈到了餐厅管理人员应协助采购、检查物资到位的问题。实践中很多饭店的餐厅往往会忽视这方面的工作，以至于在快开业的紧要关头发现很多物品尚未到位，从而影响部门开业前的工作。

（3）重视过程的控制。开业前，餐厅的工作量非常大，各级管理人员要坚持在一线检查督导，控制作业过程，防止个别员工走"捷径"，损坏装修材料等。对一些设备的使用要在工程或厂家的专业人员指导下进行。管理人员在布置任务后的及时检查和纠正往往能起到事半功倍的作用。

（4）加强对成品的保护。对餐厅地毯、墙纸、家具等成品的最严重破坏，往往发生在开业前这段时间，因为在这个阶段，店内施工队伍最多，大家都在赶工程进度，而这时餐厅的任务也是最重，容易忽视保护，而与工程单位的协调难度往往很大。尽管如此，餐厅管理人员在对成品保护的问题上，不可出现丝毫的懈怠，以免留下永久的遗憾。为加强对餐厅成品的保护，餐饮部管理人员可采取以下措施。

① 加强与装潢施工单位的沟通和协调。敦促施工单位的管理人员加强对施工人员的管理。

② 尽早接管餐厅包厢、宴会厅等区域，加强管理，要对餐厅内的设施、设备的保护负起全部责任，餐厅需对如何保护设施、设备做出具体、明确的规定。

（5）加强对仓库和物品的管理。开业前及开业期间部门工作特别繁杂，管理人员容易忽视对一些物品以及钥匙的管理工作，对物品的领用要建立严格的制度。

（6）确定物品摆放规格。在接手了包厢、宴会厅后，餐厅总经理就要与大堂经理等一起马上确定摆台规范、物品摆放规格工作，并拍照制作标准化图案，进行有效的培训。对其他如备餐间、工作柜等也进行规范，以取得整齐划一的管理效果，使后期的服务都能按一定的秩序进行。这段时间如果不能形成统一，往往会造成服务员重复返工、餐厅布置无序的局面，需要较长时间才能调整过来。

（7）工程部和餐厅共同负责验收。作为使用部门，餐厅的验收对保证后期质量至关重要。餐厅在验收前应根据本酒楼的实际情况设计验收表，将需验收的项目逐一列上，以确保验收时不漏项。餐厅应请被验收单位在验收表上签字并留备份，以避免日后的扯皮现象。餐厅总经理在验收后，会将所有的问题分类列出，以方便安排施工单位的返工。

（8）注意工作重点的转移，使餐厅工作逐步过渡到正常运转。开业期间餐厅工作繁杂，但餐厅总经理应保持清醒的头脑，将各项工作逐步引导到正常的轨道。在这期间，应特别注意以下的问题。

① 按规范要求员工的礼貌礼节、仪表仪容。开业期间对员工习惯的培养，对今后工作影响极大。

② 建立正规的沟通体系。餐厅应开始建立内部会议制度、交接班制度，开始使用表格，使部门间及部门内的沟通逐步走上正轨。

③ 注意设备的保养。

（9）加强安全意识培训，严防各种事故发生。

（10）加强对餐厅内设施、设备使用注意事项的培训。

（11）加强餐饮菜肴的培训。特别是开业期间的菜肴、餐厅的主要特色菜等；

很多餐厅开业很长一段时间，服务员对客人询问特色菜都无法回答，主要是培训不到位。厨师长要定期在例会上对服务员进行有针对的培训。

（12）模拟开业日程安排

初级阶段：

前12天——熟悉环境。服务员进入场地，熟悉餐厅整体环境，要给予员工十分充足的时间。厨师进场后，对设备熟练使用。

前11天——熟悉台位。对餐厅布局、服务流程、上菜流程等予以熟悉。

前10天——熟悉菜谱。模拟点菜、迎宾等环节。厨房演练叫菜、出菜。

前9天——熟悉就餐。熟悉就餐的一系列工作。

提高阶段：

前8天——流程演练。在进一步熟悉的基础上，提高效率。

前7～6天——特殊情况处理。加强协调能力的培训，并适当提高劳动强度。

熟悉阶段：

前5～2天——熟练操作。完全掌握摆台、上菜、服务等各个环节。熟悉巩固。

筹备开业：

前1天——全面筹备开业。

模拟开业阶段，要按正常运作召开班前例会、摆台、清理等；并在每次模拟后，召开分析会，并形成会议纪要。模拟开业的评审团一般由投资人、酒楼总经理、餐厅总经理、培训员、大堂经理等人员组成，客观评价餐厅和服务及出品，纠正错误，保证开业后的正常营运。

在模拟开业后期，可邀请投资人、酒楼总经理等进行试菜，对菜式进行指导。

四、具体筹备期间计划表

（略）。

24-02 餐厅开业前培训计划

餐厅开业前培训计划

开业前培训是餐饮部开业前的一项主要任务，餐饮部经理需从本饭店的实际出发，制订切实可行的部门培训计划，选择和培训部门培训员，指导其编写具体的授课计划，督导培训计划的实施，并确保培训工作达到预期的效果。

一、培训目的

让员工统一文化思想，形成良好合力，技能达标，工作有状态，让客户满意，实现××店一步到位，为开出盈利旺店打好基础。

培训总目标：受训服务员在了解和融入本餐厅的企业理念与工作环境的基础上，从做一名合格的服务人员的基本素质要求着手，使参训的每一位服务人员在基本技能、礼仪礼貌、顾客心理分析、应对顾客技巧、推荐特色菜品和酒水等方面取得较大的进步。

二、培训时间

××××年××月××日～××月××日（约30天）。

三、培训工作流程

（1）×日确定学习内容、员工到位情况和培训计划商议。注意：管理员与基层员工有时会据内容不同分开培训；部门也会据需分开培训。

（2）进行企业文化学习。

（3）技能与理论培训。

（4）作业与实践演练。

四、培训内容

员工岗前培训主要内容如下。

（1）餐饮职业前景教育，公司和餐厅的基本情况介绍。

（2）前厅服务人员的六项基本技能。

（3）前厅服务人员的面部表情、形体姿态和动作。

（4）前厅服务人员的基本礼仪和礼貌用语。

（5）如何了解本餐厅顾客的消费心理和消费档次，适时得体地推荐本餐厅特色菜品和酒水。

（6）前厅服务人员应对部分不合理要求的基本方法。

（7）本餐厅将要推出和已推出的特色菜品介绍。

（8）前厅女性服务人员化职业性淡妆的技巧。

五、员工培训计划

员工培训计划见下表。

员工培训计划

第一天	培训内容：餐饮职业前景教育，服务人员的思想素质教育，企业理念和经营方向的理解和运用
第二天	培训内容：前厅服务人员的标准站姿和面部表情培训要求 （1）标准站姿要求。挺胸、抬头、收腹，目光柔和亲切，两眼平视前方，双腿并拢站直，两脚呈60度夹角，两手自然垂于小腹前，虎口相握，右手掌贴于左手掌背上 （2）面部表情 ①总体要求。微笑 ②具体要点。放松面部肌肉，笑时露出八颗牙齿，嘴角自然两边伸展一点，作舒展、自豪状

续表

第三天	培训重点：女性服务人员化妆方法和技巧培训 （1）一般职业性淡妆的基本化法和程序 （2）服务人员化妆品选择及皮肤护理 （3）服务人员根据脸型及面部特征化妆的一些基本技巧 （4）职业性快速化淡妆 （5）实际操作
第四天、第五天	培训内容：前厅服务人员目光巡视和托盘姿态培训 培训要求： （1）前厅服务员的目光巡台培训 ① 以标准站姿站立，假想服务区已有顾客就餐，面部表情微笑，眼光稍向下（以能够清楚看见台面为准）；头向左右各做15度角移动，目光亲切自然并随头部移动，一旦发现顾客有服务要求，即上前服务；每15秒至20秒为一个巡视过程 ② 目光巡台时，应依次注意：顾客的眼神、手势、神态；顾客的茶具、餐具和其他用品 （2）前厅传菜员的托盘培训 ① 站姿与表情同（1）要求 ② 托盘时，左大臂与身体平行，左小臂与身体垂直，掌心向上，托住托盘底部中心，使托盘盘面保持水平
第六天	培训内容：前厅服务人员迎送顾客礼仪培训 培训要求： （1）在迎候顾客时，以标准站姿和微笑面向顾客，当顾客距离5～7米时，以目光迎候顾客；当顾客距离3米左右时，应鞠躬15度，并微点头致意，随后向顾客问候："您好！欢迎光临！" （2）欢送顾客时，姿势表情同（1），当明确顾客已买单及准备离店时，距顾客2～3米，鞠躬15度，并点头致意，随后向顾客告别："请慢走，欢迎下次光临！"多次
第七天	培训内容：前厅服务人员的标准走姿及相遇致意礼仪培训 培训要求： （1）标准走姿。挺胸、抬头、收腹、目光平视，亲切自然，面带微笑，两臂自然摆动，并在与身体前后20度夹角内，步距在40～50厘米，步频在每分钟120～130步之内，行进在宽约20～25厘米的直线区域内 （2）在行走路线上，如遇店内一般工作人员，应在行走不间断的情况下，在相遇1.5米左右时，向对方微侧身，微笑点头致意，从对方左侧通过 （3）在行走路线上，如遇顾客或店内部门经理以上领导，距对方3～5米时向对方行注目礼，在距离2米左右时，向自己右侧迈一小步停顿，侧身60度，并向对方点头致意，问候"您好"或"××，您好！"待对方过去后，方可继续前行

续表

第八天	培训内容：前厅服务人员的基本礼貌用语和服务忌语 培训要求： （1）礼貌用语 ① 迎送顾客用语。您好，早上（中午、下午、晚上）好，欢迎光临，请进，请坐，这边请，请走这边，请喝茶，请问，请稍等，请慢走，欢迎下次光临 ② 服务间用语。请品尝；请慢用；请问可以点菜了吗（还有什么要求、盼咐，需要什么帮助，需要些什么，可以上主食——米饭了吗，可以上菜了吗）；对不起，耽误您了，马上就好（打扰一下）；谢谢；您过奖了，不客气；请稍等片刻；实在不好意思；我马上给您问一下 ③ 收银与买单用语。这是找给您的零钱，请收好；欢迎下次光临；请问吃好了吗；请多提宝贵意见；这是您的就餐账单，请过目；这是您的发票，请收好 （2）服务忌语 ① 我不晓得（应改为：对不起，我再问一下） ② 这不关我的事（应改为：对不起，我问一下，好吗）
第九天、第十天	培训内容：了解顾客消费心理和档次，适时得体地推销菜品和酒水 培训要求： （1）如何了解顾客的消费心理和消费档次 ① 根据顾客衣着、谈吐、学识判断消费档次 ② 根据顾客消费习惯判断顾客消费心理 ③ 根据顾客年龄、性别判断消费心理和档次 ④ 根据顾客情绪变化判断顾客消费心理和档次 ⑤ 根据顾客数量判断顾客消费心理和档次 ⑥ 根据顾客好奇心理判断消费心理和档次 ⑦ 根据顾客要求判断消费心理和档次 ⑧ 根据顾客表现出的其他方面判断（如被请人的档次等） （2）推荐菜品和酒水的基本技巧和方法 ① 餐厅特色菜推荐法 ② 季节变化推荐法 ③ 就餐时间推荐法 ④ 顾客档次推荐法 ⑤ 顾客口味推荐法 ⑥ 顺水推舟推荐法（又称关联性推荐法） ⑦ 搭配推荐法 （3）分析判断顾客一般消费心理总的原则 ① 常客户。根据顾客习惯、口味等因素，在保留其原喜欢的菜品和酒水基础上，根据其档次和口味等推荐新近推出的菜品、酒水 ② 外地顾客。根据顾客消费心理和档次，推荐具有代表性的菜品 ③ 外国顾客。根据国籍的不同、文化背景的不同而形成的消费习惯、口味，推荐不同的菜品和酒水时，注意菜品和酒水的搭配

续表

第十一天	培训重点：前厅服务人员对待顾客不合理要求的技巧 培训内容： （1）对待不合理要求的态度。不慌不忙，有节制、礼貌、不卑不亢、有理有节 （2）对待不合理要求的技巧和方法 ① 平心静气法 ② 转移目标法 ③ 拖延法 ④ 诙谐法 ⑤ 以其之矛攻其之盾法
第十二天	培训内容： （1）已出及将要出的菜品名称、类型、特色、原料、风味 （2）这些菜品的营养价值和保健功能 （3）这些菜品在品尝时的讲究 （4）这些菜品的历史背景、文化内涵
第十三天	培训内容：口布折花 培训目的：熟悉折口布的九种基本手法及十种口布花的折法
第十四天 第十五天	培训内容：摆台的基本要求和操作练习（携带各种器具的正确手法）
第十六天	培训内容：怎样处理顾客的投诉
第十七天、 第十八天	培训对象：领班、迎宾员、服务员、传菜员 培训内容：零餐服务程序及宴会服务程序
第十九天	考核：书面（闭卷）考试考核内容 （1）前厅服务员的站姿、走姿的基本要求 （2）行走间遇顾客及本店人员的礼仪姿态 （3）基本服务礼貌用语和服务忌语 （4）顾客消费的心理及档次分析判断的方法 （5）向顾客推销菜品和酒水的技巧、方法 （6）对待顾客不合理要求的基本方法 （7）已推出与将推出菜品的基本常识 （8）六项基本技能 （9）餐厅餐饮文化基本知识
第二十天至 三十天	培训内容： 考核合格后的服务员进入实习培训期，新进员工在现任的工作岗位中，把培训中所学到的知识与技能转化到实际工作中来，不断地把培训成果与实际工作进行磨合。总要求：教员必须对实习员工的工作进行跟踪观察，及时发现工作中的问题并予以指正，并且，要对实习学员的工作情况进行评估测试

六、培训分工

培训分工见下表。

培训分工表

工作项目	责任人	职务	备注
培训实施总负责及工作协调	经理	组长	
现场纪律监督、培训场地卫生、值班表格及老师的后勤工作		副组长	
后勤保障		副组长	
老师提示联系、培训摄像安排及摄像资料的传送		副组长	
培训主持、各组成绩记录总分		副组长	
部分课程讲授,整体课程计划与审核		×××	

七、培训奖罚规则

(一)团队评分标准

1.团队加分项

(1)按时按要求交作业,每人加5分。

(2)团队成员积极分享,每上台一个人加5分,分享内容好台下掌声热烈再加10分。

(3)在分享当中能主动借鉴其他团队的经验,加5分。

2.团队减分项

(1)培训期间不迟到、早退,每迟到、早退1人团队扣5分。如有特殊情况需提前一天请假,每请假1人,团队扣3分。

(2)培训期间手机调至振动或静音,培训中团队成员手机铃响1次或接听电话1次,扣团队5分。

(3)课间不交头接耳或窃窃私语,不抽烟或吃东西,不打瞌睡,每出现1次扣团队5分。

(4)课间不私自离场,违者所属团队扣5分。

(5)参训人员注意仪容仪表,不得穿拖鞋等,违者所属团队扣5分。

(二)先进个人加分项

(1)严格遵守纪律,无迟到早退请假、中途离场、接听手机、打瞌睡、交头接耳等。

(2)主动每天上台分享。

(3)认真完成每天的作业,符合要求。

(三)兑现奖罚

(1)当日兑现奖罚。当天第一名的优秀组所有成员当场奖励吃甜瓜,最后一名的小组所有成员当场处罚吃苦瓜。

（2）阶段兑现奖罚。团队奖罚：培训成绩落后的团队将奖励基金乐捐给培训成绩优胜的团队。个人奖罚：企业文化培训结束后评先进个人若干名，奖励50～100元，并与晋升晋级挂钩。

24-03　餐厅开业前领导团队培训方案

餐厅开业前领导团队培训方案

一、宗旨

使新组建的团队紧密配合，增强战斗力，带领好整个团队。

二、培训对象

经理、经理助理、厨务主管、部长、领班、收银员。

三、培训项目及目的

（1）通过岗前培训，能掌握公司的基本政策和在以后培训新员工。

（2）通过对营运手册的培训，能使经理出色完成本职工作，保持餐厅水准，保持更好的营运。

（3）通过到分店进行实际参与工作培训，让自己更好、更深入地了解各种操作流程。

（4）通过对管理技能的培训，使经理能够更加熟练地运用管理技巧，提高员工工作积极性，降低餐厅成本，提高营业收入，增加利润。

（5）通过对设备使用与维护的培训，了解设备型号、操作、基本维护流程，更大限度减少设备损坏，减少营运成本，延长设备寿命。

（6）通过办公自动化培训，与公司保持紧密的沟通。

（7）通过消防安全知识培训，减少和杜绝事故的发生。

四、目标

（1）掌握各部门的排班要点、日常工作流程。

（2）打字速度每分钟60个；word制表、排版打字速度15分钟；excel制表速度15分钟；员工履历表每份输入人事软件时间6分钟。

（3）熟练掌握经理专用文件夹的操作、各类报表的修改。

（4）熟练掌握管理制度、绩效考核制度、操作细则、案例分析并掌握突发事件的处理要点。

（5）清晰菜单内容，出品数量，吧台管理、采购、收货流程和财务控制。

（6）相关文件的管理及员工应办理的各种证件。

（7）了解食品卫生法、消费者的权益。

五、培训方式

开业前在公司进行全脱产的培训，并到对应系统进行实习。

六、培训资料

向团队分发培训手册。

七、各个岗位的具体培训计划及时间安排

（略）。

八、培训过程管理

在培训过程中，营运部进行相关的培训、指导、督促和检查，注意协调各种关系，尽量提供条件。

九、实施后管理

培训结束后，由培训中心与营运部进行考试，并填写培训评估表及培训总结。

第25章 目标管理文本

25-01 门店管理目标责任书

门店管理目标责任书

一、经理职责

（一）计划与预算管理

（1）根据总部下发任务编制部门月度经营管理与实施计划，确保所辖部门和整体任务的有效完成。

（2）每月对餐饮经营预算执行情况和管理进行分析，总结亮点，分析问题，提出解决措施报总部。

（二）机制建设与标准化

（1）根据部门组织结构和人员编制，完善各岗位每日工作流程及标准，并执行到位。

（2）负责餐饮产品和服务的工作流程及标准化手册的制定、优化、培训，并实施到位。

（三）经营管理

（1）负责餐饮和厨房的全盘管理工作。重点做好工作策划与布置、督导与检查、培训与考核。

（2）落实餐饮开市和收市的服务、出品、卫生、安全及运营设备检查等工作，确保达到五常标准。

（3）组织团队完成会议、团队、散客、宴席等营收指标。

（4）负责部门节假日和季节性促销、营销政策的制定与实施。

（5）落实产品设计、研发、厨房标准成本卡的建设与实施。

（四）部门日常工作

（1）宣导公司机制，督促主管以上人员落实阶段性工作推进计划。

（2）每日定时定点巡视餐厅、厨房及后台各区域，掌握服务、出品、卫生、安全和人员动态。

（3）大型酒席、会议接待工作，必须提前两天做好物资和人员调配，并且分工明确，责任到人，在接待开始前2个小时检查是否落实到位，确保宴会接待的正常开展。

（4）了解每日经营情况，检查下属工作，召开并主持部门每日工作会议和出品会，发现问题及时解决。

（5）做好客户拜访、关系维护和投诉管理工作，经常与重要客户保持沟通，提升客户满意度。

（6）做好部门人才培养、招聘、培训、考核与团队建设工作，营造一个良好的工作环境。

（7）按时完成上级下达的各项工作指令。

二、工资及绩效标准

工资及绩效标准见下表。

工资及绩效标准表

岗位	工资标准	个人绩效	组织绩效		日奖
			完成任务奖	浮动奖金	
餐饮经理	4000～6000元/月	800元/月	1500元/月	1000元/月	10元/次
出品总监	5500～6000元/月	500元/月	1000元/月	1000元/月	10元/次
厨师长	5500～6000元/月	500元/月	1000元/月	1000元/月	10元/次
楼面经理兼行政管家	3000～4500元/月	500元/月	600元/月	600元/月	10元/次
副经理	3000～4000元/月	300元/月	300元/月	400元/月	10元/次
副厨师长、主案（主管级）	2500～4000元/月	200元/月	200元/月	300元/月	10元/次
餐饮领班、主荷（领班级）	参照薪酬制度	200元/月	100元/月	200元/月	10元/次
厨师（师傅级）	参照薪酬制度	100元/月		100元/月	10元/次
迎宾、保洁、厨工（员工级）	参照薪酬制度	100元/月			10元/次

注：（1）当某厨房出现问题时，出品总监兼厨房第一负责人，厨师长为次负责人时绩效对应减半。

（2）行政管家由楼面经理兼，可增设兼职行政专员一名，主要负责部门人事、财务、采购、资产、档案、客户等管理工作。

三、考核指标

考核指标见下表。

考核指标表

单位：万元

月份\项目	1月	2月	3月	4月	5月	……	12月	合计
营业收入								
毛利额								

注：（1）毛利额=收入-成本-能耗-物耗-除折旧装修分摊以外的所有日常费用。

（2）当经营面积或经营项目改变时目标随之调整；酒店宴请不计收入，按原材料成本补利润。

四、薪酬绩效说明

（1）薪酬=固定工资+个人绩效+组织绩效+奖金+福利+分红组成，如当月指标完成率低于70%，经理级以上负责人只发80%的固定工资；当月完成业绩低于年度指标平均值的60%，全员个人绩效减半，完成任务奖和浮动奖取消。月度平衡后补发所扣发固定工资和绩效。

（2）个人绩效根据绩效评分系数进行发放。领班以下人员按排名进行发放，最后一名奖金全部乐捐给部门做活动经费，特殊情况部门申报；领班以上人员为核心管理团队，按团队综合评分计算绩效（团队自评，店长复评，总部根据工作执行和质检情况终评），部门经理可根据实际情况再分配。

（3）组织绩效奖只考核毛利额

① 组织绩效奖=（门店任务完成计20%+部门任务完成计80%）×完成任务奖+浮动奖金（毛利额完成率±1%浮动奖金±3%）（任务完成率低于80%个人绩效和组织绩效为零）。

② 日奖。当日部门人均产值超过700元（日收入约45500元，日收入按实际在岗人数计算），在无投诉情况下，部门全体享受10元日奖（当日休息人员无日奖励；外部门工作人员纳入当日在岗人数，同样享受日奖，外部工作人员日奖不归个人作为部门经费）。

③ "触电网"责任人当月绩效为零。

④ 当月任务超额部分累计到下月，考核年度最后一个月累计超额目标部分绩效一次性发放。

⑤ 常规比值按照公司规定考核。

⑥ 单项重点工作奖罚另行制定方案。

（4）福利回报。主要享受培训、旅游、五险等回报，具体执行另行制定方案。

（5）入股分红回报另行制定方案。

五、实施要点

（1）绩效排名报公司人事部备案，若未执行到位，部门经理乐捐500元。

（2）酒水开瓶费100%归团队，酒水、当日急推菜推销由餐饮部提供方案，店长审核，总部审批后执行。

（3）玩单、私藏私带、宰客，取消提成和绩效。

（4）完成部门每月全员营销任务，奖励部门经理200元，否则乐捐200元。

（5）部门自来散宴任务为当月营收指标的3%（散宴收入-已提成散宴收入），超过部分按5%奖励给餐饮部经理、楼面经理、预订领班、厨房第一负责人。（××月份开始根据实际情况另行调整）。

（6）当月散客收入（不含酒席）达到10万元，奖励点击率排名第一名厨师300元，第二名200元，第三名100元，每增加一万元奖金递增10%（××月份开始根据实际情况另行调整）。

（7）每月完成5道以上点击率高、毛利率高和客人满意度高的新菜品研发，每超过一道奖励200元（部门向人事部申报，公司出品委员会审核通过，未申报视同未完成），每少一道处罚200元，由餐饮部经理和厨师长共同承担。

（8）出品总监组织三个厨房研究15道/月出品，每超过一道奖励300元，不足扣300元/道。

（9）当月每出现中度投诉一次，部门经理和责任人奖金下降50%；出现重度投诉一次，奖金为零，店长和责任部门经理各乐捐500元。

（10）以上方案自××××年××月××日起生效。

公司总经理签名：　　　　　　　　　　　　　　责任人签名：
年　月　日　　　　　　　　　　　　　　　　　年　月　日

25-02　餐饮部目标责任书

餐饮部目标责任书

为充分调动餐饮部经营管理人员的积极性，确保总经理室下达给餐饮部××年各项经营指标的责任落实与实现目标，加强各岗位经营管理的工作责任，共同努力完成××全年的经营任务，做好各项经营管理工作，完善以部门为主体的服务质量工作体系，适应酒店的发展需要，真正确立××饭店在××的餐饮品牌形象，餐饮部制定以下目标责任书。

一、目标责任制考核时间

××年1月1日~××年12月31日

二、目标责任制考核人

目标责任制第一责任人：

第二责任人：

责任人小组：

三、目标责任制要求

服从酒店安排，认真完成全年营业收入与经营毛利润任务，并根据酒店的要求，做好经营任务的分解、落实，做到按月指标开展经营管理工作，按季度接受酒店考核奖罚。

四、目标责任制主要考核指标

（1）全年经营指标××万元。

（2）经营毛利润指标。全年度实现餐饮部毛利润（GOP）目标××万元。

（3）综合毛利率经营指标。每月菜品综合平均毛利率控制在××%～××%以内。

（4）人员流失率控制在每月5%以内。

（5）用餐人数达到月均1万人，人均消费达到80元，包桌比例20%，散客比例80%。

五、目标责任制辅助考核指标

1.重大食品卫生安全事故与重大食品质量投诉率

重大食品卫生安全事故与重大食品质量投诉发生率为0。重大食品卫生安全事故与重大食品质量投诉指因食品卫生而导致客人饮食中毒、身体产生不适症状并属实者，导致上级行政管理部门介入调查，影响到酒店的正常经营业务活动，并造成酒店经济损失。责任人降职，取消当月奖金，并扣除基本工资一半。

2.宾客满意度

（1）宾客满意度达到95%以上量化的计算方式为：

宾客满意度＝当月宾客消费有效投诉个案数量／当月消费总人数

（2）有效投诉的判断标准

① 服务质量。确实由于酒店服务作业流程未按照行业规范、内部标准、个性化服务进行流程化作业，对顾客的现场投诉未进行紧急投诉预案处理，造成顾客重大不满意甚至越级投诉或造成重大利益损失者（拒绝结账或损失赔偿），取消相关责任人当月提成。

② 出品质量。确实由于厨房烹饪出品未按照行业规范与内部标准进行流程化作业，对顾客的现场投诉未进行紧急投诉预案处理，造成顾客重大不满意甚至越级投诉或造成重大利益损失者（拒绝结账或损失赔偿），取消相关责任人当月奖金。

③ 食品卫生。确实由于厨房烹饪出品未按照行业规范与内部标准进行流程化作业，顾客现场发现食品存在卫生问题，造成顾客不满意进行投诉并属实者，取消相关责任人当月奖金，工资扣发一半。

④ 硬件设施设备。确实由于硬件设施设备维修、维护、保养不及时，顾客对消费环境与氛围等进行现场投诉，对顾客的现场投诉未进行紧急投诉预案处理，造成顾客重大不满意甚至越级投诉或造成重大利益损失者（拒绝结账或损失赔偿），取消相关责任人当月奖金。

⑤ 重复性投诉。顾客进行投诉并进行了紧急投诉预案处理后，重复性的发生相同的投诉个案2次（包括2次）以上，视同有效投诉。责任人一次按100元处罚处理。

⑥ 所有有效投诉个案的争议将以质检组的调查意见为判断标准，酒店服务质量委员会为服务质量管理核心组织。

3. 酒店服务标准

执行酒店服务质量标准，始终如一地按照制度化、规范化、程序化的要求，开展各岗位的服务接待工作，做到仪表仪容规范，岗位工作程序正确；同时，抓好菜品的创新和推出、成本和利润的控制，使本部门服务质量得到稳步提升，提高客人满意率。

4. 餐饮创新活动

定期推出餐饮活动的创新：每月至少研发并推出5种创新菜式，并落实到厨房出品与顾客消费在一定规模（以客户接受并加进菜单为标准）。

5. 培训情况

立足本部门工作实际，积极开展培训工作，抓好培训的计划制订、组织落实、考核评定三个重要环节，努力为酒店经营管理、服务质量上台阶做出实效；积极配合、协助各部门的工作，尤其要注重培训工作。

6. 安全、消防工作

对部门辖区内的安全、消防管理工作负责，组织好员工参加各项安全防范活动，执行安全管理制度，落实安全防范措施，维护安全设备、设施及器材，做好自查、自纠，做到年内无火灾、无安全责任事故，确保酒店的安全管理工作上标准，维护好酒店正常、顺利的经营管理秩序。

7. 卫生、环境整治工作

认真开展辖区内的卫生、环境整治工作，遵守卫生管理制度，抓好食品安全工作，做到年内无食品安全事故；积极开展环境整治，维护店容店貌的整洁形象。

8. 安全责任事故

部门内如发生安全责任事故，视情况严重程度对经营责任人进行处理。

因内部管理、作业流程基础工作、物资保管不善等原因，而发生的原材料丢失与物料毁损，根据其营业收入比例处理，高于报损管理规定比例的，按原价落实赔偿责任人。

本经营责任书一式三份，办公室、财务部、餐饮部各执一份。

目标考核人	目标责任人
酒店总经理：	餐饮经理：
	行政总厨：
年　月　日	年　月　日

25-03　餐厅员工安全目标责任书

餐厅员工安全目标责任书

为保障公司总体安全生产目标的顺利完成，明确各岗位每位员工的安全职责，结合物业公司各岗位的实际情况，特与公司餐厅员工签订本年度安全、环保、消防、职业卫生目标责任书。

一、目标

严格按照××公司《餐饮服务管理制度》及公司安全生产管理制度操作，实现本人责任范围内零事故、零伤亡、零损失、零投诉的目标。

二、责任内容

（1）从事餐饮作业人员须经有关卫生防疫部门体检合格，持健康证，方可上岗操作。

（2）从事本岗位的员工应衣着朴素干净，穿白色卫生褂，不准穿拖鞋、高跟鞋。

（3）严格遵守餐厅用电、用火安全规定，防止各类电气及火灾事故。

（4）餐厅人员定期检查身体（一年一次），养成良好的个人卫生习惯，保持饭菜加工区及用餐区环境卫生整洁，达到公司环境卫生考核标准。

（5）严把食品安全质量关，把好食品采购、质量验收、加工操作、餐具消毒四道关，做好防蝇、防鼠、防尘等工作，杜绝食物中毒和传染性疾病的发生。

（6）注重节水、节电、节气，杜绝浪费，最大限度地提高饭菜质量。

（7）积极配合公司、部门、班组组织的各项安全检查活动，积极参加本部门、本岗位及公司组织的安全培训（每月不少于两次）、安全会议（每月不少于两次）、突发事故应急演练（每年不少于两次），掌握本岗位安全操作规程，具备处理突发事件的能力。

（8）认真学习落实公司各类突发事件应急预案，正确分析、判断和处理各种事故隐患，把事故消灭在萌芽状态，如发生事故，要正确处理，及时、如实地向上级报告，并保护现场，做好详细记录。

（9）做好本岗位的消防安全工作，了解并掌握本岗位的火灾隐患，应急预案规定的职责、程序、措施、方法、通讯联络等要求，学会使用灭火器。

（10）认真学习、落实国家、省、市、集团、公司有关安全、环境保护、职业病防治的法律法规、会议和文件精神。

三、考核与奖惩

1.考核方式

按照××公司级安全检查，××公司级月度《安全检查考核表》，部门、岗位每周《安全检查考核表》经行三级考核。

2.奖惩

严格按照公司《安全生产考核办法》执行。

本责任书一式两份,自签订之日起生效,有效期自××年1月1日至××年12月31日,部门负责人与餐厅员工各执一份。

部门:　　　　　　　　　　　　部门:
负责人:　　　　　　　　　　　餐厅员工:
年　月　日　　　　　　　　　　年　月　日

第26章 餐饮企业营销文本

26-01 ××餐厅开业促销方案

××餐厅开业促销方案

××餐饮旗下又一主力品牌——××店将于近期隆重开业,为配合餐厅开业,以及更好地在开业之初做好品牌的宣传和推广。现特制订如下开业推广计划。

一、媒体宣传

在餐厅开业(具体日期)提前3天开始在××电视台、××教育电视台、调频广播进行媒体密集宣传、推广。

二、网站宣传

开业之日起,利用与我公司合作较好、知名度较高的网站进行合作宣传、推广。重点介绍、宣传我公司××店的盛大开业信息。

三、××餐饮旗下××家分店全面宣传

制作"热烈祝贺××餐饮××市店盛大开业"的横幅,在各家门店的醒目位置进行悬挂宣传(平均每家店日客流260人×14×30天,约有109200宣传受众)。

四、餐厅开业促销支持

1. 团购支持

在与我公司长期合作的知名团购网站《×××网》进行一次团购套餐销售,能在短期内显著提高餐厅知名度以及我餐厅的顾客人数(客流)。

2. 餐厅开业大酬宾活动

在餐厅开业前3个月内,顾客消费可享受下列优惠。

(1)凡进店消费的顾客可享受全单7.8折优惠(海鲜、酒水、主食除外)。

(2)DM单。凭单(DM)进店消费均可免费赠送1道我店招牌菜品(5选1)。

(3)套餐。餐厅组合最大优惠力度的精美套餐4种进行开业酬宾。

(4)"幸运大转盘"活动。凡进店消费的顾客可在就餐结束后,参加我店的幸运大转盘活动,100%中奖率,奖品为我店特色菜品1份,在顾客下次来店就餐时可以使用,无其他消费限制。

五、其他支持

(1)在开业前期全面进行员工的各项技能培训(前厅服务、厨房操作),提升餐厅的服务质量以及出品品质，务必确保每一位进店顾客都能享受到最满意的服务和就餐感受，以增加再次来店消费的可能性。

（2）开业之初，在各岗位人员配置上，以最大的人员配置为准，以确保餐厅运行的顺畅和高效。

以上为我店开业促销、宣传的相关思路和方案，敬请领导审阅，不足之处，望予以指正！

××店

20××年×月×日

26-02　××餐厅店庆营销活动策划案

××餐厅店庆营销活动策划案

自××年××月××日，××鱼馆崛起于××餐饮市场以来，××年的风风雨雨，××年的时光见证着××鱼馆自艰难起步到现在省内外拥有20多家连锁加盟店，1000多名员工、多种业态、资产过亿的集团公司。

如今，公司即将迎来自己××周年的店庆，面对竞争激烈变幻不定的餐饮市场，作为新派鲁菜的代表如何来筹划××周年店庆呢？

一、前言

中国辛勤的劳动人民，在数千年的饮食文化的探索和发展中，逐渐形成了风格各异的粤、鲁、湘、川等各大菜系和具有属地风味的特色小吃。鲁菜是中国北方第一大菜系，历史悠久，影响广泛，是中国饮食文化的重要组成部分，传统鲁菜以其味咸、鲜、脆嫩、风味独特、制作精细享誉国内外。在川粤菜系大举北上和东北特色菜蜂拥入关时，鲁菜势微，锋芒内敛。值当此时，××鱼馆在市场搏杀中脱颖而出，成为新派鲁菜的代表之一。

当今的餐饮行业，发展趋势可概括为：发展十分迅速，规模不断扩大，市场不断繁荣。然而，繁荣的同时意味着竞争的加剧，每天总有一些餐饮店铺倒下去，又有更多的餐饮店铺站起来，但总有少数几家在大浪淘沙中站稳脚跟并不断发展壮大。近年来，作为新派鲁菜代表的××鱼馆一直屹立在餐饮界的潮头，"××全鱼宴"成为响当当的招牌。

二、市场/企业分析

××的餐饮市场同样存在激烈的竞争，自生自产的宾馆、酒店林林总总，外来的菜系如谭鱼头、火锅城、姜仔鸭、烧鹅仔等连锁加盟店在××均有分布，争夺着××有限的餐饮资源，冲击着食客的味觉、视觉。

一个酒店要获得成功,必须具备以下基本条件:其一,拥有自己的特色;其二,全面的(质量)管理;其三,足够的市场运营资金;其四,创新,不断推陈出新。

这些条件缺一不可,否则,就如昙花一现。这也是许多酒店、餐馆风光开业又迅速消失的原因所在。

近五六年来,公司通过自身繁殖、管理输出、品牌输出等方式在餐饮界大展身手,同时又在不断地积累着雄厚的管理、技术、资本。而作为鲁西南代表的"××全鱼宴"既可以看到传统鲁菜的精当和细腻,又有孔府菜的豪华与高贵,更能感受到××气息的清新与曼妙。

三、营销策划

餐饮服务的目的是让顾客满意,只有顾客满意了,酒店才能获得利润;要做好优质的服务,离不开企业内部员工的努力;内部员工营销的成功又以全面的(质量)管理、有效的激励机制和良好的企业文化氛围为基础。

在这恰逢××周年店庆和圣诞节到来,借此时机,我们以顾客满意营销、内部员工营销和文化营销三者相结合,作为本次店庆活动的重点进行。以××市五个店为例。

1.本次店庆活动目的

增加公司的品牌影响力,提升公司的知名度和美誉度;提升公司形象,增加企业竞争力;加强公司员工的企业忠诚度和向心力;提高全员服务意识、工作积极性;展现公司文化底蕴,进一步提升集团公司的企业文化;提升公司销售额,增加利润;为20××年更好地发展打下良好的基础。

2.本次店庆活动时间

20××年12月13日至22日,共计10天。

3.地点

(略)。

4.参与人员

公司所有员工、前来就餐的顾客等。

5.营销主题

顾客满意、员工满意、管理提升、文化创新。

四、具体方案策划

(一)SP方案

1."微笑服务"

在店庆期间,所有员工一律微笑服务、细致耐心,让顾客乘兴而来,满意而归,提高顾客的感觉消费价值。

策划如下:12月12日前各店召开动员大会;13日至22日服务员之间开展"服务大比武"竞赛,在大厅设立一个专门版面,每日评出"当日服务最优之星",并给予物质奖。

2.特价

（1）每日推出一款特价菜，每日不重样。

（2）随顾客所点菜品加赠部分菜品，如当次消费满100元，加赠2碟凉菜；满200元加赠4碟凉菜等。

（3）打折，这是一个迅速提高销售额的法宝，建议适当打折刺激消费。

3.礼品、抽奖

有计划地发放公司店庆纪念品、小礼物，增强与客人亲近感，扩大宣传面。公司统一印制部分店庆纪念品，要求小而实用、漂亮大方，如带有店庆标志的签字笔、气球、打火机、帽子等，按桌发放。

抽奖方案：主题——"品全鱼宴、中大奖、游×××"。

凡于13日至22日店庆期间，当日当次消费满150元以上的顾客均可以参加。每店设立一等奖2名，奖励"微山湖一日游"，公司统一组织，中奖顾客食宿住行完全免费；二等奖11名，奖店庆红包1个，现金100元；三等奖100名，奖店庆红包1个，现金5元。

（二）内部营销方案

内部营销是一项管理战略，核心是发展员工的顾客意识，在把产品和服务推向外部市场前，先对内部员工进行营销。这就要求员工与员工、员工与企业之间双向沟通、共享信息，利用有效的激励手段营销。

（1）在全体员工内部加强温情管理，要求每一位员工将所面对的其他员工视为自己的顾客，像对待顾客一样进行服务。并在以后的工作中，将内部员工营销固定下来。

（2）征文比赛。内部员工征文主题："我的选择——××鱼馆"。要求如下。

①题材围绕××鱼馆所发生的事情，可以是工作经历、感想、看法、寄语等。

②体裁不限。散文、杂文、记叙文、议论文、诗歌皆可。

③截止时间为12月20日。

希望全体员工积极投稿。本次征文活动将评出一等奖1名，奖金200元；二等奖2名，奖金100元；三等奖5名，奖金50元。并进行集中展出。

（3）成本节约比赛。通过系列活动，对内部员工再教育，提高其的积极性。

（三）产品营销方案

（1）在推行传统餐饮的同时，推进情侣套餐、商务套餐、家庭套餐、孝心套餐等。如：情侣套餐可推出18元、28元、38元、48元套餐等。

（2）绿色家宴。随着生活水平的提高，人们饮食已经不仅仅是为了解决温饱，而是吃"绿色"，吃"健康"。绿色家宴的推出，无疑会受到消费者的青睐。在原材料使用上，力推生鲜类绿色食品；烹饪方式上结合现代人的消费时尚，使菜肴风味化、营养化；在家宴的菜谱上，注重菜肴的营养搭配，平衡膳食，满足人们的健康要求。强烈建议厨房部推出。

（3）秋冬季节是滋补的好时候，建议引进高档营养滋补菜品。

（四）文化营销方案

（1）借店庆××周年之机，向消费者宣传公司的企业文化，增强公司在目标消费者中的影响力。

策划如下：13日至22日店庆期间，设立大型宣传板，上面张贴公司的精神口号、××风光图片、鱼宴的制作流程、各分支公司的图片资料、公司员工的寄语等，让顾客把"吃"当作一种享受，使顾客乐而忘返。

（2）营造店堂现场气氛，包括灯光、音响、海报、POP等。

（五）广告营销方案

在信息发达的现代社会，媒体无疑是吸引大众眼球的媒介。酒店根据不同媒体有不同媒体受众的特点，合理进行自己的市场定位和目标客户的定位，合理地选择媒体投放广告，不可片面追求覆盖率，造成广告的浪费。

作为公司本次店庆来说，一般选择媒体有《××晚报》一栏1500元左右，《××时报》一栏600元左右，电视可以上5秒、15秒广告，其次还可以在互联网上宣传（费用优惠）。

硬广告和软广告相结合，软硬兼施，以取得更好的效果。具体发布可为：店庆前两天发布一次，13日发布一次，18日发布一次。利用媒体整合，实现小投入、大产出。

五、店庆现场布置

1. 所用媒介

氢气球、条幅、公司吉祥物、大型宣传海报、宣传单、展板、POP（各种张贴画）、礼仪小姐、纪念品等。

2. 店庆时酒店外观

氢气球带着条幅在空中飘飘欲飞；吉祥物热情向你招手；楼体外打出"××周年店庆"醒目标和优惠项目的大条幅，以及供应商的祝贺单位的条幅；进门处设置一个高精度喷绘的店庆告示牌；礼仪小姐发放公司店庆纪念品；整体呈现出一种喜气洋洋的气氛。营造出简洁又有品位的节日氛围，消费者从门前一过，就会被这种气氛所吸引。

3. 店内景观

服务员穿戴整齐，面带微笑，热情洋溢；总台服务细致耐心；地面光可鉴人；桌椅一尘不染；公司各种宣传资料随手览阅；灯光明亮柔和；音乐如高山流水；绿色盆景赏心悦目；顾客从进店时刻起，即能享受到一流的服务和视、听、触、嗅觉的全方位感官享受。进餐完毕，还可以参与抽奖，并赠送纪念品。让顾客自始至终享受到××鱼馆一流的服务，留下美好的记忆。

六、费用预算

（略）。

七、效果分析

（1）宣传造势，五店联合店庆，气势宏大，让消费者产生强烈的记忆感，引起良好的口碑宣传，提高公司的知名度和美誉度。

（2）店内外造型富有人情味，服务周到，能提升目标消费者的忠诚度。

（3）通过服务比赛、征文比赛、成本节约比赛，能极大地增强本公司员工的企业归属感和向心力，提高工作积极性。

（4）通过促销，提升公司营业额。

（5）本次活动规模大，而费用相对低廉，能取得事半功倍的效果，能形成大的轰动效应。

26-03　××酒店春节营销活动方案

××酒店春节营销活动方案

春节作为中国的传统节日，一向受到重感情的华夏民族子孙的重视。古往今来，每年除夕夜之时，年夜饭则成为人们表达情感的必要载体，而今年的春节日趋临近，一年一度的"春节营销大战"随之即将拉开帷幕。

初拟策划及布置方案如下。

一、总体目标

通过春节的策划活动，扩大酒店的知名度，加强与商务客户的感情联系，引导周边地区居民的餐饮消费，打消顾客对消费档次的各种顾虑，从而取得一定的经济效益和社会效益；凝聚酒店的销售合力，调动全员积极性，营造和谐发展和积极进取的工作氛围。

二、整体策划

1. 目标定位

春节期间的散客、家人、亲朋好友、商务客人、企业团体。

2. 活动主题

天马辞旧岁，金羊迎新春。

3. 活动广告语

"暖暖除夕，有你真好"。

4. 活动广告文案

一家三代围坐在春节餐桌旁，暖暖的亲情荡漾在每个人的心头，在一种温馨的家庭氛围下，每颗疲惫的心灵都找到了停泊的港湾，彼此眷恋地对望着，深情地发出内心最柔软的声音："暖暖除夕，有你真好"。

5.广告定位

(1)宣传广告

① 在《××晚报》《××报》上做一些宣传报道和广告。

② 悬挂宣传横幅、条幅。

③ 媒体。《××晨报》《××新商报》《人民日报》××电视台,××电视台一、二套频道,××体育频道、××人民广播电台、××音乐之声。

④ 宣传方式。活动介绍、节目花絮、新闻报道、会场图片。

⑤ 宣传时间。20××年1月1日~20××年1月24日。

⑥ 宣传频率。报纸《人民日报》公告三次,各项活动介绍三次。《××新商报》公告五次、现场图片刊登共五次。《××晨报》:公告五次,节目花絮刊登五次。××电视台将"暖暖除夕,有你真好"的广告,每三天播放一次。××电视台以"天马辞旧岁,金羊迎新春"为主题,宣传××酒店春节活动,每天两次(分别定在19:00中央新闻前和20:00××新闻后各一次)每次限五分钟。××体育频道:以"天马辞旧岁,金羊迎新春"为主题,宣传活动安排,穿插少量节目花絮。每天播放一次(定在体育新闻前),每次三分钟。××人民广播电台、××音乐之声:以"天马辞旧岁,金羊迎新春"为主题,宣传××酒店春节活动,每天三次,每次限五分钟。××大酒店的网站全天不间断滚动播出相关新闻、总体情况,并配合宣传图片和活动花絮(请注意网站背景一定要有过年的氛围)。在酒店外围拉横幅宣传,在大堂外用滚动大屏幕,滚动播放活动时间和内容及电梯广告宣传。

(2)宣传册。宣传画册将分为以下几本分册。

分册一:整体介绍××大酒店的基本情况、内部设施、机构设置等,为客户提供酒店信息。

分册二:着重介绍酒店餐饮和住宿条件,并配以插图等,体现××的豪华与舒适,阐释××的文化信息。

分册三:集中、全面地展示"天马辞旧岁,金羊迎新春"20××年春节活动。介绍节目内容与安排,并给每张宣传画册编号,在活动中抽奖时用。并在小册子内注明票价、适用的范围、节目活动的种类、时间的安排以及抽奖的规定;中英文对照,精美印刷,由销售人员和各部门促销人员大力向外界派发。

(3)春节贺卡。贺卡具有收藏价值,并且自制的贺卡是酒店文化符号的重要表现形式,能渗透酒店对老客户的人文关怀和对新客户的热情期待。贺卡请于12月25日前印刷完毕,营销部门实施派发、邮寄工作。派发、邮寄对象以在店消费的大户、常客为主,将酒店对他们节日的问候和祝福与酒店的节日促销活动内容结合在一起。

(4)印制宣传单。利用宣传单对活动进行宣传,其长处在于直观、快捷、受众广泛,对扩大知名度、引起关注有着举足轻重的作用。

(5)礼品制作。提前打好预算,确定所要订购的礼品种类、数量,由营销部货比三家后，将最后的选择和价位以书面的形式递交给财务部，由财务部协商后呈领导审批，审批通过，方可由营销部继续实施。

（6）内部宣传。由人事部将酒店节日宣传策划活动以店报的形式向各部门领导进行宣传，再由各部门领导开会以口头形式向本部门下属员工进行传达（1月5日前完成）；各部门下属员工进行节日期间的语言规范、礼仪礼貌方面的培训（1月10日前完成）；由人事部挑选一对服务员扮演小金羊，并进行适当的培训（1月15日前完成）；总机负责在春节期间播放背景音乐，以烘托整个酒店的节日气氛。

三、春节酒店的布置及装饰

1.酒店外围

（1）在正门口立放金童玉女一对，沿用至元宵节，酒店提供照相留影服务（客人洗相费用自理）。

（2）在酒店外围植物上绕挂满天星，在酒店正门两侧分别立一大盆金橘，顶棚挂大红灯笼。外围草坪上斜拉彩旗。

（3）大门口悬挂"××大酒店恭祝全市人民新春快乐"横幅。

（4）大门口两侧玄武岩贴对联"金羊奔盛世""紫燕舞新春"横批为"恭贺新禧"。

（5）酒店大堂两侧玻璃门贴羊年生肖剪纸图案。

（6）酒店正门口安排两位工作人员（人事部选好的那对员工），穿小羊服装戴小羊头套，负责为前来酒店用餐年纪大约在10岁以下的孩子发放气球（一支），水果糖（2粒）。

（7）三楼、四楼阳台栏杆插彩旗。

2.酒店大堂

（1）大堂顶棚每两角为一组拉上细铁丝，在细铁丝上缠绕拉花（注意尽量让铁丝被拉花覆盖，不要露出铁丝），并在每组绕有拉花的铁丝上挂上宫灯和中国结（注意穿插的要有序，数量要得当，间隙要匀称）。

（2）在总台收银的接待桌上用红灯笼架一个坐立的拱门，拱门两边分别安放在接待桌的左右角接近尽头处。

（3）总台两边立两棵大金橘盆栽，上面绕满天星，挂红包袋作装饰，总台两边大柱子上各挂一大号中国结。

（4）总台接待桌上摆放元宝塔，其他植物均绕上满天星、拉花装饰。

（5）大堂吧在原有的绿植上缠绕上丝带，墙上贴一两幅抽象的生肖剪纸图案。

（6）后院通道门玻璃贴类似大门装饰图案。

（7）循环播放春节背景音乐，从大年二十八开始。

3.酒店餐厅

（1）包厢通道吊顶、筒灯与筒灯之间用红、黄两色装饰带做弧形波浪，两个弧形间挂一中国结或宫灯（注意穿插的要有序，数量要得当，间隙要匀称）。

（2）宴会台背景墙装饰一春节图案。

（3）餐厅收银台上方吊顶挂小灯笼装饰，所有植物暂时改成金橘盆栽。

（4）中餐厅背景按婚宴设计（底铺绒布，顶和旁边用窗帘装饰），中间挂一春节装饰图案。顶棚用红、黄两色彩带做弧形波浪装饰，中间挂一塑料宫灯，所有大株植物上挂红包袋、撒彩花和小元宝。

（5）迎宾处通道门贴财神图案。

（6）播放春节背景音乐，大年二十八开始播放。

4.酒店夜总会

（略）。

5.酒店楼层

（略）。

四、春节优惠活动

1.春节套票

实惠多多，惊喜多多，春节推出"吉祥如意"套票。

（1）餐饮。666元/桌（含服务费，仅限三楼餐厅）。

（2）客房。288元/间/天（含双早）。

（3）娱乐。12:30～16:30赠送包房3小时；16:30～02:00赠送包房2小时。

2.餐饮

（1）大年三十（18:00～21:00）推出"吉祥"年夜饭：588元/桌；688元/桌；888元/桌。

大年三十（21:00～12:30）推出"富贵"年夜饭：888元/桌；1080元/桌；1288元/桌（0:00赠送吉祥如意饺子一份）。

提前预定年夜饭，有小礼品赠送。预定专线：××××××××。

定餐满1000元，赠送大抱枕一个（抱枕价值20～30元，抱枕是办公室一族和居家生活必不可少的用品之一，消费赠送抱枕，对顾客来说比较实在）。将不同生肖吉祥物藏在抱枕里，客人可凭此吉祥物到总台换取相应的奖品，生肖为羊的吉祥物对应奖品为时尚台历一部，其他生肖吉祥物均为小中国结一个。

（2）春节期间宴会厅推出春节套餐。金玉满堂宴：688元/桌；富贵吉祥宴：788元/桌；五福临门宴：888元/桌。

五、春节活动安排

1.除夕激情HIGH　HIGH　HIGH

时间：除夕20:00～22:30。

地点：×××。

票价：成人388元/张；儿童188元/张。

特邀嘉宾：相声演员×××、×××。著名歌手：×××、×××、×××等。

活动内容：开场歌舞《开门红》《好日子》《喜事多》。

××独唱《为了爱》。

俄罗斯舞蹈团《金色的雨》

××乐队《真的爱你》

××《只要你好》

傣族舞蹈：《孔雀舞》

相声演员×××、×××《福寿全》

××《但愿人长久》

×××《最幸福的孩子》

少年宫孩子们的舞蹈《喜临门》

×××《唯一》

尾声：全体演员及××领导和员工代表《难忘今宵》。

2."你的折扣你做主"大型抽奖活动

时间：除夕21:00、22:00（两个整点时刻，每次抽取四个奖项）。

地点：中餐厅。

活动内容：凡在酒店消费满1200元的客人均可将消费卡片投入展台上的灯笼内，由现场客人中产生的幸运福星来抽取。一等奖一个，二等奖两个，三等奖五个。

活动奖品：一等奖，双人标准间一天（夜）；二等奖，西餐厅100元抵值券一张；三等奖，KTV欢唱券一张；幸运福星奖品；水逍遥桑拿套票一张。奖品在下次消费时方可使用（奖品以酒店的客房、餐券为主，为的是形成一种可持续发展的节庆活动）。

3.温馨家庭大比拼

时间：正月初一　20:00～22:00。

地点：中餐厅。

活动内容：每个家庭准备两个或两个以上不同风格的节目，进行家庭才艺展示与比拼。内容可以是歌舞、书画、小品等不限，要求家庭的大部分成员都要参与，且两个节目的形式不能相同。由专业人士作为评委，并综合民主评议，评出"欢乐家庭"优胜组一名。

活动奖品：本酒店的餐饮券、KTV欢唱券等消费券，下次消费时方可使用。

26-04　××酒楼三八妇女节促销活动方案

××酒楼三八妇女节促销活动方案

一、活动背景

因为女性朋友多爱美，倡导绿色健康消费，所以××酒楼以美容菜品的推出为切入点展开促销活动。

二、活动时间

3月8日~12日。

三、活动内容

（1）3月8日，当天在××餐饮总店消费的女性顾客每桌均可免费赠送一壶美容养颜饮料（核桃花生汁、玉米汁）。

（2）3月8日，当天生日的女性顾客，凭有效身份证，在××餐饮总店消费均可获得酒店为你准备的生日礼物（精美小礼品）。

（3）3月8日，当天在××餐饮总店消费的女士团体，消费满500元以上，可享受8折优惠。

（4）3月8日，当天在××餐饮总店消费满1000元以上的顾客，可吃多少送多少哦！

（5）凡当日消费的女性客户可享受抽奖活动一次，中奖率100%（小礼品类）。

（6）凡当日消费的女性客人可在餐厅享受9折，并免费赠送精品水果盘一份。

（7）3月8日出生的女性，可凭证件享受全单8折的惊爆特价。

××酒楼为庆祝三月八日"国际妇女节"的到来，为女性消费者推出特大惊喜——自3月3日起至3月8日，凡来××餐饮总店消费的女性顾客，皆赠送特制×××一份（"木瓜汤""芦荟养颜粥"等养颜方面的菜肴）。注：每桌客人内只要有女性即可参加此活动，所赠送的×××是以每桌为单位，而非以人数为单位赠送。男同胞的美容也非常重要的哦！

26-05　××酒楼五一劳动节促销活动方案

××酒楼五一劳动节促销活动方案

一、活动目的

（1）提高××餐厅知名度，扩大××餐厅在××市的市场占有率。

（2）提升××餐厅产品形象，让消费者真正意识到"××餐厅的炸鸡是中国人自己的炸鸡"。

（3）确保年销售额比上一年增长10%，销售净利润比上一年增长5%。

二、活动主题

快乐五一，活动多多！

三、活动时间

5月1~3日。

四、活动对象

（1）小朋友。餐厅内设立了游乐园，并提供儿童套餐，小朋友在用餐时能更感亲切。

（2）上班族。外出就餐已成为上班族的生活习惯，××餐厅快速而美味的食品正成为附近上班族的午餐首选。

（3）商务人士。繁忙商务活动之余，商务人士可在××餐厅优雅舒适的环境及亲切的服务中享用美味可口的西式快餐。

五、活动内容

（1）活动期间，来本餐厅消费的小朋友（12岁以下）可获赠一个精美小熊玩具。

（2）情侣来本餐厅消费满____元送一朵玫瑰花。

（3）活动期间，一次性消费满____元者均可获赠"消费卡"一张，持该卡消费，均可享受8.8折优惠。

（4）活动期间，消费满____元均可获赠礼券一张，礼券每张抵____元人民币。

（5）活动期间举行抽奖活动，来本餐厅消费就有抽奖机会。

六、活动宣传

（1）宣传单。发单人员在××广场、××路等区域不定期发传单，并派一名发单人员在餐厅前街道处进行宣传，吸引客人到××餐厅消费。

（2）POP广告。在门店电子广告牌上以滚动形式宣传优惠活动。

（3）网站广告。××餐厅可以与广大网站开展互动合作，如人人网、拉手网、各高校论坛等。

（4）报刊广告。在《××日报》刊登广告。

七、时间安排表

五一促销活动的时间安排如下表所示。

五一促销活动安排

时间	活动安排
4月24日	与合作商洽谈
4月25日	活动文案设计和定稿
4月26日	制作宣传单、视觉形象广告
4月27日	设计宣传单版面并完成印刷
4月28日	派发传单，播放电子广告
4月29日	派发传单，播放电子广告，做好人员准备和物料准备（赠品、特价卖品、道具）
4月30日	更新收银台信息系统，确保防火门、安全门、消火栓、消防器材等设备到位，在餐厅内外布置POP、海报、挂旗、气球等，做好产品、赠品、特价品的陈列等
5月1日	活动开始

26-06　××酒楼端午节促销活动方案

××酒楼端午节促销活动方案

一、活动背景

（略）。

二、活动时间

××月××日～××月××日。

三、目的及活动宗旨

（1）让客人了解酒楼，打消客人对消费档次的各种顾虑。

（2）丰富传统节日的庆祝氛围，刺激亲情消费。

（3）开发现有场地资源，提升清淡时段的营业潜力。

（4）凝聚销售合力，调动全员积极性，实现捆绑式营销。

四、活动对象

端午节期间的散客、家庭、亲朋好友。

五、活动定位

首先在广告攻势上独树一帜，活动标新立异，令人耳目一新，营造热烈温馨的节日气氛。

六、促销活动

以"融融端午情，团圆家万兴"的名义开展如下促销活动。

（1）啤酒买一送一。

（2）贵宾厅菜金八折。消费×××元以上送消费券××元。

（3）以端午节文化为内容推出多款适合家庭聚会的精美实惠端午团圆宴，并推出几款特价端午菜品。

（4）把握"地道""原汁原味"的原则。家庭用餐、亲朋好友聚会是这一阶段的主要客源。酒楼产品就应以满足这类客人的需求为主，菜品方面要求口味清淡、老少皆宜、菜量偏多、价格适中，并适时地推出各档次宴会用餐，其中穿插特色菜、招牌菜、新派菜等，促进酒楼形象品牌的树立和推广。

26-07　××餐厅端午节促销活动方案

××餐厅端午节促销活动方案

一、活动背景

（略）。

二、活动主题

良粽盈香，醉端午！

三、活动时间

××月××日~××月××日。

四、活动实施

1.场地

（1）在门口或餐厅内醒目处放圆桌一张，摆上电饭煲，旁边放置活动促销展架。

（2）将粽子堆满在电饭煲的蒸格上保温。

（3）每日12:00摆出电饭煲，23:00收回电饭煲。若在此时间段之外客人有需求，直接从厨房出货。

（4）将特制打包纸袋放在桌子上，保持摆放美观。

2.宣传品

（1）将活动宣传小卡片放置在餐厅内各台桌上，每桌放置2~3张。

（2）宣传品半压在纸巾碟下，任由客人取看。

（3）服务员在引领客人入座后，应主动向客人介绍促销活动，并取出小卡片给客人观看。

（4）若有客人取走桌上小卡片，服务员应该及时补充。

3.粽子

（1）粽子主要是对外零售，尽量请客人购买带走。所有粽子都是真空包装，当为客人打包时，放置一张宣传小卡片在袋内。

（2）客人在本餐厅内即时食用时，粽子必须热透。

五、宣传介绍

（1）宣传展架放置于门口。

（2）电饭煲外部写明"促销"字样。

（3）活动宣传小卡片用于发给到本餐厅的客人、放置于粽子专用打包袋中。

（4）群发短信通知。短信内容如下。

"亲爱的朋友，时值端午，××餐厅特别为您奉上独具风味的精制良粽，优惠多多，伴您享受传统文化的时尚演绎！"

"××餐厅邀您端午品香，让独具风味的香粽伴您品享假日的悠然！"

"五月初五挂菖蒲，沐兰时节龙舟出。粽叶缠就香黍角，邀君共品端午故。××餐厅端午品香、真情回馈，为您奉上端午佳节的问候！"

26-08 ××酒楼母亲节促销活动方案

母亲节营销方案

为提升餐厅的知名度和美誉度,增进目标消费群体对"母亲节"的印象和记忆,通过媒体以"亲情"进行包装,号召做儿女的向父母亲表达关爱和祝福,借势造势,强化家庭责任,反哺母亲,奉献孝心,值5月×日母亲节到来之际,策划以"感恩母亲·母爱永恒"为主题的专题活动,具体方案如下。

一、活动目的

(1)提高品牌知名度。

(2)提高目标消费群体在酒店的购买率和消费额。

(3)通过活动,增进餐厅和公众的了解和沟通,制造新闻线索,扩大对外形象宣传。

二、活动时间

20××年5月×~×日(5月第2个周末)。

三、目标群体

母亲节活动目标群体为25~45岁之间的时尚白领女青年和在政府机关、企业担任中高层职务的成功人士。由于公务或商务繁忙,与家人在一起的时间一般较少,特别是与父母亲在一起的时间更少,"回报养育之恩"的情结,可以引发其潜在的消费可能和情感需求。

四、活动主题

(1)广告主题。感恩母亲·母爱永恒!

(2)广告词。世界上有一种最美丽的声音,那便是母亲的呼唤——但丁·(神曲)。

五、活动内容

(1)赠送康乃馨鲜花。凡20××年5月×日当天到店消费的女士每人赠送1支(在客人落座后发放,并致以母亲节节日问候)。

(2)微博抽奖。到店消费晒照,并@餐厅官微及3位好友,就有机会获得价值228元的免费自助餐券。

(3)生日祝福。凡5月×日当天生日的女士,可凭身份证领取精美礼品一份。

(4)女士营养菜单。餐饮部推出三道养颜营养菜肴。自助餐消费的女士可免费任选一道菜肴。

(5)优惠酬宾。活动期间原价228元观景自助餐,母亲节专享套餐:×××元。

六、活动宣传

(1)短信群发。感恩母亲·母爱永恒!5月××日××餐厅推出"母亲节"专享特惠活动,当天生日女士更有精美礼品赠送!(5月××日发送)(市场企划落实)。

(2)店内POP。大堂、餐厅门口、一楼电梯口各一块(5月××日前完成)

（市场企划落实）。

（3）网络推广。通过官方微博、官方微信展开线上推广，5月××日开始预热，5日起开展为期7天的线上抽奖活动，关注餐厅官微并@3位好友，每日送出一张自助餐免费券（市场企划落实）。

（4）主流媒体（××都市报、××快报）。5月××日、5月××日，活动前、后软文报道。

七、费用预算

（略）。

26-09 ××餐厅七夕情人节促销活动方案

××餐厅七夕情人节促销活动方案

一、活动背景

（略）。

二、活动主题

穿越七夕夜，遇见更美的你！

三、活动时间

8月14日～16日。

四、活动定位

本活动为一次影响力广、吸引人数多、参与门槛低、具有话题性和文化性的七夕促销活动，主要针对20～40岁的中高端消费群体。

五、活动形式

（1）8月14日～15日，消费达____元即可获赠____元优惠券，以直接让利的促销形式拉长餐厅热销周期。

（2）8月16日七夕夜晚，利用主题活动引爆全场，扩大餐厅知名度。

六、活动内容

（1）以七夕当天主题活动为主线，前期返券让利促销为辅助，举行为期三天的"穿越七夕夜，寻找更美的你"主题促销活动。8月16日当天，举办"忽然遇见你"单身交友派对及"浪漫回味年"情侣交友派对，凡活动当天交友成功者均可享受餐饮5折优惠。

（2）只要身边有伴侣，均可参加8月16日××餐厅举办的情侣主题派对，凡是夫妻、情侣在七夕当天到餐厅消费，均可获得餐饮5折优惠。

（3）凡是8月16日为结婚纪念日的客人，只要讲述其浪漫爱情故事，均可享受餐厅提供的免费情侣套餐一份。

七、现场氛围打造

1.餐厅外围布置

（1）在餐厅入口处设置大型七夕鹊桥门头，借传统七夕鹊桥会的文化习俗增添餐厅的人文格调及节日独特性，以此吸引消费者关注，并力邀当地知名摄影机构联合加入，为每一个来餐厅消费的客人留下七夕最美的身影。

（2）结合七夕鹊桥门头，布置牛郎、织女特色造型人物模型，不仅从外围环境上增加餐厅的格调与文化，也为消费者照相留念提供契机。

（3）根据七夕促销主题创意设计古香古色的宣传立柱，并贴上"穿越七夕夜，遇见更美的你"活动主题口号。

2.大厅环境布置

（1）在餐厅大厅及主要过道设置中式灯笼，增添厅内的人文格调。

（2）按照七夕促销主题统一设计宣传吊旗，以创意造型有序布置，用于活动宣传及氛围打造。

（3）根据场地设置摄影照片领取台，进行活动主题造型布置，如签到板、造型纱幔、展架等。

（4）根据餐厅场地进行分区规划设计、舞台创意造型设计等。

（5）根据餐厅场地布置活动当天所需灯光设备、光影表演设备等。

八、活动流程

1.单身区

单身区的活动流程如下表所示。

单身区活动流程

阶段主题	时间	活动安排
七夕夜美丽留影	17:30 ~ 18:30	由餐厅迎宾员引导客人到餐厅入口鹊桥造型处，由专业摄影机构为每位来餐厅的客人拍照留念，以迅速聚集人气
享特色文艺盛宴	18:30 ~ 18:40	主持人开场，介绍活动主要内容及促销优惠措施
	18:40 ~ 18:45	3 ~ 4人舞蹈开场
	18:45 ~ 18:50	独唱加伴舞
七分钟浪漫心跳	18:50 ~ 18:55	主持人串词，进入"交友找伴"环节
	18:55 ~ 19:02	餐厅灯光渐暗，四周出现闪烁、绚丽的光影艺术效果，营造优雅、神秘的气氛，在场客人写下期望交友的座号数字
	19:02 ~ 19:10	主持人统计在场客人交友数字配对情况，公布交友结果

续表

阶段主题	时间	活动安排
七夕夜完美遇见	19:10 ~ 19:20	现场演奏音乐，交友成功的客人开始现场交流
	19:20 ~ 19:25	主持人串词，统计交友成功的客人数量
	19:25 ~ 19:30	结束离场，客人在照片领取处领取照片，工作人员登记客人信息，以此建立客人档案

2.情侣区

情侣区的活动流程如下表所示。

情侣区活动流程

阶段主题	时间	活动安排
七夕夜浪漫留影	17:30 ~ 18:30	由餐厅迎宾员引导客人到餐厅入口鹊桥造型处，由专业摄影机构为每位来餐厅的客人拍照留念
寻五段完美爱情	18:30 ~ 18:40	主持人开场，介绍活动主要内容及促销优惠措施
	18:40 ~ 18:45	歌舞表演
	18:45 ~ 18:50	主持人串词，进入"寻找五对七夕情侣，讲述五段浪漫爱情"环节
七夕夜浪漫回味	18:50 ~ 19:05	主持人串词
	19:05 ~ 19:30	现场演奏音乐，客人在照片领取处领取照片，工作人员登记客人信息，以建立客人档案

26-10 ××酒楼父亲节促销活动方案

××酒楼父亲节促销活动方案

一、活动目的

（1）通过父亲节前期和当天的宣传，对用餐的客人进行温馨提示并赠送礼品，给客人提供其他的超值服务，以增加酒楼的营业额，提高客人的回头率及对品牌的忠诚度。

（2）通过情感促销（提供超值服务）不断提高酒楼在餐饮市场的占有率，确保始终领先于其他竞争对手。

二、活动时间

父亲节当日。

三、活动地点

××酒楼。

四、活动内容

（1）父亲节当天来本酒楼用餐的客人都可以免费给父亲打个电话（市话、国内长途），限时15分钟。

（2）父亲节当天来本酒楼用餐的客人都可有机会免费拍照一张，并免费寄到本人父亲的手中。

（3）父亲节当天如有客人请本人父亲来本酒楼用餐，可享有如下优惠：免费合影一张；送相框一个；送纪念父亲节特制菜品1～3份；送礼品一份（领带等）；享受全单8.8折优惠。

（4）父亲节当天过生日的父亲，免费提供"父亲节家庭套餐"一份。

五、宣传与氛围营造

1. 广告宣传

平面媒体广告、电视广告、网络广告、高档楼宇广告。

2. 短信群发

短信内容：父亲节到了，××酒楼全体员工祝福您的父亲或身为父亲的您健康快乐！当天生日的父亲可享受免费家庭套餐！更多惊喜请致电咨询！

订餐电话：××××××××。

3. 店内外布置

通过在店内外的不同位置布置各种广告（图片和文字），进行全方位、立体化的宣传，营造出浓浓的"父亲节"文化氛围。具体工作布置如下。

（1）店外水牌。第一次提示客人。

（2）店内广告和氛围营造

① 展架3个。

② 喷绘图片30张。

③ 特制父亲节菜单。

④ 免费父亲节家庭套餐。

⑤ 台面软文（从"六·一"儿童节到父亲节）。

⑥ 背景音乐：《常回家看看》《父亲》等循环播放。

⑦ 员工问候语："父亲节快乐！"等。

（3）现场互动

① 送"父子（女）连心"菜品一份。祝福语："祝愿天下父子父女都永远心连心、幸福快乐！"

② 现场拍照。配音："各位朋友，让我们在父亲节这个难忘的日子里留下这永恒的一瞬！"

③ 为现场的父亲和天下父亲敬上一杯祝福酒。祝酒词："今天是父亲节，祝现

场的父亲和远在家乡的父亲节日快乐、身体健康！"

④（祝酒词讲完之后）说："各位朋友，我和我的助手一起为现场的父亲和客人献上一曲《父亲》，再次祝您和您的父亲节日快乐、身体健康！"（将氛围推向高潮）。

六、注意事项

（1）宣传文稿的感情表达要贴切、准确、到位，太过则显得虚情假意，有所欠缺则无法与客人产生情感共鸣，很难打动客人。

（2）要就父亲节活动内容进行全员培训，确保全体员工达到熟知的地步。

（3）父亲节优惠活动不能与其他优惠活动同时进行。

（4）父亲节那天来本酒楼过生日的"父亲"必须提前预约。

（5）要保障父亲节特制菜品的原材料充足。

七、宣传文稿

1.软文一篇

（略）。

2.广告宣传语

（1）我们与您有一个共同的愿望——祝父亲生活更快乐！身体更健康！

（2）父亲节，无论工作再忙也别忘了给父亲打个电话……

（3）父亲节，一定要抽出时间陪父亲吃顿饭啊！

（4）身为父亲的您别忘了自己的节日啊！

（5）每天都在忙碌地工作，偶尔闲暇时您是否还能记起父亲的节日？

（6）大家来这里留下您对父亲的祝福吧，哪怕只有一句话或几个字，相信父亲们都能收到我们从心中传递的那份深深的祝福。

（7）是否还能记起当初远行时父亲在拐角处始终不肯离去的身影。父亲节，记得给父亲一声问候啊！

（8）特制菜单名字：父亲常健、伟大父爱、父子情深、父子连心。

八、工作分工

1.总策划：×××

（1）负责制定"父亲节"整体促销策划方案，讲解方案的核心与细节，协调整合资源。

（2）做活动总动员，并为活动造势。

（3）监督指导各部门对方案的贯彻落实情况。

（4）写作与整理图片和短文。

（5）跟进、检查与落实所有相关工作。

2.方案负责人：×××、×××、×××

（1）动员管理人员和全体员工加入到父亲节活动中来，积极地出主意、献点子。

（2）征集温馨语句、文章以及父亲节特制菜品的名称。
（3）每天在例会上通报父亲节活动进展情况。
（4）制定父亲节免费套餐菜单。
3. 后勤保障：×××、×××、×××
（1）负责购买电话卡、相框、POP用纸张、彩笔、双面胶、胶带等相关物品。
（2）负责相关资料的打字、复印、喷绘、印刷。
（3）负责照相、洗相片和邮寄。
（4）购买《常回家看看》《父亲》等光盘或下载这些歌曲。
（5）负责协助礼品的发放工作。
九、经费预算及广告策划
（略）。

26-11 ××餐厅中秋节促销活动方案

××餐厅中秋节促销活动方案

中秋节，这是我们民族一年一度的欢庆盛会，众多朋友聚会、家人团聚也会选择中秋节这样一个具有特殊意义的日子，而他们也会将餐厅、饭店、酒楼作为中秋节聚餐的首选之地。

针对中秋节餐饮消费市场的这一需求，餐厅有必要策划一个中秋节促销活动方案，以吸引更多的中秋节聚餐消费人群前来餐厅就餐，拉动餐厅中秋节经营收入的同时，为中秋节节日欢庆营造良好的喜庆氛围。结合本餐厅的实际情况和中秋节民族传统习俗，为了更好地开展中秋节促销活动，达到中秋节餐厅经济效益与社会效益双丰收，特制定如下餐厅中秋节促销活动策划方案。

一、目标市场分析

本餐厅的顾客主要是中上层人士和政府机关工作人员，但其中也有不少是周边社区的大众消费者，这要求餐厅在提高档次的基础上必须兼顾餐厅周边人群的大众化消费需求。

二、定价策略

（1）饭菜基本上可以保持原来的定价，但要考虑和中秋节相关的一些饭菜的价格，可采用打折（建议使用这种办法）或者直接降低价格的办法。
（2）针对价格高的饭菜，建议采用减量和减价相结合的办法。
（3）中秋节的套餐（下面有说明）的价格不要偏高，人均消费控制在50～80元（不含酒水）。

（4）其他的酒水价格和其他服务的价格可根据餐厅的实际情况灵活变动，在中秋节的前后达到最低价（但要针对餐厅的纯利润来制定）。

三、营销策略

（1）制作专门针对中秋节的套餐，可以根据实际的情况分实惠、中、高三等，有二人餐、三人餐等类型，主题要体现全家团圆，可赠送月饼（价格不需要太高）。

（2）如果一家人里有一个人的生日是八月十五日，可凭借有效的证件（户口本和身份证），在餐厅聚餐可享受8.15折（根据餐厅的实际决定）的优惠。建议给他们推荐中秋节套餐。

（3）如果手机和固定电话号码尾号是815（××地区以内），可凭借有效的证件（户口本和身份证），在餐厅聚餐可享受8.15折（根据餐厅的实际决定）的优惠。建议给他们推荐中秋节套餐。最好是餐厅直接联系一下这些人。

（4）由于本餐厅暂时没有住宿服务，可和其他的以住宿为主的大型宾馆联合行动，相互介绍客户，这样可以增加客户群，减少一些相关的费用。对这部分客户可用专车接送，同时也建议给他们推荐中秋节套餐。

（5）在饭后赠送一些和中秋节相关的小礼物（上面要印上餐厅的名称、电话、地址、网址）。

（6）活动的时间定于农历八月十日至八月二十日。

四、推广策略

（1）在餐厅的门口附近、火车站、汽车站放置户外广告（户外广告采用喷绘为主，条幅相结合的形式）。

（2）电视、街道横幅和报纸广告相结合。

（3）可以尝试一下手机短信广告，群发的重点是原来饭店的老顾客，注意要使用适当的语言，主要介绍餐厅的最新活动。

（4）网上做个弹出框广告或者比较大的FLASH动画广告或者是banner。网页动画和图片的处理必须要和营销的内容相符合。

（5）也可采用传单广告，但传单的质量必须要高。

注意：以上的广告可同时选择几种，推广的重点在市区，也可向周边的县市推广。广告的受众最低要保证15万人。

五、其他相关的策略

（1）保安必须要保证餐厅的安全。

（2）对服务员和相关的工作人员指定一些激励政策，调动他们工作的积极性（以后可以细化这个内容）。

（3）在大厅里播放一些品位高、优雅的音乐。

（4）餐厅厨房需要搞好后勤，在保证菜品标准质量的情况下，菜品出品和上菜的速度必须要快。

（5）大厅的布置上不需要太豪华，但要美观大方，表现出中秋节的味道。

六、效果预测

餐厅在切实实施了以上的促销推广活动和为顾客提供了周到服务时，餐厅经营收入最少是平时经营收入的1.5倍以上。

七、其他建议

（1）餐厅前台及时与服务员沟通，随时保存一些重点顾客的资料。

（2）在争取顾客同意的条件下，把顾客的信息输入数据库（关键是顾客的名字和手机号码），为以后的推广服务（以后可以细化这个内容）。

（3）尽快做好餐厅的网站，网站必须要由专业的人士制作，域名既要简单又要好记，网页的设计上要体现出餐厅的特色，颜色以暖色调为主，主页最好要有一个大的FLASH动画，还要有新闻发布系统、网上营销系统、顾客留言板、客户论坛、员工娱乐等方面的内容。

26-12　××餐厅重阳节促销活动方案

××餐厅重阳节促销活动方案

一、活动背景

重阳节也叫"老人节"，是继"中秋节"之后的一大传统节日。近年的重阳节，逐渐掀起了一股"团圆风"。

二、活动主题

菊品为尚，情浓重阳，礼敬老人，送上温馨，送上健康！

三、活动时间

××月××日～××月××日。

四、装饰布置

（1）在正门外摆放大型菊花花坛，在门外两根立柱之间悬挂"菊品为尚，情浓重阳，××餐厅赏菊会"主题横幅。

（2）在正门入口处堆放九层的大型"重阳糕"，配放小装饰"灯"，寓意"步步登高"。

（3）餐厅内张贴重阳节主题吊旗。

（4）在各楼层显著位置摆放不同品种的名贵菊花，供人观赏。

五、活动内容

（1）时逢秋季养生好时机，推出适合老年人口味的养生佳品及各色重阳套餐。

（2）重阳节当天向60岁以上的用餐老人赠送养生滋补汤一份。当天过生日的客人，凭生日蛋糕或本人有效证件可获赠长寿面一份。

（3）凡年满60岁（凭有效证件）的老人可享受每位99元的"九九重阳优惠套餐"（仅限100人），额满为止。席间有民乐、变脸、舞狮子等助兴表演。

（4）重阳节特价酬宾，酬宾内容包括保健酒类、保健品类、保健食品类及其他老年用品等。

六、活动宣传

（1）报纸广告。重阳节前在《××晚报》发表重阳节促销活动内容。

（2）网络广告。在大众点评网、饭统网等餐饮网络平台上发布重阳节促销活动信息。

26-13 ××餐厅国庆节促销活动方案

××餐厅国庆节促销活动方案

一、活动目的

提升酒楼品牌形象，吸引更多客人来本酒楼消费，最终实现销售额的快速增长。

二、活动主题

国庆同欢喜，好礼送不停！

三、活动对象

针对不同消费人群开展不同的促销活动。

四、活动时间

9月25日～10月8日。

五、活动形式

打折、赠送、抽奖。

六、活动内容

（1）促销期间凡在本餐厅用餐超过____元者均可享受九折优惠。

（2）促销期间凡在本餐厅消费指定系列套餐者即可获得相应大礼盒。

（3）活动期间凡在本餐厅用餐者均可参加有奖竞猜活动。

七、活动宣传

（1）在人流量集中的地方，如火车站、公交车站等做户外广告。

（2）在报纸、电视台进行宣传。

（3）发放传单。

26-14　××酒楼国庆促销活动方案

××酒楼国庆促销活动方案

一、活动背景

（略）。

二、活动时间

10月1日~7日。

三、活动主题

暖意国庆——情满黄金周！

四、活动安排

本次国庆黄金周促销活动主要分为三个篇章：亲情篇、爱情篇、同窗篇。

1.亲情篇

活动时间：10月1日~2日。

营造一种家庭温馨气氛，菜肴以家庭日常菜为主，餐具桌椅都用最朴实的家庭风格。让客人参与其中，提供个性化的服务，如在聚餐环节以子女名义向父母赠送一份小礼物。

2.爱情篇

活动时间：10月3日~4日。

增设爱情包厢，大堂营业活动照常进行。根据客人需求，包厢里可布置成具有情调的淡黄色、甜蜜的粉红色。最好提供烛光晚餐，让情侣、夫妇在此尽享二人浪漫世界。酒楼提供一些情趣增值服务，如送玫瑰花、给男方提供真情告白机会等。

3.同窗篇

活动时间：10月5日~7日。

增设同学聚会大包厢，人太多也可在大厅举行，包厢里不需要多余装饰。菜肴都提供本地的特色菜，尽一切可能让客人满意。

26-15　××酒楼圣诞节促销活动方案

××酒楼圣诞节促销活动方案

一、活动背景

每年12月25日的圣诞节是西方国家一年中最盛大的节日，可以和新年相提并论，类似我国的春节。

二、活动主题

圣诞狂欢夜、欢乐优惠在圣诞！

三、活动时间

12月23日~26日。

四、场景布置

（1）门口。一名服务员装扮成圣诞老人站在门口迎候客人，遇上10岁以下的小客人则发一粒水果糖。

（2）大堂。中央摆上圣诞树，圣诞树的尺寸要与大堂的空间协调一致，树上必须有闪烁的彩灯，以吸引客人的注意力。

（3）玻璃门窗。贴上圣诞画，如雪景、圣诞老人等。

（4）酒楼。服务员头戴圣诞红帽，给每桌客人先上一盘别致的圣诞点心，点心主要有蛋糕、饼干，也可以是平时很受欢迎的酒楼特色点心，周围摆上各式各样的糖果。还可以在盘中藏匿一件有奖吉祥物，客人可凭不同的吉祥物到服务台领取不同的圣诞节小礼物。

（5）过道。用红纸扎成小巧的灯罩，每隔1.5米挂一只，顺着过道挂在两列。

五、营造圣诞氛围

（1）门前广场可设置这样一个场景造型：在雪地上矗立着一座别墅式的房子，房子周围是青翠的圣诞树，并有着一个美丽的花园。整个房屋透着黄色的温暖灯光，透过窗户可看到一家人的身影，正在欢快忙碌着准备圣诞晚会。圣诞老人正悄悄爬上烟囱，悠扬的音乐从圣诞屋内飘出来……整个场景静谧而欢快，有动有静，栩栩如生，充满情趣（注：音乐是必不可少的，它能给整个场景增加动感，所以要播放一些经典的曲子）。

（2）服务员和收银员全部戴一顶红色圣诞小帽子，衬托节日气氛，刺激客人消费。

（3）划出圣诞商品区域，陈列各种圣诞礼品。圣诞树排成一排，配以各种彩灯、装饰品等，加上海报、音乐等来渲染圣诞氛围，将酒楼变成圣诞晚会的天堂。

六、促销活动

活动期间订餐满____元，凭消费小票可获赠手套一双（手套价值50元左右，在手套里还藏有小礼物）。

操作说明：手套是人们必不可少的防寒用品，对客人来说比较实用。将奖券藏在手套里又是一个新颖的促销方式，跟西方的小孩从长袜里得到礼物有异曲同工之妙。购物赠品可以是一些时尚台历、圣诞小礼品、平安符等。

26-16 ××酒楼元旦促销活动方案

××酒楼元旦促销活动方案

一、活动目的

为了让消费者体会到××酒楼独特的文化氛围,在经济利益增长的同时强化酒楼知名度,提升品牌影响力,特举办此次促销活动。

二、活动时间

12月31日至1月3日。

三、活动主题

"让我们把新年的钟声传遍四方,让我们把节日的祝福洒向人间。"

四、活动内容

(1)活动期间,客人用餐消费满×××元(以结算金额为准)即送××元代金券(代金券有效期为2月18日至3月17日)。

(2)在1月1日用餐的客人均可参加当天的幸运大抽奖活动,抽奖方式为以每桌为单位,把桌牌号统一放入抽奖箱,在12:30时,由总经理致辞并亲自抽出"新年幸运大使"及两名幸运奖。

(3)在1月1日用餐的客人,以桌为单位均可获得精美礼品一份。

(4)1月1日在包间用餐的客人可填写幸运星档案,今后半年内在本酒楼消费时,凭此档案即可享受一次9折优惠(幸运星档案记录见附表)。

五、布置装饰

1.环境布置

(1)在酒楼大门挂横幅,并用粉红色气球装扮。

(2)大厅制作一只卡通兔子模型,手托标牌。用气球与鲜花装扮大厅。

(3)开启喷泉,用气球装扮。

(4)为每个餐桌送上一张贺卡。

(5)电梯门口及楼梯扶手均用气球装饰。

2.气氛布置

(1)酒楼所有员工在元旦当天均穿工作服,并保持整洁。

(2)酒楼门口设迎宾两名,面带笑容地对进入酒楼的客人说:"新年快乐!"

(3)酒楼内播放新年喜庆音乐。

六、活动宣传

本次活动的宣传方式包括海报和横幅、宣传单、广播电台或报纸、酒楼外广告支架、电话、短信。

七、活动预算

本次活动的预算详见下表。

活动预算表

名称	单价	数量	总计	现金支付	备注
小礼物					台历
精美礼物					布衣玩具兔
代金券（20）					
贵宾券					
PVC模型					
横幅					
条幅					
气球					
贺卡					
鲜花					
喷绘					
宣传单					
电台或报纸					
电话/短信					
折扣					
免单					
其他杂费					

八、活动效果预测

通过本次促销活动，预测本月内酒楼的上座率将会有10%～30%的增长，因此酒楼各部门应做好协调及应急安全工作。

九、附表

幸运星档案记录表

姓名	性别	工作地址	电话	备注

26-17 ××酒楼元旦促销活动总结

××酒楼元旦促销活动总结

目前,在本酒楼各部门的相互配合下,我们完成了元旦促销活动。下面,从四个方面对此次促销活动进行总结。

一、优点

1. 宣传方面

(1)制作了元旦促销活动的电梯灯箱、×展架、LED屏等,滚动播出元旦促销活动内容,起到了很好的宣传效果。

(2)服务人员积极地向客人进行推销,并给客人详细地解释了活动内容,提升了客人的消费欲望。

(3)点菜员向客人详细地推荐了本酒楼在活动期间推出的相关优惠政策。

(4)客人结账时,收银员主动提醒客人结账抽奖并发放小礼品。

(5)负责雅间的领班、主管在过生日的客人用餐期间及时赠送长寿面。

2. 员工培训

(1)集体培训元旦促销相关知识和内容。

(2)每天不定期地对员工就活动优惠政策进行考核,使每位员工都能熟记活动相关内容,以便于向客人推荐。

3. 细节服务

(1)特别向服务人员强调促销活动期间服务的重要性,在对客服务的过程中保质保量,不能有一丝的懈怠。

(2)领班、主管在促销活动期间多巡视、多检查,对服务人员进行监督,发现问题及时纠正、及时处理。

(3)每日餐前进行卫生检查。

二、不足

1. 宣传方面

由于广告公司的工作效率低下,导致宣传品未能预期到位。员工在促销活动期间的积极性和主动性也有所欠缺。

2. 员工培训

员工培训未做到使每位员工熟悉了解促销活动的各项内容。此次促销活动没有引起相关部门的足够重视,导致活动期间的宣传力度不到位。

3. 细节服务

员工缺乏积极主动推销的意识,全员促销意识还有待加强。

三、分析

1. 市场分析

如今，客人消费已经逐步趋于理性化，除了新鲜特色的菜品，他们还需要更加人性化的服务方式。酒楼的目标消费群体应该是朋友聚餐、家庭用餐、公司聚会等。

2.竞争对手分析

为了在竞争中立于不败之地，我们首先应该找准目标消费群，有针对性地定期推出不同的促销活动和更换新菜谱，使客人养成到××酒楼用餐的消费习惯，提高对本酒楼的忠诚度和归属感。

四、总结

（1）今后举办促销活动时，需至少提前一个月递交活动促销计划报请总经理审批或组织讨论。

（2）对今后所有的促销活动，应至少提前半个月进行大面积推广。可使用的推广方式包括报纸广告、电台广告、宣传单页、电梯灯箱广告、易拉宝展架、LED屏滚动播出等。

（3）有针对性地推出相应的宣传促销活动，以赢得更多新老客户对本酒楼的认同。

（4）应至少提前半个月就促销活动内容对员工进行培训，以达到全员促销的目的。

（5）顾客资料应及时整理归档，将其作为促销活动的宣传基础人群。

（6）应及时将顾客反馈意见收集、整理、上报，并有针对性地进行相关的整改。

（7）定期对员工进行餐饮销售技巧方面的培训，促使其养成良好的推销意识和习惯。

26-18 ××饭店周年店庆促销活动总结

××饭店周年店庆促销活动总结

一、总结

（1）活动期间，饭店推出了"消费＿＿＿元/份以上的鱼翅可买五赠一"的优惠政策。共赠出鱼翅（＿＿＿元/份）66份，其中33份鱼翅堂食，赠券33张，共计＿＿＿元，活动期间共回收赠券3张，附带现金消费送＿＿＿元。

（2）活动期间，消费指定红酒（＿＿＿元/瓶）即买一赠一。共赠送红酒＿＿＿瓶，价值＿＿＿元。

（3）活动期间，海鲜特价优惠，特价菜包括黄金斑20条（＿＿＿元/条），鳜鱼5

条（____元/条），基围虾3千克（____元/千克），扇贝40只（____元/只），大明虾55只（____元/只），花蟹6.7千克（____元/千克），咸黄鱼15条（____元/条），共计优惠____元。

（4）活动期间，包房消费满____元赠送KTV包厢消费券一张，共计送出____张。

二、分析

（1）由赠送出的鱼翅抵用券的回收情况来看，为了鱼翅抵用券而二次消费的客人不多，没有因为优惠活动而较明显地提高鱼翅的点击率。由此可见，鱼翅的吸引力不是很足。

（2）活动期间指定红酒买一送一的优惠活动受到部分客人的欢迎，客人表示希望类似的活动能够经常举行。酒水特价优惠活动也能减少客人自带酒水的比例，建议可以考虑在总结此次活动经验的基础上再次推出类似的活动。

（3）特价海鲜优惠是此次系列活动中最受客人欢迎的活动，但有部分客人反映参与优惠的海鲜种类不是很多，希望部分高价海鲜也能有相应的优惠。建议可以在合理控制成本的情况下多推广此类活动。

（4）包房消费满____元赠送KTV包厢消费券的活动受到部分客人的欢迎，但也有客人表示希望能延长包厢消费券的使用期限，部分当天没有时间去KTV的客人并没有享受到此次优惠。

第27章 餐饮采购管理文本

27-01 餐饮采购供货协议

餐饮采购供货协议

甲方：
乙方：×××餐饮管理有限公司
甲乙双方本着平等、自愿、诚实信用、互惠互利的原则，就甲方供应商品给乙方的合作事宜，经双方友好协商达成以下协议。

一、供货标准

（1）品名。内蒙古锡盟和乌盟地区，年龄在5～6个月的小绵羊的羊蝎子。

（2）部位。从颈项到尾尖的完整的羊脊椎骨。

（3）重量。每根羊蝎子的重量在××～××公斤，每根羊蝎子骨头上附着的肉不得少于××～××公斤。

（4）色泽。羊蝎子本色，色泽鲜红。

（5）手感。肉质富有弹性及轻微的黏度。

（6）食品卫生要求。无腐烂变质、保存不当所导致的异味或其他不符合食品卫生要求的特征。

（7）验收标准。双方签字确认封存两个样品，以此作为甲方供货和乙方验货的标准。

（8）质量承诺。甲方保证所供产品的产品质量，并保证承担不符合双方约定质量的产品的退换。

若属甲方自身质量与国家标准、食品卫生法不符合而造成的经济损失、连带经济损失以及法律责任由甲方全部承担。

（9）质量保证。甲方必须向乙方提供公司的《营业执照》复印件、羊蝎子的《质检证明书》等有关资料。

二、供货数量

甲方保证在供货价格上为乙方优惠，乙方保证每月所购羊蝎子的数量不得少于_____公斤，每年的数量不得少于_____吨。

三、供货价格

（1）合同期内甲方必须保证为乙方所提供的羊蝎子是北京批发市场上价格最低的，乙方不得以相同价格寻找其他供货渠道。若乙方发现甲方所提供的产品价格高于北京批发市场上价格，甲方应向乙方补足两倍的价格差额。

（2）甲方为乙方供应的羊蝎子的价格为_____元/公斤（包括运费、杂费）。因市场价格浮动，双方另行商定价格。

四、送（提）货及付款方式

（1）甲方负责将产品送至乙方指定地点。甲乙双方应当面验收所供产品，由乙方出示收货凭证。甲方凭乙方的收货凭证结账。

（2）乙方也可直接到甲方位于_____的冻库提货，由甲方出示供货凭证，甲方凭乙方签字确认的供货凭证结账。若属此类提货方式，甲方供应的羊蝎子的价格应减去运杂费_____元/公斤。

（3）甲乙双方同意结款方式为_____。

五、其他事项

（1）本合同有效期限为___年，从___年__月__日起至___年__月__日止。

（2）合同期满前15天，根据双方意愿商讨是否续约本协议。

（3）本合同未尽事宜，由双方友好协商解决。

（4）本合同一式贰份，双方各执一份，经双方签章后生效。

甲方签章：　　　　　　　　乙方签章：
代表签章：　　　　　　　　代表签章：
联系电话：　　　　　　　　联系电话：
传真号：　　　　　　　　　传真号：
签订时间：　　年　月　日

27-02　餐厅与蔬菜商战略合作协议

餐厅与蔬菜商战略合作协议

甲方：　　　　　　　　　乙方：

依照中华人民共和国相关的法律法规，合作双方本着互惠互利的原则，经友好协商，结为战略合作伙伴关系，就有关事宜，达成以下协议。

一、合作的目的

（1）双方实现互补优势，信息、资源共享。

（2）形成长期稳定的供货、采购渠道，在"互惠互利，共同发展"的基础上形成合作关系。

二、合作的内容
1.合作方式
（1）甲乙双方共同出资成立蔬菜项目配送部，其中甲方出资30%，乙方出资70%，乙方须在5天内将投资资金打给甲方。
（2）双方合作过程中所有产生的资金由甲方指定财务人员进行管理出纳，甲方每个月对乙方的货款进行一次结算。
2.供、需合作
双方形成战略供货采购关系，以最优惠的价格、最优的服务形成长期、稳定、信任的供应合作关系。
三、双方的权利、义务
（1）按照双方约定，甲方应及时把有关项目信息提供给乙方，并向项目主推荐乙方。
（2）甲方在报价及实际采购时，优先选用乙方的产品，优先与乙方进行供货结算与支付。
（3）乙方应及时把有关项目信息提供给甲方，定期与甲方进行交流、沟通，利用自身的社会资源协助甲方承接项目。
（4）乙方以最优惠的价格、最优质的服务向甲方提供最优质的产品。
四、供货约定
（1）甲方于当日03:00之前将次日菜单给乙方，并详细注明数量。次日指的是第二天门店开工之前。
（2）市场上暂无的货物乙方可提出修改，但必须于当日9:30前征得甲方指定人员的同意。
（3）乙方按甲方提供之菜单送货，并必须于第二日的9:30前送到甲方指定地点，如有特殊情况须提前通知甲方并征得甲方的同意。
（4）乙方给甲方送到之货物的质量、数量应经甲方品质确认，若确因质量问题甲方要求退货或更换货物，乙方必须无条件给甲方送到，更换之货物如为中餐用料，乙方必须在上午10:00前送到，晚餐用料必须在下午16:00前送到，否则将扣除当日货款的5%作为赔偿甲方的损失。
（5）乙方未提前通知而以各种理由拒绝送货，从而造成甲方无法正常供餐时，甲方有权要求乙方承担由此造成的经济损失（包括员工外出就餐费用）。
（6）甲方员工或者就餐顾客，因食用乙方提供之食品发生中毒，凭医院有效检验证明非因烹饪或搭配不当引起，由乙方赔偿由此引起的医疗费用及其他所有损失。
（7）乙方给甲方所送的货物以甲方实际过秤为标准。
（8）乙方在市场上买不到的货物，乙方可同甲方协商解决。若甲方可采购到该货物则其差价由乙方补偿。

（9）货单涂改无效，必须有相关人员签名，否则一律不予结款。

（10）乙方必须完成所配送货物的搬运等工作，菜品须搬运到离厨房最近的位置，如果乙方不完成所配送菜品的搬运工作，则按照当天所配送门店菜品金额的20%提供给甲方餐厅门店搬运者。

（11）乙方向甲方提供的产品必须是甲方确认的供货清单内的产品以及菜品数量，不接受未经甲方确认备案的乙方生产或销售的其他产品，更不接受多送或少送菜品。

（12）甲方向乙方订货方式只有门店厨师长或店长微信订购和订购单两种方式，对于这两种以外的订货（如口头通知、邮件）甲方将不予认可。

（13）本约定为甲、乙双方合作的原则约定，具体供应的产品名称、规格、型号、品牌、数量、时间、交货地点以甲方与乙方签订的合同或订购单为准。

五、供货价格

（1）双方就供货价格按照以下约定

① 如甲方发现乙方供货结算价格高于乙方同档次竞争对手的价格，甲方有权把本协议生效后以及发现此问题三个月内已发生的所有采购合同和订购单的货物按甲方调查到的价格重新结算。同时，甲、乙双方协商调整基础价格，若双方不能达成一致，甲方另行安排供货商，本协议提前终止。

② 基础价格调整，乙方必须提前3天主动通知甲方。甲方可以重新比价后，与乙方协商调整供货价格，协商后的供货按双方协商的新基础价格结算，若双方不能达成一致，双方可提前终止合同。若经甲方市场调查发现，市场价格降低乙方没有主动通知甲方，甲方有权把当年度已发生的所有采购合同和订购单的货物按甲方调查到价格的80%重新结算。同时，甲、乙双方协商调整供货价格，若双方不能达成一致，本协议提前终止。

（2）若因双方工作疏忽，出现双方签订的采购合同及订购单上的价格高于本条（1）款约定的价格，甲方可以在双方对账时提出更正。

（3）乙方保证供给甲方的产品价格不高于乙方供给其他公司的价格，若经甲方市场调查发现，乙方供给甲方的价格高于乙方供给其他公司的价格，甲方有权把本协议期限内已发生的所有采购合同和订购单的货物按甲方调查到的价格重新结算。同时，甲、乙双方协商调整供货价格，若双方不能达成一致，本协议提前终止。

（4）在协议期内，甲方采购乙方货物或服务的总额（以实际结算价格和送货数量计算）达到_____万元，乙方给予甲方采购总额____%的优惠返利，返利以货款（不开票）的形式支付。

（5）产品价格包含但不限于人工费、产品费、机械费、货品包装费、装卸运输费、管理费、利润及全过程中保险费用、税金等。如乙方包装品需要回收，费用则由乙方负责。

六、供货质量

（1）乙方保证按采购合同或订购单供给甲方的所有产品都是质优、新鲜、合格产品，符合农产品质量安全标准。

①配送的蔬菜质量按甲方的要求质量配送，无腐烂、无农药超标。

②数量应保证斤两的准确性，以甲方验货数量为准。

③时间。乙方须按甲方要求的时间每天将所订购的货物送至甲方所在地。

④验收。乙方每次随货送上一式两份的送货清单，甲方验收后甲方人员签字核认，作为送货凭证。

（2）乙方在甲方收货检验前，无偿向甲方提供有关质量技术标准文件及检验手段。

（3）乙方必须按甲方确认的型号规格供货，并按本协议技术标准的规定进行产品出厂前的检验和试验；在交货时，必须无偿向甲方提供该产品的质保证明。

（4）在产品使用前、使用中或使用后，甲方或就餐顾客或门店对产品的内在质量提出疑问时，甲方可随时要求乙方把产品送有关部门检验鉴定。若确属产品质量问题，则检验、鉴定费由乙方负责，同时由乙方负责更换的一切费用。若非产品质量问题，则检验、鉴定费由提出方负责。甲方收货时对产品的外观检查或开箱清点，不能免除乙方对产品内在质量的责任。

（5）若乙方提供的产品不符合本协议约定的质量、品种、规格等要求，或达不到验收标准，乙方应在接到甲方书面通知后两天内无条件进行无偿更换；乙方超过两天拒不进行无偿更换货物的，甲方有权拒收并单方解除合同，并且有权按照本协议期限内已发生的所有采购合同和订购单的累计货物价值的5%向乙方追究违约责任，不足以赔偿甲方经济损失的，甲方有权继续向乙方索赔。

（6）乙方提供的产品存在质量问题，使用后影响甲方门店营业额、餐厅品牌形象，甲方有权解除合同，乙方应按甲方在本协议期限内已发生的所有采购合同和订购单的累计货物价值的20%向甲方支付违约金，不足以赔偿甲方经济损失的，甲方有权继续向乙方索赔。

（7）到达甲方送货指定地点，乙方承担卸货完毕之前菜品损毁、灭失的全部责任。

（8）本协议中关于供货质量的约定，未尽事宜见双方签订的采购合同或订购单，或者是其他有关会谈纪要等。

七、结算与付款

结账方式：乙方以月度为结算周期，货款于次月15日前以现金或汇款方式支付，甲方不得要求乙方使用税票。

（1）本协议期内乙方向甲方提供_____万元的资金作为供货的质量保证金，质量保证金每协议期双方可协商调整金额，一般为供货总额的____%，至甲、乙双方中断业务往来后一年内一次性付清。实际订货时，不再每笔订货留质保金。

（2）乙方负责送货经双方对账后，乙方须全额开具有效等值发票给甲方。甲方按审批后的付款计划以现金、支票、汇票等方式支付乙方超出双方约定质量保证金部分的货款。

（3）对账时间为每月的1日到5日期间，乙方应在此期间开具对账单主动与甲方对账。逾期乙方应在下月的对账时间内与甲方对账。

（4）甲方的付款计划编制的原则

① 乙方必须已开具发票，未开具发票的和开具发票不到__天账期的不列入甲方的付款计划。

② 甲方按发票开具的先后时间和乙方给予甲方的账期编制付款计划，甲方承诺原则上不出现账期到后一个月后未列入计划的情况。

（5）如遇特殊情况，在账目核对清楚并开具相应的发票前提下，乙方可在甲方付款计划前单独提出付款申请，本着双方友好合作的原则，甲方根据自身资金情况适度提前支付相关款项。

（6）采购合同或订单上另行约定付款方式的，按采购合同上的约定执行。

八、违约责任

（1）如乙方未能按照合同或订购单约定交货，乙方同意按延期交货的货款乘以0.5%每天计付违约金给甲方，并赔偿因延期交货造成的甲方餐厅营业额受损金额。

（2）如因不可抗的因素造成的交货延迟，由双方友好协商解决。

（3）供方所交付产品出现质量问题等，修复或更换到位的时间晚于合同约定的交货时间，则视为延期交货。

九、争议的解决

本协议在履行过程中发生的争议，由双方当事人协商解决；协商不成，任何一方有权向签约地人民法院诉讼解决。

十、其他

（1）本协议未尽事宜见双方签订的采购合同或订购单，或者是其他有关会谈纪要等。

（2）本协议内容如果与订货时签订的有关条款相冲突，按实际订货时的为准。

（3）协议有效期：自____年____月____日起至_____年____月____日止；自甲、乙双方签字之日起生效。

（4）本协议一式四份，甲、乙双方各执两份。

乙方：（章）	甲方：（章）
地址：	地址：
法定代表：	法定代表：
签约代表：	签约代表：
电话：	电话：
传真：	传真：
邮政编码：	邮政编码：
日期：　年　月　日	日期：　年　月　日

27-03 食品供货安全协议

食品供货安全协议

甲方：＿＿＿＿＿＿＿＿＿＿＿＿（餐饮企业）

乙方：＿＿＿＿＿＿＿＿＿＿＿＿（供应商）

为了保障上市食品的卫生安全，保护消费者的合法权益，根据我国《消费者权益保护法》《食品卫生法》和《关于加强食品等产品安全监督管理的特别规定》及《流通领域食品安全管理办法》等有关规定，双方经友好协商签订此协议，具体条款如下：

第一条　供应产品名称：＿＿＿＿＿＿＿＿＿＿＿＿＿＿＿＿＿＿＿＿＿。

第二条　协议有效期：自＿＿＿＿年＿＿月＿＿日起至＿＿＿＿年＿＿月＿＿日止。期满本协议自动终止，如双方有意续约应另行签订。

第三条　乙方保证其所供应食品的包装、质量规格、卫生安全及营养成分均符合相关食品的国家质量、卫生、安全法律法规（地方、行业）的相关规定。

第四条　在交货前，乙方应对供应食品的质量、卫生、安全等进行详细全面的检验，并出具检验检疫证书，该证书将作为供应食品单据的一部分。该检验检疫证书中有关的质量、卫生、安全的检验检疫不应视为最终检验。

第五条　乙方还必须主动提供卫生许可证书、营业执照、产品合格证、检验及检疫证明等复印件并签字。

第六条　乙方同意在协议有效期内随时接受甲方抽验产品，以确保供应食品的品质、卫生、安全及营养成分符合要求，检验费用由乙方承担。

第七条　如经确认确有不符合卫生、安全要求和质量标准的产品，乙方愿意无条件退货或换货，并在所供应食品有效期之前将该食品回收完毕。

第八条　乙方所供应食品如因质量、卫生、安全不符合国家（地方、行业）相关规定以致损害消费者的健康及权益，经查明属实时，乙方愿负法律责任并赔偿责任。

第九条　乙方供应产品如因违反相关质量、卫生、安全的法律法规而损害甲方的权益时，乙方愿负赔偿责任。

第十条　本协议经双方同意后订立，双方应共同遵守。

第十一条　本协议一式两份，甲乙双方各执一份，效力等同。

甲方（盖章）：＿＿＿＿＿＿＿＿　　乙方（盖章）：＿＿＿＿＿＿＿＿

代表人（签字）：＿＿＿＿＿＿＿＿　　代表人（签字）：＿＿＿＿＿＿＿＿

地址：＿＿＿＿＿＿＿＿＿＿＿　　地址：＿＿＿＿＿＿＿＿＿＿＿

电话：＿＿＿＿＿＿＿＿＿＿＿　　电话：＿＿＿＿＿＿＿＿＿＿＿

＿＿＿＿年＿＿月＿＿日　　　　＿＿＿＿年＿＿月＿＿日

第28章　安全卫生管理文本

28-01　餐厅消防应急预案

餐厅消防应急预案

为了做好本餐厅的消防工作，确保员工和广大顾客的人身生命财产安全，落实消防工作"以防为主，防消结合"的基本原则，应付突发的火灾事故，特制定本预案。

一、组织机构

本店消防队长：×××

队员：××、××、××

本餐厅灭火和应急疏散工作由灭火行动组、报警组、疏散引导组、接车组、救护组组成，具体分工如下。

1.灭火行动组

成员：××、××。负责本餐厅的一般初级火灾的扑救工作。

主要职责如下。

（1）加强消防工作领导与检查，健全消防工作责任小组，明确职责，强化工作责任心，保证在发生火灾事故时指挥有力。

（2）组织有关人员对所属本餐厅进行全面检查，封堵、关闭危险场所，停止各项室内大型活动。加强对易燃易爆物品、有毒有害化学品的管理，加强对液化气、水、电的检查与管理，保证消防应急顺利进行。

（3）搞好各项物资保障，提高设备、设施的消防状况，落实灭火设施的配齐、强化管理，使之始终保持良好战备状态。

（4）采取一切必要手段，组织各方面力量全面进行救护工作，把灾害造成的损失降到最低点。

（5）必要时，要协调动用一切消防资源（灭火器材、人员、通讯器材、交通工具、水资源）

2.报警组

成员：××。负责报警、各部门联络与协调。

主要职责：拨打119和120，快速与消防部门以及医治救助单位取得联系，引导消防人员和设施进入火灾现场；向××通报火情；联络有关单位、个人，组织调遣消防力量；负责对上、对外联系及即时报告工作。

3.疏散引导组

成员：××。

主要职责：引导顾客和闲杂人员迅速转移到安全地带，并负责重要物品的看守工作，保证消防通道、救助通道、撤离通道的畅通。还要协助引导人员的撤离。

4.接车组

成员：××。负责报警后的消防车辆和救助车辆的接引工作。

主要职责：报警组报警后，接车组迅速部署各路口的车辆接引人员，提前做好行进路线的疏通工作，在消防车辆或救助车辆驶近时，高举衣服或红色布条等快速不停飞舞，引起注意后，迅速用手势做引导，使消防车辆和救助车辆能以最快的速度抵达现场。

5.救护组

成员：××、××。负责火灾时伤员早期救助工作、医疗救护车辆到达后的情况介绍和伤员转移等后勤保障工作。

主要职责：掌握基本的急救方法，接待疏散组从现场疏散出来的各类伤员的早期救助。要求随时备有急救药箱，急救药箱需有如下物品：绷带、药棉花、医药酒精、烫伤膏、止痛药、剪刀、纱布、云南白药、镊子等急救用品。危重伤员优先处理，难以救助的伤员尽量平整放置，难以止血的伤员，要紧压出血部位，等到专业救护人员到来。

二、报警程序

（1）报警组根据火灾现场情况及时与消防小组组长联系，一经受命报警，要求及时、准确、不慌张。

（2）拨打"119"或"120"时要语言清晰、吐字清楚，准确报告火点、起火原因、火势大小、人员伤亡情况、店组织扑救情况。

（3）报警后依然随时保持通话通道的畅通，以便及时与消防部门、救助部门联系。

三、应急疏散的组织程序与措施

（1）为使灭火和应急疏散预案顺利进行，店消防小组应加强日常性检查，确保消防通道畅通。

（2）出入口有明显标志，消防通道及安全门不能锁闭，疏散路线有明显的引导图例。

（3）火灾发生时，各小组人员应迅速赶赴火场，按预案执行各项工作。

（4）疏散路线尽量简捷，安全出口的利用要平均。

（5）疏散引导组工作人员要分工明确，统一指挥。

四、扑救一般初级火灾的程序和措施

（1）当火灾发生时要沉着冷静，采用适当的方法组织灭火、疏散。

（2）对于能立即扑灭的火灾要抓住战机，迅速消灭。

（3）对于不能立即扑灭的火灾，要采取"先控制，后消灭"的原则，先控制火势的蔓延，再开展全面扑救，一举消灭。

（4）火场如有人受到围困，要坚持"先救人，后救火"的原则，全盘考虑，制定灭火疏散方案。

（5）火场扑救要采取"先重点，后一般"的原则。

（6）火灾扑救要服从火场临时指挥员的统一指挥，分工明确，密切配合，当消防人员赶到后，临时指挥员应将火场现场情况报告消防人员，并服从消防人员统一指挥，配合消防队实施灭火、疏散工作。

（7）火灾扑救完毕，店消防小组要积极协助公安消防部门调查火灾原因，落实"三不放过"原则，处理火灾事故。

五、通信联络，安全防护救护的程序和措施

（1）所有参加灭火与应急疏散工作的小组长和各级成员均需打开通信工具，确保通讯畅通，服从通信联络组长的调遣。

（2）接到火灾通知，各小组成员迅速在店门口集结待命。

（3）接到火灾报告，在迅速通知本店人员外，要及时向上级通报情况，并通知疏散人员。

六、火灾后有关行动

（1）迅速发出紧急警报，组织仍滞留在各种建筑物内的所有人员撤离。

（2）迅速关闭、切断输电、燃气、供水系统（应急照明系统除外）和各种明火，防止滋生其他灾害。

（3）迅速开展以抢救人员为主要内容的现场救护工作，及时将受伤人员转移并送至附近救护站抢救。

（4）加强对人员、重要设备、重要物品的救护和保护，加强巡逻，防止各类犯罪活动发生。

28-02　食品卫生突发事件应急预案

食品卫生突发事件应急预案

一、总则

1.编制目的

为了有效防范餐厅食品卫生安全突发事件的发生，及时控制和清除食品安全突发事件造成的危害，保障用餐人员身体健康和生命安全，根据《中华人民共和国食品卫生法》《突发公共事件应急条例》及卫生部门的有关要求，特制定本预案。

2.适用范围

本预案适用于餐厅突发事件的应对工作。

二、应急的组织架构

1.成立餐厅食品卫生安全事故应急小组

组长：项目经理。

副组长：厨师长。

成员：餐厅全体员工。

2.食品卫生安全小组主要职责

（1）定期组织餐厅食品卫生安全工作的检查、总结，及时查漏补缺。

（2）在获悉发生食品中毒后，及时上报集团运营总监×××，控制事态发展，积极协助有关部门对中毒人员进行救治，配合有关部门进行调查。

（3）做好善后处理工作，落实整改措施，尽快恢复正常的工作秩序。

三、日常管理

（1）完善制度。建立健全《食品卫生工作制度》《上岗人员工作要求》《餐厅管理制度》等，并放置在宣传栏中展示。

（2）强化监督。以各项食品卫生制度落实为重点，进行定期或不定期的检查。

（3）加强教育。加强对员工和食品操作人员的食品卫生知识的宣传教育，通过举办专题培训班、知识讲座等形式，丰富卫生知识，增强卫生意识，提高预防食物中毒事件的自觉性和责任感。

四、应急处置

（1）一旦发生疑似食物中毒事件后，做好各项应急管理工作。

（2）保护好现场，尽可能维持原有的生产状况，保管好疑似食品交给调查人员，禁止继续食用或销毁。对制作、盛放可疑食品的工具、容器以及可能的中毒现场予以控制或保护。

（3）协助卫生部门做好调查工作，提供报告。

五、应急工作结束

应急工作结束或相关危险因素消除后，应急工作自然结束。

六、善后安排

要积极稳妥地做好中毒人员的善后处理工作，避免出现人员情绪波动或新的食物中毒事件的发生。

七、应急演练

（1）演练地点。餐厅楼面。

（2）演练时间。每季度演练一次。

（3）参加人员。食品卫生安全事故应急小组。

（4）流程。发现就餐人员中毒→报告食品卫生安全事故应急小组→启动食品卫生安全事故应急方案→协助调查→对演练进行总结报告备案。

（5）食品卫生安全事故应急方案

① 食品卫生管理负责人（厨师长）到现场查看中毒人员所用食物，做好食品取样工作以备调查。

② 立即停止售出其他食物，并且餐厅经理及时组织员工安抚其他就餐人员的情绪，以免出现混乱，并及时通知厨师重新制作菜品，保证职工的正常开餐。

③ 组织人员立即把中毒人员送往医院检查。

目的：通过演练加强员工对食品卫生安全的意识与重视，确保每位员工能够熟练地掌握、运用并能有效地处理中毒事件，磨合各方的配合机制，查找隐患或漏洞。

28-03　餐饮服务环节食品安全事故处理应急预案

餐饮服务环节食品安全事故处理应急预案

根据企业经营管理的需要和餐饮业管理的要求，酒店依据《食品卫生法》等法规特制定此预案。

一、责任落实、提高认识、加强领导

为防止食物中毒或其他食源性疾病，保障宾客和员工的身体健康，酒店把食品卫生安全工作列为经营管理工作的一项头等大事，专门设立了以总经理为组长的食品卫生安全应急小组，机构组成：组长；副组长；成员。

二、严格制度

酒店食品卫生安全管理必须坚持"预防为主""谁主管，谁负责"的方针，餐饮总经理是食品卫生管理的第一责任人，行政总厨和各厨房负责人、员工餐厅厨师长是食品卫生管理的直接责任人。依据《食品卫生法》，各部门、各岗位管理人员应加强食品卫生管理工作的过程性管理和监督，员工应严格执行相关岗位职责和工作规范，把食品卫生管理工作做到位，防患于未然。

三、防范措施

食品原材料采购和保管要严格遵守国家相关卫生管理法规。食品进货渠道正规，有售货方经营许可证复印件，有正规发票，相对固定食品采购场所，严禁出售、使用无"三期"（生产日期、出厂日期、保质期）及腐败变质的食品；食品存储应当分类、分架、隔墙、离地和定期检查，食品出库应坚持"先进先出，后进后出"的原则，以防止食物变质或超过保质期；库房和生产场所严禁带入个人生活物品，防止污染食品产生安全隐患。

四、食品生产过程的管理

从业人员必须持健康证上岗，管理人员要对员工进行上岗前个人卫生检查和生产过程操作规范的督导检查；食品生产场所要保持内外环境的整洁，并做好防"四害"工作；排污、垃圾和废弃物存放设施齐备、管理有序；餐具、饮具和盛放直接入口食品的容器，使用前必须洗净、消毒，炊具、用具用后必须洗净，保持清洁；对容易引起食物中毒的原材料要特别处理把关（如发芽的土豆），避免隐患。

（1）加强安全保卫措施，严格执行值班制度，禁止非工作人员进入生产现场。

（2）加强培训教育。将食品卫生安全教育贯穿在日常管理工作中，结合季节性、突发性传染病及食物中毒的预防等知识，利用专利、墙报、晨会等，大力开展培训教育活动，增强员工的食品卫生安全意识和防范技能。

（3）加强督导检查。酒店专职质量与训导人员和餐饮现场管理责任人应加强对员工执行食品卫生管理制度的检查，每日至少一次，及时发现问题和解决问题，并依据《质量管理奖罚条例》将检查结果与当事者及其所在部门的工资挂钩。

（4）密切与本地区疾病预防控制中心的联系，强化业务指导。

（5）经办理验收手续进仓的物料，必须填制"商品、物料进仓验收单"，仓库据以记账，并送采购部一份用以办理付款手续。

（6）物料经验收合格、办理进仓手续后，所发生的一切短缺、变质、霉烂、变形等问题及时上报相关部门。

（7）物品及原材料、物料发生变质、霉坏，失去使用（食用）价值，需要作报损、报废处理。

五、应急处理

（1）一次超过100人的大型接待，餐饮部要落实专人负责对食品24小时留样管理，二级警卫以上的接待72小时留样管理。

（2）严格执行食物中毒报告制度，发现食物中毒突发事件，第一发现者（或接到客人投诉）应立即报告餐饮部负责人，餐饮部负责人应立即报告总经理。

（3）若现场发生群体性食物中毒，应急小组立即奔赴现场，在总经理的指挥下，迅速采取有效措施，防止事态继续扩大，及时拨打120急救电话，同时立即停止生产经营活动，封存造成食物中毒或可能导致食物中毒的食品原料、工具、设备，维护好现场，并在6小时内书面报告本地区疾病预防控制中心。若客人投诉食物中毒，第一个受理者应首先安抚客人，同时报告餐饮部负责人，由其直接向客人进一步了解情况，取证核实，妥善处理。

六、查明原因，追溯责任

应急处理突发事件后，酒店要本着处理安全工作"三不放过"的原则，配合卫生管理部门进行调查，如实提供有关材料和样品，做好安全责任的追溯处理。同时，要组织全员对事故进行认真分析，从中吸取教训，不断完善安全管理的制度和措施，杜绝事故的再次发生。

28-04　餐厅其他突发事件应急预案

餐厅其他突发事件应急预案

一、制定的目的和依据

为加强餐厅突发事件的应急管理工作，预防和杜绝突发事件的发生，在发生突发事件时能及时、有效地组织救援，把损失减少到最小，保障餐厅及人员的安全，根据《中华人民共和国突发事件应对法》和有关部门的要求，本着"预防为主，防消结合"的原则，结合餐厅实际情况，特制定本预案。

二、应急组织机构与职责

为了能充分保证本预案的实施，把责任落实到各责任人，特成立突发事件应急处置小组，全面负责组织、指挥、协调处理突发事件、应急疏散预案的具体实施，确保能够按照预案顺利进行。

1. 突发事件应急处置小组成员名单

组长：×××。

副组长：×××。

成员：×××、×××及餐厅各档口员工。

2. 小组成员职责分工

组长：负责突发事件应急处置小组的组织、指挥、协调。

副组长：负责突发事件应急措施落实情况的检查、指导。

成员：负责所辖部门应急措施的落实、救援组织和善后处置，协助小组处置各类突发事件。

发生突发事件时，在处置小组成员到达之前，由值班人员负责前期处理。

三、突发事件的范围

（1）治安。抢劫、盗窃、绑架、斗殴、凶杀、自然死亡、坠楼、恐怖活动。

（2）消防。火灾、技防失效。

（3）自然灾害。水灾、雷击、暴风、地震。

（4）食品卫生。中毒。

（5）触电伤亡事故。

（6）机械人员伤亡事故。

（7）突发传染性疾病。

四、日常工作

（1）办公室。负责督促检查、落实应急计划；负责潜在的事故或紧急情况发生后，所采取纠正预防措施的处理及监督检查；定期对消防组织进行防火技能检查和指导消防演习；负责应急设备的保障；负责健全包括有市消防部门、防汛指挥部、安全生产监督局等单位的应急电话联络表。

（2）值班经理。负责应急救援物资的保障。
（3）成员。负责应急现场人力资源及抢险工具的保障。

五、突发事件应急措施

（一）治安

1. 抢劫案件应急措施

（1）当餐厅发生抢劫案件时，如劫匪持有武器（指枪械），在场员工应避免与匪徒发生正面冲突，保持镇静，并观察匪徒的面貌、身型、衣着、发型及口音等特征。决不可草率行事，以免造成不必要的伤亡，应立即告知经理或值班员，并按指示向110报警。

（2）如劫匪乘车逃离现场，应记下其车牌号码、颜色、车款或牌子等，并记清人数。同时，可以乘出租车或其他交通工具跟踪并用通讯工具向110报告方位和地点，以便警方组织力量设卡拦截。在跟踪的过程中要注意隐蔽，以确保自身安全。

（3）保护好现场。劫匪遗留的凶器、作案工具等不要用手触摸，划出警戒范围，不要让无关人员进入现场。

（4）如现场在交通要道、公共场所等无法将劫匪留下的证物留在原处的，应逐一收拾起来用塑料袋装好并用记号标注位置，交给警方处理。

（5）配合公安机关访问目击群众，收集发生劫案的情况。同时，公安人员未勘查现场或未处理完毕之前，相关人员不要离开。

（6）在场人员不可向报界或无关人员透露任何消息，不准拍摄照片。

（7）如有伤者，要立即送往医院救治，并报告公安机关。

2. 绑架人质案件应急措施

（1）当餐厅发生人质绑架案件时，服务人员应立即向经理、值班经理报告。

（2）接报后应急处置小组须第一时间报警。

（3）在警方到达之前应封锁消息，严禁向无关人员透露现场情况，以免引起客人惊慌和群众围观，导致劫匪铤而走险，危害人质安全。

（4）尽量满足劫匪的一些合理要求，如送水、送食物，以稳定劫匪的情绪。

（5）保安、工程维修人员在附近待命，以便配合公安人员的行动，并划出警戒范围。同时，疏散劫匪所在房间上下、左右房的客人，以防劫匪带有爆炸危险物品。

（6）及时收集监控录像、工程维修图纸等资料，提供给警方。

3. 斗殴案件应急措施

（1）当餐厅内发生斗殴事件时，应立即制止劝阻及劝散围观人群。

（2）如双方不听制止，事态继续发展，场面有难以控制的趋势时，应迅速报告公安机关及餐厅相关部门人员。保安员应在现场戒备，防止事态扩大。

（3）如餐厅物品有损坏，则应将斗殴者截留，要求赔偿。如有伤者则予以急救后交警方处理。现场须保持原状以便警方勘查，并协助警方辨认滋事者。

（4）如斗殴者乘车逃离，应记下车牌号码、颜色、车型及人数等特征，交警方处理。

（5）保安员协助警方勘查打斗现场，收缴各种打架斗殴工具。

4.凶杀、自然死亡、坠楼案件应急措施

（1）当餐厅内发生凶杀案时，应立即向餐厅经理、值班经理报告。

（2）接报人员须第一时间报警并立即成立应急处置小组，应急处置小组须有效协助警方开展工作，在最短时间内清理现场。

（3）保安员协助警方勘查现场，尽快运走尸体，清理现场。

（4）餐厅配合警方做好善后处理工作。

5.恐怖活动案件的应急措施

恐怖活动主要有爆炸可疑物和爆炸恐吓两种方式。

① 爆炸可疑物

a.餐厅内发现爆炸可疑物时，须第一时间报告餐厅经理。

b.餐厅经理接到报告后应立即勘查现场，但不得轻易碰触可疑物，在无法确认可疑物品时，应马上报警，并划出警戒区，禁止无关人员接近。

c.值班经理通知突发事件处置小组成员到餐厅协助警方开展工作。

d.监控中心按可疑物外形通过监控录像查找嫌疑人，收集相关资料交警方处理。

e.餐厅配合警方做好善后处理工作。

② 爆炸恐吓电话

a.当餐厅接到爆炸恐吓电话时，接听人员应尽量获取尽可能多的来电信息，并在接听过程中录音。

b.电话挂断后，接听人员须立即向餐厅经理和值班经理汇报，不得对外散布任何消息。

c.餐厅经理视情况果断报警。

d.餐厅根据情况抽调人员经警方现场培训后，协助警方对全餐厅非重点范围进行可疑物搜索；参与搜索者在未经确定前不得接触或弄乱任何有可能容纳爆炸装置的包裹、箱子及其他无主可疑物体；如发现情况，应及时报告应急处置小组或餐厅经理，接报后须通知警方，并派出保安员对炸弹或可疑物体的区域进行隔离警戒；在警方到达现场对可疑物品进行检测和解爆时，应疏散附近无关人员并知会相关部门配合警方工作和确保人员生命财产安全。

e.应急处置小组应防止肇事者在餐厅公共场所散布不满和制造恐慌。

f.如发生意外有人员受伤时，值班经理负责组织人员抢救、疏散、引导。

g.如事件现场涉及电器和机械设备，维修部门须配合警方工作。

h.餐厅收集电话收音等相关资料移交警方处理，并跟踪案件处理结果。

（二）自然灾害应急措施

当餐厅受到水灾、雷击、暴风、地震等严重自然灾害事故的侵袭时，可采取如下应急措施。

1.确认受灾范围

（1）当水灾、雷击、暴风、地震等自然灾害事件发生后，餐厅应马上确认受灾范围，并通知值班经理组织值班人员对部门辖区内的受灾情况进行清查。

（2）值班经理通知餐厅经理及突发事件应急处置小组其他成员赶到餐厅，成立救灾小组，指挥人员消除灾害，恢复生产。

2.应急处理，防止因自然灾害引发重大安全事故

（1）餐厅应对辖区内的电、气、油进行清查，防止出现泄漏引发火灾，发现存在隐患时应通知维修人员立即关闭，严防自然灾害事故引发火灾。一旦出现火警，立即按"火警紧急操作流程"处理。

（2）因灾害事故导致设施、设备严重受损时，若存在安全隐患，如：幕墙或顶棚玻璃坠落、屋顶水池漏水等，应立即对可能出现安全事故的地面区域进行封锁，安排维修人员紧急抢修，排除二次灾害隐患，建筑外围20米区域内严禁车辆、行人通行；工程维修人员紧急抢修。

（3）出现以上紧急情况，若需疏散人员，由救灾小组确定疏散路线并组织疏散。

3.事故报告

在受灾清查、处理结束后，把情况汇总到突发事件应急处置小组，由突发事件应急处置小组出具事故报告。

（三）触电伤亡事故应急预案

（1）当发生人员触电事故时，现场人员应立即对触电人员按下列要求进行紧急抢救。

① 首先切断电源开关或用电工钳子、木把斧子将电线截断以断开电源。

② 距电源开关较近或断开电源有困难时，可用干燥的木棍、竹竿等挑开触电者身上的电线或带电体。

③ 可用几层干燥的衣服将手裹住，或站在干燥的木板上，拉触电者的衣服，使其脱离电源。

（2）当触电者脱离电源后，应根据触电的轻重程度，采取不同的急救措施。

① 如果触电者受的伤害不严重，神志还清醒，或虽曾一度昏迷，但未失去知觉，要使之就　地休息1～2小时，并严密注意观察。

② 如果触电者受的伤害较严重，无知觉，无呼吸，但心脏停止跳动时，应立即进行人工呼吸。如有呼吸，但心脏停止跳动，则应采用胸外心脏挤压法。

③ 如果触电者的伤害很严重，心脏和呼吸都已停止，瞳孔放大，失去知觉，则必须同时采取人工呼吸和胸外心脏按压两种方法。

（3）做人工呼吸要有耐心，并坚持抢救6小时以上，直到把人救活，或者确诊已经死亡为止。

（4）如果需要送医院抢救，在途中不能中断急救工作。

（5）对于与触电同时发生的外伤，应分别情况处理。对于不危及生命的轻度外伤，可以放在触电急救之后处理。对于严重的外伤，应与人工呼吸和胸外心脏挤压法同时处理。如伤口出血，应予止血。为了防止伤口感染，应当予以包扎。

（6）可能对区域内外人群安全构成威胁时，必须对与事故救援无关的人员进行疏散。

（7）事故发生后，应立即上报。事故报告内容应包括事故发生的时间、地点、简要经过、伤亡人数和已采取的应急措施等。

（8）应急信息的对外传递由办公室按照规定的上报程序执行。

（四）机械人员伤亡事故预案

（1）发生机械人员伤亡时，现场人员应立即对人员进行固定、包扎、止血、紧急救护等。

（2）必要时，应立即同急救中心取得联系，求得外部支援。

（3）事故发生后，应立即上报。事故报告内容应包括事故发生的时间、地点、简要经过、伤亡人数和已采取的应急措施等。

（4）应急信息的对外传递由办公室按照规定的上报程序执行。

（五）突发传染性疾病应急预案

（1）为了有效预防、及时控制和消除突发传染性疾病的危害，保障公众身体健康与生命安全，维护正常的社会和餐厅秩序，制定本预案。

（2）传染性疾病发生时，应立即采取措施对传染源进行隔离，同时逐级上报到救援指挥中心。

（3）在应急指挥小组的统一指挥下，尽快确定传染源的传播范围，并对有关人员就地实施隔离，确保可能感染人员处于严密监控中。

（4）应急指挥小组应根据《突发公共卫生事件应急条例》的有关规定，及时上报卫生行政部门，并在卫生专业人员的指导下进行工作。

六、应急结束

处理突发事件工作结束后，严禁在场无关人员进入现场，确保现场的原始状态，并配合调查人员做好突发事件现场的调查工作，在小组的安排下做好抢修、恢复工作。

七、处理与改进

餐厅在事故或事件发生后，应对发生的原因进行调查分析，针对事故或事件发生的原因，责成责任部门采取纠正措施，并组织对应急预案和相关程序进行评审及修订，使其不断完善，提高应急应变能力。

八、工作要求

（1）首先保持自我镇定，将突发事件迅速向上级汇报并与有关部门取得联系。

（2）以确保人员安全为首要任务，保护好餐厅的财产安全，并服从现场管理人员的指挥。

（3）在采取抢救措施时，应本着"先救人后救物"的原则，抓紧时机进行抢救。

（4）全体员工要在应急指挥小组的统一领导下，迅速按预案或指挥员的指令，完成各项工作任务。

（5）值班经理接到警报后，要立即组织力量赶赴现场进行抢救。

（6）各部门及全体员工要互相协调，通力配合，尽快完成报警、扑救、疏散顾客、抢救伤员、保护现场等各项工作。

（7）突发事件处理结束后，应由应急指挥小组下达各组人员撤离现场的命令，随后进入善后工作处理阶段。

（8）突发事件结束后，视情况采取相应措施，如保护现场，通过公安机关、劳动部门、保险公司等进行相关勘查、裁定、理赔等，或听从管理人员安排，回各自工作岗位清点物品。

九、常用应急电话

匪警110，火警119，急救中心120，交通事故122，公安短信报警12110。